MBA

テキスト経営学入門

幸田達郎

勁草書房

はじめに

対象読者

本書が読者として想定しているのは、① MBA1 年生や MBA を目指す受験生、その他の社会人、②経営学の基本を勉強しようとする大学生、の二種類である。

社内の昇任試験の準備に役立つように、また、経営の原理原則から学びたいという経営学部以外の学部生にとっても興味深いものになるよう心がけた。

構 成

前半の第 7 章までは可能な限り平易な内容とした。中盤の第 8 章から第 12 章まではより詳しくテーマを掘り下げ、最後の第 13 章・第 14 章は総合的な内容とした。

一つひとつの章については、各章の中が、「基本編」と「背景や人間的側面編」に分かれている（ただし第 9 章には、「戦略ツールの考え方編」を加えた）。

「基本編」は経営学の入り口の部分である。経営学の入門者や、経営学に触れていない学生や社会人を主な対象としている。それというのも、MBA コースでの授業をかみ砕いて学部の 3 年生に講義を行ったところ、卒業生たちから「社会に出てから役立った」「こういう内容の授業がもっと欲しかった」「昇進試験のときに講義のノートが役立った」などの声が寄せられているからである。「背景や人間的側面編」はより深い理解に寄り添う内容である。企業の中でうまくいかない、組織の中の他の機能や他社との関係を改善したいなどの具体的問題意識を持った社会人のヒントになるように意識した。特に、最先端の経営書では解答がみつからずに行き詰まりを感じている経営者が解決のためのアイデアを得るのに役立つ。「基本編」と「背景や人間的側面編」の両方を読むことで、経営学の基本と現実の社会の問題が構造的に理解できるように構成している。

本書の成り立ちと特徴

　この本は 8 年間担当した MBA コースの「経営学入門」という講座を元に執筆している。学部で経営学を学ばないまま社会人大学院で学ぶ人たちの講座である。したがって、そうした人の関心の高い経営学の基本と、それに伴う現実の人間的問題の両方に焦点を当てている。

　入門書としての範囲の中で、できるだけ読んでいて面白い教科書にしようと意図した。したがって用語や人名の単なる羅列を避けた。原理・原則を元に、経営や組織の人間行動を理解することは重要である。基本を押さえたうえで、そこに人間的要素を加えると、自分自身の問題として考えられる。このような方法で経営学を学ぶことは面白く有用である。また、現代社会を生きるための教養になる。

現実との関わり

　COVID19（新型コロナウィルス）禍は世界の働き方を変えた。これまでの慣性的な働き方以外に ICT を活用した国際的協業体制などの新しい動きが、コロナ禍によって否が応でも推進されざるを得なかった。

　本書では上記のような実社会との関連を重視した。組織経営では日常の体験や個人の動き、それを規制する制度などの理解が重要である。原理・原則や基本的に設定されたルールと、それらに制約されている人間的な側面。その両方を現実に即して理解すること。それがこの分野の問題を理解する喜びに通じる。想像もつかない巨大な宇宙とは一体何であるのかの回答を高度な計算で求めたりなどの、肉眼で見えず、感じることのできない時間軸の中に真理を発見しようとする分野とは根本的に異なる学問の喜びがこの分野にはある。完全な正解はない。自身の活動の近似的な真理は、働くことや今ここに生きていることそのものの中にある。何も考えずに流されていくよりは、自ら考え、よりよい方法を試してみることが生きる喜びにつながる。そういう思いでこの本を執筆した。

　なお、組織における心理的な問題に焦点を当ててより深く学ぶには、本書の姉妹編である『基礎から学ぶ　産業・組織心理学』（2020 年、勁草書房刊）を参照していただきたい。

目　次

第3部　経営組織の統合

第08章　経営とは何か？ ……………………………………145
──お金の出入りと企業経営

第5部　経営組織の今後

第1部　現代の経営組織が活動する前提

第01章　近代的組織経営の成立と発展
——"豊かな社会と大量生産"の元で

【組織と経営のメカニズム】

1-1.　利便性の追求と組織

　一人でやるよりも複数の人間が力を合わせた方が効率が良い場合がある。そのメカニズムを考えてみよう。

　例えば、海沿いの村と山沿いの村とがあるとする。海沿いの村では魚が取れるし、魚を取ることの上手な人が多い。しかし、地面は砂地で塩味を帯びているため、野菜の栽培には適さない。山沿いの村では魚が取れず、獣もあまり取れないが、野菜を栽培したり果物を収穫することができ、それを上手に行っているとする。魚だけ食べていては栄養のバランスが悪い。野菜だけ食べていても栄養のバランスが悪い。そこで、二つの村は交易をすることにした。お互いの村が協力して食べ物を融通し合えば効率よく栄養のバランスを取ることができる。

　村と村を結ぶ一本道は貴重な交易路である。しかし、ある時に地震が起こり、斜面の巨大な岩が崩れ交易路が途絶えてしまった。交換する食べ物を運ぶ荷車を通すために、道の上の崩れた岩をどけなければならない。大きな岩の下に棒切れを挟み、3人がかりでテコのようにして岩を持ち上げる。次に持ち上がった岩を横に転がさなければならない。これには5人ぐらいの人が力を合わせて岩を押すことが必要になる。しかし岩が大きすぎて途中で止ってしまう。そこで、岩が転がっている間にさっきの3人が岩の下の棒切れをより深く入れて転がすきっかけを作る。それを繰り返す。テコや手で押すタイミングが重要になるので、全体を見渡して、号令をかける人が必要になる。こうして、号令をか

ける人、テコを使う人、手で押す人、という分業ができ、邪魔な岩をどけることができる。これは原始的な組織といえる。

さらに、テコになるような手ごろな丸太がなければ、丸太にする太めの木を探して伐採する。細かい枝を取ったり、岩の下に入るように先端を細く尖らせる。持ちやすいように樹皮を剥いだり手ごろな太さに削ったりもする。そういった準備によって、岩をどけるという目的のために使うテコを事前に作るということになる。これも1人でやるのではなく、手分けして何人かで行ったり、枝を取るための道具を作ったりといった分業を行うこともある。

組織とは何らかの構造を持つ集団である。構造には、①時間的な構造と、②上下関係や左右のコミュニケーション経路や作業手順の構造との2種類がある。多くの場合には、目的を達成するために人が集まり、目的に向かって時間を構造化する。より効率を上げるためには目的に向けてスケジュールを作成してそれを実施する。あらかじめのスケジュールが曖昧であっても目的を設定し、それに向かって作業を続ける。あるいは中間成果物などに手をくわえて完成にむけて材料を変化させたり、時間の経過にしたがって生産量を蓄積するための秩序や体系をつくり、順序よく実施しようとする。これが時間的構造である。また、目的を達成するために役割を分担したり、手分けして業務を行い、目的を達成しようとする。このような分業や上下関係は、コミュニケーション経路や作業手順の構造である。これらの秩序が比較的明確なのが固い組織であり、比較的曖昧なのが柔らかい組織である。

どちらにせよ、組織経営のカギになるのが協働である。このようにして、これまでにはなかった価値（この例の場合には、途絶えていた隣の村との交易が再びできるという村人にとっての価値）が生まれる。組織は価値創造の有力な手段となる。

1-2. 便利な現代生活をもたらす大量生産

現在の日本では、余程の贅沢を望まなければ、そしてお金さえ持っていれば、大抵のものは手に入る。例えば、お腹が空いたら近所のコンビニエンス・ストアへ行って、鮭の入ったおにぎりを100円台の金額で買うことができる。それは、現代の生産・流通・販売システムの賜物である。鮭の入ったおにぎりを、手作りで最初からすべて作るとすると、どのくらいの労力と時間がかかるだろ

うか？

　まず、お米を作る。田んぼにイネを植え、面倒を見て刈り取り、精製して運ぶ。それを炊く。次に、中に入れる鮭を釣って来なければならない。そしてそれを焼く。身をほぐしておにぎりに入れるために運ぶ。そして海苔を養殖し、干して食用にして、おにぎりに巻くために、これも運んで来る。そして、取り出しやすいように工夫した方法でビニールで包装する。おにぎりの種類や材料、原産地、賞味期限も明記する。それで完成である。1 人の客のために 1 個だけおにぎりを生産するのでは無駄が多いので、大量に生産する。鮭の漁や稲作は大量生産の結果である。次に工場で大量に作られたおにぎりを、日本のあちこちのコンビニエンス・ストアに輸送しなければならない。輸送中も安定した温度管理が必要である。また、店舗でも冷蔵しておかないとすぐに傷んで駄目になってしまう。そこで、冷蔵車をあちこちの店舗に走らせなければならないし、店舗の陳列棚の温度管理を徹底しなければならない。時間どおりに店舗に届くためには道路が整備されていなければならないし、店舗での温度管理のためには安定した電力の供給が不可欠である。この電気は大量に生産され、各店舗や工場、家庭などに配分されている。

　このように農林水産から包装のためのビニール素材や電力に至るまでが大量生産されている。そのために、1 個あたりのおにぎりが 100 円台で食べられることになる。

1-3. 現代の企業制度と企業経営──自由主義市場と資本主義

　それでは、大量に電気を作ったり鉄道を走らせたり、また、大量の白米を炊いて同じ形の同じ品質のおにぎりを恒常的に生産するためには何が必要だろうか。人手と材料とお金である。お金があれば人を雇うことができ、材料を買うことができる。設備も揃えることができる。そこで、最初に大量生産のための資金が必要になる。生産活動やサービス活動の元になる資金を "資本" という。この資本というものを大切に考えるのが資本主義である。

　企業形態の 1 つに、株式会社という形式がある。株式会社では、資本を集めるために、"株式"（単に株ともいう）というものを発行する。資本金になるお金を出してくれた人に会社は株券という証書を発行するのである。資本金の一部を支払ったということは、この株というものを買ったのだ、というように考

えることもできる。株を買った人は株主と呼ばれ、その会社の有力な所有者の一種になる。

さて、会社の株主になるメリットは何であろうか。株主は自分が出資した会社が利益を上げればその配分を得ることができる。また会社が損失を出した場合には何も得られないだけで損失の責任は負わなくてもよいという約束になっている。つまり、会社が潰れるなどで買い入れた株の価格がゼロになってしまう危険はあるが、それ以上の損害はない。安心して会社に出資することができる。

会社は、株式を新たに発行して、株式市場^{しじょう}で見知らぬ誰かに自社の株を買ってもらうことができる。出資すれば収益が配分されると考えた見ず知らずの人が、そのような会社の株を買うことができる。こうして会社は多くの人たちから広く資金を集めることができる。そのようにして集めた資金で人を雇い、設備を整え、材料を買い、販売活動を行う。こうして規模が大きくなった会社は社会的な信用が大きくなる。信用が大きくなれば、より多くの人が出資してくれるようになる。会社はこうして大量の資金を集めることができるようになり、大量生産が可能になるのである。

このように、現在、私たちが暮らしている21世紀の資本主義経済は、事業を大きくし、大量生産による効率化を行うことによって支えられてきた。そのための資金調達を容易にしたのが株式会社という経営方式であった。そして、その背景にある考え方はスミス（Smith, 1776）が『国富論』¹⁾で示した自由主義経済の思想であり、競争市場における企業の淘汰と選別である。自由主義経済では、比較的自由に製造・販売の競争が行なわれ、魅力のない企業は淘汰されて潰れる。会社の中の人は、自分の会社が潰れては困るので淘汰されないように他社と競争する。買い手からみて魅力的な品質や価格で商品を販売できている会社は利益を上げることができ、また、新たな株を発行することができ、どんどん大きくなっていくことができる。

しかし、完全な自由主義に基づく自然淘汰だけでは円滑に市場が作用しない。同業者間の競争では、一般的に規模が大きい方が有利であり、最初についた規模の差が次第に拡大し、強者と弱者の差が大きくなり、勝者が市場を独占してしまう可能性もある。景気が悪化した際に企業が倒産したり、解雇者を大量に出したりする可能性もある。そうした社会的なマイナスのインパクトを避けるために、どうしても公的な規制が必要になる。また、社会的ルールを破った個

人や組織を処罰したり市場から排除することも必要である。市場における競争原理を円滑に作用させたり維持するためだけであっても政府による規制がどうしても必要になる。資本主義を基本としながらも、どの程度、規制と富の再配分の側面を強くするべきかについては議論が分かれる。

　それぞれの企業や個人が自由勝手に競争して淘汰が起こる際にどうしても生じがちな無駄や弊害をなくすために、国内の経済や産業の実施を計画的に行い、その配分をコントロールするべきだという考え方がある。これは社会主義経済と呼ばれる。強者に富が集中しないように、産業の成果を平等に再配分し直すべきであるという共産主義の考え方がその背景にあることが多い。しかし、こうした社会体制を採ると、誰かが富を配分する役割を負わざるを得ず、その人たちに権力が集中することになる。

　日本経済は、資本主義経済ではあるが、米国などに比べて、企業や個人に対する規制もそれなりに大きいとされている。

1-4.　会社経営の仕組みと構造

　さて、資本主義社会の中で活動する株式会社はどのような構造になっているのだろうか。誰かが株式を購入して事業の元手となるお金を会社に出す。資本金を支払うと、株主は拠出した金額の割合の大きさに応じて様々な権利を持つ。まず、出資先企業の重要事項を決定する株主総会を招集する権利が与えられる。さらに、招集された株主総会での重要事項の議決権や、その会社を運営する役員の解任請求権などの権利を持つ。また、会社が出した利益の配分を受け取る権利が与えられる。これが利益配当金である。さらに、その会社が解散する場合には、残った財産の配分を受け取る権利も得る。これを残余財産分配請求権という。会社は、それでも足りないお金を銀行などからの借金でまかなう。これを借入金という。または、さらに株を発行することにより新たな出資を募って資本金を増やす。

　一般に、会社はその活動に関連する部品や完成品、サービスなどを売買する市場を介して社会との接点を持つ（図1-1）。図中の左と右にそれぞれ「市場」という楕円を掲載しているが、会社そのものは、その間にある中心の四角で囲った部分である。

　中心の四角で囲った株式会社の構造を上から見ていくと、まず「株主」がい

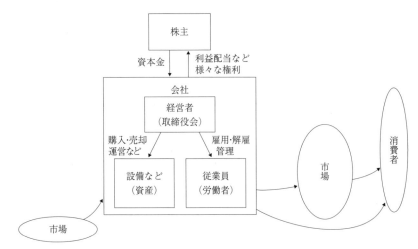

図1-1　株式会社の構成と市場との関係

て、株主が会社に出資し、その見返りとして利益配当などの様々な権利を受け取っている。会社は「経営者（取締役会など）」が資産の購入・売却をはじめとするその会社の業務執行の意思決定を行い、従業員を監督する。従業員は会社に雇われているため、会社とは雇用契約を結んでいる。取締役会のメンバーは従業員ではなく、経営を委任されている立場であり、雇用契約ではなく、委任契約をその会社と結んでいる。

　従業員はその会社の設備などを使って製品の製造を行う。または、アパレル販売や卸売りなどの流通業であれば、製造は行わずに、左側の市場から商品を仕入れ、右側の市場に商品の販売を行う。市場を通した仕入では、何社かを競わせて、契約先を決めて取引を行うこともある。

　古典的な経済学では、取引の基本として、この市場を活用して取引を行うことを想定している場合が多い。それを基本として考え、それ以外の取引や実際の取引のバリエーションは、理想的な完全「市場」の特殊な一形態として扱うことになる。

　会社の中の構成要素である経営者と従業員との関係や、従業員同士の関係、また、従業員が資産をどう活用できるのかといった従業員と資産との関係は、その会社の競争優位の源泉を構成する。競争優位というのは、市場の中で他社に打ち勝ち淘汰されずに生き残るために、他社よりもすぐれている状態のこと

である。他社よりも、効率が良い、またはより品質の良い製品を製造する仕組みが、会社の中に埋め込まれていれば、競争優位を持つことができる。

1-5. オープンシステムとしての企業

　ところで、企業はそれ自体が世の中から隔絶しているわけではなく、政府や地方自治体などからの規制や指導を受けたり、業界慣習に従ったりする。それだけでなく、図1-1の左側の「市場」で取引を行い、原材料や部品などを仕入れる。また右側の「市場」に製品を販売する。企業は左側からのインプットに付加価値を付与し、右側に渡していくのである。企業は有機的な構造を持つ組織として外部からのインプットを変換し、アウトプットを出す存在である。このような考え方をオープンシステム・アプローチ（open system approach）という。有機的な構造を持つ組織は、通過点としてのスループット（throughput）の機能を持つシステムである。関連する外部環境から、存続や成長に必要なフィードバックを受ける[2]。

　図1-2は、左右のインプットとアウトプットとの関係をより細かく記載したものである。実際には、左側には市場だけでなく、特定の契約相手もある。大企業では、左側の市場や契約相手といったインプットは多岐にわたり、複雑でもある。例えば自動車製造業であれば、1台の車は約3万個の部品でできている[3]。エンジン、ハンドル、ブレーキ、エアコン、窓ガラスから座席やネジに至るまで、部品供給元は多岐に渡る。それぞれの部品供給元との関係は、市場を通してその都度、既製品を買ってくる場合もあるし、長期的な取引を前提として、ある程度、開発や製造を特定企業と一緒に行う場合もある。

　長期的な取引を前提とした場合には、それぞれの部品供給元を下請企業と呼ぶことがある。下請企業も同様にその部品を構成する原材料や部品を調達するために、特定の企業と長期的な取引関係を結ぶことがある。その場合には下請企業のさらにその先に孫請企業が存在することになる。例えば、ブレーキであれば、ブレーキを構成するそれぞれの部品を提供する企業がさらにその先に存在することになる。ブレーキ製造企業は孫請企業から提供された部品を組み立てて自動車のブレーキを製造してそれを自動車組立メーカーに売るのである。孫請企業にも部品を供給する企業があり、さらにその下に、そこに部品を提供する企業もある。このように、実際の企業活動は複雑に連鎖をしている。

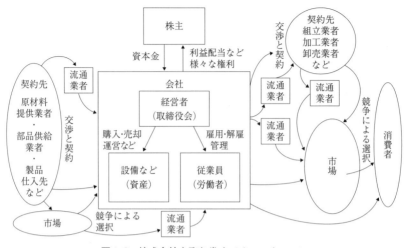

図1-2　株式会社を取り巻くバリューチェーン

1-6. 企業と企業をつなぐ流通

　また、それぞれの連鎖を繋ぐ流通は、それを製造した企業が自社で行う場合もあるし、第三者の流通企業に運んでもらうこともある。図1-2では、流通業者が介入する場合と、直接、自社の流通部門が配送をする場合の両方のパターンを併記している。

　例えば、図1-2の中心の四角で囲まれた会社が、部品や原料を調達する場合、ある数量をある日時に特定の頻度で届けてもらうよう、図の左側の原材料提供業者・部品供給業者などと契約を結ぼうとする。その場合、図の左側の楕円で表示された契約相手は発注元（つまり発注された物やサービスの提供先）企業が要望する数量を、決められた日までに届けられるように、流通業者と交渉を行わなければならない。納入期限を納期という。ただし、決められた日よりも早く届けても倉庫に入りきらずに保管料がかかってしまう場合があるので、届ける日を厳守しなければならないことが多い。もちろん、決められた日に1種類のほんの小さな部品が届かなかっただけでその製品の生産のすべてが止まってしまうので、納期遅れは厳禁とされる場合が多い。

　配送業者はトラックなどの配送体制の効率を考えなければならない。トラッ

クの台数や運転手は足りているのかから始まって、相手の要求するタイミング
で部品を輸送する際に、効率よくトラックを運用し、その企業向けの配送だけ
でなく、他企業向けの配送との兼ね合いでうまく配送ルートの計画を立てられ
るかとか、他の配送物と組合せを調整するなどが必要になる。また、配送が終
わってからトラックが空にならないよう、帰りに積むものとの関係で、どのよ
うなタイミングでどこを通ればよいのか、また帰りに荷物を積むためにどの企
業とどんな配送の契約をすればいいのかも課題になる。

　自社で配達機能を持っている企業でも、トラックが足りなければ、自社ルー
トと併せて配送会社も使うことになる。

1-7.　一回ごとの単発的な取引と恒常的な取引──系列取引

　一般的な議論として、製品の規格や値段がすでに決まっており、交渉の必要
がなく、普通に買えばよい製品の取引と、特殊な規格で値段も決まっていない
ために、詳細な交渉が必要な製品とがある。また、自分が欲しい形の規格を特
別に作ってもらい、それを恒常的に買い続けたい場合もある。

　図1-2の右側には図の中央にある会社が製品を販売する相手が記載されてい
る。取引先として、恒常的なやり取りを続けている「契約先」に対して部品や
製品を提供することもあるし、その都度、改めて取引先を探して契約を決めて
取引を行う場合もある。特殊な部品でない限り、何社かに競わせて品質や価格
が自社の希望に合う相手を選択することが多い。市場の活用である。市場は海
外など地理的に分散している場合もあるし、ごく限られた業界や周辺地域の少
ない参加者だけの場合もある。また、自社の会議室で競争入札を行うなど、1
室に集められて行う場合も市場である。

　入札とは販売しようとする競争相手同士が互いに分からないようにして、販
売価格を書いた札を封筒に入れて投票箱に投票し、買い手が後で投票箱を開け
て値段を見て取引先を決めるやり方である。札といってもこれは紙の普通の用
紙であったが、近年では電子入札という形式で紙などの媒体を使わずに販売価
格を提示することが増えてきている。

　日本企業は、自社向けの特殊な部品を使うことが多く、それを作ってもらう
ために系列の部品メーカーを定めて、ある程度排他的にグループを形成してい
る場合がある。このような取引形態を系列取引という。特に自動車の場合には

販売についても卸売業者、販売店などを囲い込んで系列化している場合が多い。

　自動車製造業では、トヨタ、日産、ホンダなど、それぞれの自動車メーカーが自社専用の部品を作ってもらうことを好む傾向にあるといわれていた。しかし、近年はメーカーを中心とする部品企業のグループが崩れてきて、オープンな取引の動きが盛んになってきた。例えば、トヨタ自動車株式会社に部品を提供する部品業者は、かつては他の自動車製造業者、例えば日産自動車やベンツ、BMWなどとは取引をしていなかったが、そういった他のグループにも部品を提供するようになってきたといわれている。しかし、完成した車の販売については、いまだに日本の自動車業界では系列販売店の囲い込みが崩れてはいない。

　図1-2の真ん中の会社が販売店であれば、右側が直接、消費者である場合もある。卸売企業であれば、右側は各都道府県の小規模商店などである場合もある。また、全国販売を行うような大量生産の製品であれば、卸業者を利用して、その卸業者が契約している販売店が製品を消費者に売る場合もある、というように流通の段階が多段階に渡る場合が多い。製品によっては、それを製造する企業が少数の大規模な卸売業者に製品を販売し、その大規模な卸売業者が地域に密着した小さな卸売業者に製品を販売し、それぞれの地元密着の卸売業者がそれぞれの地域内に無数にある小さな販売店に製品を販売するという連鎖の段階を踏む場合もある。

　図1-2の真ん中の会社が市場に直接、商品を届ける場合には、図の右下の「市場」という楕円にアプローチすることになるだろうし、その場合には、自社が市場内の競争で選択されるかどうかが問題になる。さらに加工や流通の段階を経て商品が市場に渡る場合には、図の右上の「契約先」という楕円を経て、市場に商品が流れていくこともある。図の中央の企業の商品がそのままの形で市場に届く場合もあるし、加工を経て、まったく違う形になってから市場に流れる場合もある。図1-2の右側でも取引の連鎖を表現するためにある程度、細かく場合分けをしているが、最終的な消費者や最終的な製品使用企業に製造物が届くためには、実際には契約先や市場を経由した受け渡しが、もっともっと何層にも連鎖している場合が多い。

1-8.　契約条件を制約する圧力としての仕事や商品の受渡
──流通とバリューチェーン

　図の中央の会社にとって、左側の原材料提供業者・部品供給業者・製品仕入元や、右側の契約先と取引条件を交渉する際に、どのようなことが問題になるだろうか。例えば、図の中央の会社が、右側の契約先と結ぶ商品提供の契約の内容は、その企業が仕入れる材料、すなわち、左側の原材料提供業者・部品供給業者・製品仕入先から提供される商品の品質や価格、納入可能な量や配送のタイミングから制約を受ける。逆に、左側の原材料提供業者・部品供給業者・製品仕入先と商品購入の契約を結ぶ際には、右側の契約先が要求する品質や価格、納入可能な量や配送のタイミングから影響を受ける。1つの製品が完成するまでに部品やサービスが統合されていく途上の契約内容もそれぞれの企業の要望や能力によって互いに影響を受け合いながら連鎖していく。

　配送能力の役割も大きい。それぞれの契約先や原材料提供業者・部品供給業者・製品仕入先は、商品の配送能力や配送コストから制約を受けている。例え部品供給業者が、必要な品質の商品を必要な価格で供給できる生産技術や生産能力を持っていたとしても、配送能力が足りなければ、必要な量を必要なタイミングで届けることができない。また、届けることができるにはできるが配送効率が悪くなってしまう場合には、配送コストを上乗せしたり、極端な場合には配送自体が現実的に不可能になり、配送を断らざるを得ない場合もある。社内の配送機能を使う場合にはこれらをコストに上乗せしなければならないし、社外の配送業者を用いる場合には、そことの契約が課題になる。こうした様々な影響が圧力となって、供給業者や買い手などの契約先との関係に影響を与える。

　また、この図1-2の左右の関係は現実にはさらに図の外にまで伸びているのが普通である。左側の原材料提供業者・部品供給業者・製品仕入先の先には、さらなる左側の原材料提供業者・部品供給業者・製品仕入先が存在し、さらにその先にも同様の関係がぶら下がっている。それだけでなく、一つの原材料提供業者・部品供給業者・製品仕入先の左側には、複数の原材料提供業者・部品供給業者・製品仕入先がぶら下がっており、次第次第に枝を広げるようにその関係は増えていく場合がほとんどである。右側の契約先については、それが1

社や少数である場合もあるが、やはり複数ある場合がほとんどである。右側に
ついても、さらにその右に連なる契約先、さらにその先と、連鎖が連なるにし
たがって、図の左側と同様に、本来であれば枝分かれして最終的な市場や消費
者に行き着く、という場合もある。

　さらに、この左右への広がりはバリューチェーン（value chain: 価値連鎖）を
形成している。バリューチェーンとは、企業活動を連鎖としてとらえ、その活
動の連鎖が価値を生み出しているという考え方であり、バリューチェーンの中
心となる企業にとっては、自社でその連なりのどこまで先をコントロールでき
るのか、またその影響力の大きさはどのくらいかということによって、自社の
競争優位は大きく左右される。バリューチェーンは1つの企業の中での原材料
の購入から販売までを指す場合もあり、図1-2のように様々な企業の連鎖全体
を指す場合もある。

1-9. バリューチェーンの構成要素としてのインプットと
　　　アウトプットとの関係

　さて、これらの複雑性や、様々なパターンが考えられることは、企業が存続
を続けていくうえで重要な意味を持つ。

　現在、適切な情報管理への投資が行われれば、ICT（information and commu-
nication technology）の発達で、原材料から消費者に完成品を届けるまでに必要
な情報は迅速かつ正確に手に入れることができるようになった。しかし、情報
だけ先行しても、現物の組み合わせがタイミングよく同期できていなければ、
効率的な製造はできない。どんなに情報が早く共有できても、部品の1つでも
欠けていれば、全製造ラインが止まってしまう。2011年の東日本大震災の被
害でたった一種類の部品が足りなくなり、部品供給が滞り、トヨタ自動車では
1か月以上、工場での製造を停止せざるを得なかった。また、海外でもGMは
部品が届かないために製造ラインを停止せざるを得なかった。2011年の夏か
ら秋にかけてのタイの大洪水で現地の多くの部品メーカーが被災し、操業を停
止した。そのために部品の供給を受けていたトヨタ、ホンダ、日産をはじめと
する日本の自動車製造企業も製造を停止せざるを得なかった。

　製造が多品種少量生産化するなか、原料から消費者に製品が届くまでの流通
を最低価格で最高の効率で引き渡していく努力が必要である。それぞれの段階

での流通の効率性の積み重ねが最終的な商品の価格に影響する。バリューチェーン全体での流通網の独自な効率性は他社グループに対する競争優位の源泉になる。

　現在、多くの日本企業では一つひとつの製造工程での作業の効率化を極限に近くまで磨き上げる努力が続けられている。次に手を付けなければならないのは、社内の工程間での円滑な受け渡しであり、商品や製造工程改善のための情報のやり取りである。これも、多くの企業が努力を進めている分野である。その次に手を付けるのは、原材料から製品を顧客に届けるまでの効率化と時間の短縮化である。どこか 1 つの工程、どこか 1 つの部品供給のタイミングが滞っただけで、製造全体が滞ってしまう。全体の効率的流通を完成させるためには、関連するすべての企業の能力の向上と相互のコミュニケーション、信頼関係が必要であり、これを達成した企業群は競合する他の企業群に対して大きな優位性を持つことになる。

　企業グループとしてどのような形で、同業他社よりも効率が良く低価格で、あるいは品質が高い、または独自性のある製品を提供できるのかの可能性がこれらの連鎖の中に組み込まれている。自社の連鎖が他の連鎖に比べて、製造・流通の各段階で一貫して低価格を徹底できるか、あるいは構成部品を含めた製品製造の流れにおいて一貫して高品質を維持するか、または、製造・流通が環境変化に迅速かつ適切に対応できるか、また、製品の新規開発や改良、市場開拓に合わせて各段階での適切な協力体制が築かれているかどうかによって、それぞれの連鎖の競争力が左右される。この連鎖が競争力の高いものに磨き上げられていれば、他社グループには模倣のできない持続的競争優位を築くことができる。

　現代の産業では、①バリューチェーンといわれる価値創造の連鎖を用いた大量生産、②適切な分業と円滑な連携、③タイミングや数量を最適化して受け渡すための流通が重要になる。これらの①〜③のすべてに不可欠なのは、コミュニケーションの質の高さである。

【時代の発展と現代生活】

1-10.　便利な時代への人間生活の変化

　19 世紀から 20 世紀に移行するときにさまざまなことが起こった。

　それまではほとんどの人にとって衣服は高級品であり、服にツギハギを当てながら同じ服を着続けていた。新しい服を買うということは、まるで家や自動車を買うような贅沢であった。しかし、蒸気機関が発明され、大規模な紡績工場が設置されるようになると、イギリスでは農民を土地から追い出して布の原料を作るための牧羊地にしたり、米国では奴隷を用いて綿花を栽培するなど、大量の需要に応じる動きが盛んになった。

　1811 年から 10 年間のあいだにイギリスではサザーランド伯爵とスタッフォード侯爵夫妻の土地から 1 万 5 千人の農民が追い出されて広大な牧羊地が作られた[4]。追い出された人たちは繊維工場か新天地のアメリカ大陸に移動した。米国は人口の大きな吸収先であり、鉄道敷設や鉄鋼業などの新しい巨大産業が移民の働き手を吸収していった。

　アメリカ合衆国で南北戦争（1861-1865）が終わり、社会・経済の大きな変化を反映した社会思想が 19 世紀から 20 世紀に次々と発表された。マルサス（1766-1834）の『人口論　第 6 版』[5]は、自然に任せておくと人口増加に生産力が追いつかずに貧困や犯罪が発生すると指摘し、規制を強化すべきであるとして自由主義的な思想に反論するものであった。また、社会進化論を唱えたスペンサー（1820-1903）の『生物学の原理』[6]は、人々には他の人の自由を妨げない範囲で平等に自由が与えられるべきだという前提のもとで、社会が進歩していくためには生物界の普遍的原理としての適者生存（survival of the fittest）を人間社会にも導入すべきだと主張するものであった。エンゲルス（1820-1895）の手によってマルクス（1818-1883）の『資本論　第 3 巻』[7]が完成し、出版されたのは 1894 年であった。これはすでに資本主義が内包する矛盾や問題を指摘する内容であった。

　エジソン（1847-1931）[8]の発明が現代社会の工業化をおおいに進めていた時代である。電気の時代が始まった。その後、第一次世界大戦（1914-1918）、第

二次世界大戦（1939-1945）を経て、日本は戦後の焼け跡から立ち直り、高度経済成長期（1954-1973）、バブル経済（1986-1991）、バブル崩壊（1991-1993）を経て、全体として経済が再生しないまま今日に至っているといわれている。

　ここまでを振り返ると、巨大産業が発展し、分業による大量生産が世の中の豊かさを招いた。しかしそれは、農民を土地から追い出し、奴隷労働を導入することによってもたらされたものであった。思想的には、すべての人への自由を求める動きがあり、社会的な進化がもたらす弱肉強食の問題等を危惧する動きが生じた。その後、二度の世界大戦を経験し、大量の命や幸福が奪われた。その間、技術は飛躍的に発展を続け、現在はおにぎりから爆撃機までのほとんどあらゆるものが大量生産されている。大量生産には分業と協働が不可欠であり、産業規模が大きくなればなるほど、コミュニケーションや流通の網の目は緻密になり、緻密なコミュニケーションや生産ラインの故障などへの対策に細心の注意が向けられている。これらを可能にしている基本的な原理が株式会社を中心とする資本主義であり、それが孕む問題も大きい。

　歴史的にみても地理的にみても、先進国の平均寿命は長く、特に日本では女性が 87 歳以上、男性が 81 歳以上である[9]。病院に行けば入院中の室温・湿度が管理されており、手術は停電の心配なく行われる。今の日本に住んでいれば、快適な日常を過ごすことができる。医薬品だけでなく、食料品店での食品の衛生管理も確実に行われており、冷蔵・チルド・冷凍などきめ細かく管理されている。また家庭でも同様に適切な冷暖房の中、食品の衛生管理も行われている。世界的に圧倒的な数を占める開発途上国では健康維持のための基盤が未整備なため、身体の弱い人や老人・子供は衰弱しやすく平均寿命も短い。

　日本でも、つい 50 年ほど前までは今のように便利ではなかった。1960 年代の日本を描いた映画『ALWAYS 三丁目の夕日』[10]では、登場人物たちが 1 日前に購入したケーキを食べて食中毒を起こす場面が描かれていたし、1970 年までは、コンビニエンス・ストア自体が日本には存在していなかった[11]。

　不便であればあるなりに不満が生じ、便利であればあるなりに不満が生じる。世の中は個人の便益や欲望を満たす方向で進んできている。こうした中で、現在、貧富の差、地域や思想の差を超えて、多様な人々の間での平等という価値観が強く求められている。経営学には何ができるのだろうか？

注

1) Smith, A. 1776. 『国富論 1-4』 *An Inquiry into the Nature and Causes of the Wealth of Nations:* 1st ed. London: W. Strahan.（水田洋監訳・杉山忠平訳（2000-2001）岩波書店 .）

2) Katz, A. M., and Kahn, R. L. 1966. *The Social Psychology of Organizations.* New York: Random House.

3) トヨタ自動車株式会社（2022 年 2 月 24 日閲覧）ホームページ「1 台のクルマができるまでにかかる時間は？」『TOYOTA こどもしつもんコーナー』 https://global.toyota/jp/kids/faq/production/005.html

4) Galbraith, J. K. 1977. 『不確実性の時代』 *The Age of Uncertainty.* Boston, MS: Houghton Mifflin.（都留重人監訳（1978）TBS ブリタニカ .）

5) Malthus, T. R. 1826. *An Essay on the Principle of Population, or, a View of its past and present effects on human happiness: with an inquiry into our prospects respecting the future removal or mitigation of the evils which it occasions, 6th edition.* London: John Murray.

6) Spencer, H. 1866. *The Principles of Biology.* New York: D. Appleton and Company.

7) Marx, K. 1894. 『資本論』 *Das Kapital: Kritik der politischen Öekonomie.* Hambrg: Akademie-Verl.

8) Edison, T. A.（1847-1931.）

9) 毎日新聞（2021 年 7 月 30 日 17:53 版）インターネット記事『日本人の平均寿命　女性 87.74 歳、男性 81.64 歳　過去最高更』 https://mainichi.jp/articles/20210730/k00/00m/040/292000c

10) 阿部秀司（プロデューサー）・山崎貴（監督）（2005）『ALWAYS 三丁目の夕日』［映画］．日本：株式会社ロボット，『ALWAYS 三丁目の夕日』製作委員会.

11) 川合登志和（2016 年 11 月 17 日 15:00 版）インターネット記事『「日本のコンビニ 1 号店」が閉店 45 年の歴史に幕』エキサイト株式会社 https://www.excite.co.jp/news/article/E1479357376055/

第02章　売れる・売り込む・求められる
—— "考えて売る" ことの大切さ

【大量生産・大量販売、そしてマーケティング】

2-1. 生産者側からみた大量生産・大量販売の利点

　大量販売を可能にするマーケティングの歴史は、洗濯機と共に発展したと言われる。冷蔵庫や掃除機、炊飯器、洗濯機、給湯器などが家庭にまだ普及していなかった1950年代までは、結婚すると二人のうちどちらかが家事に専念しなければ生活が難しかった。生鮮食料品は冷蔵できないので毎日買いに行かねばならず、掃除はほうきとちり取りで室内を掃き、自分で作った雑巾で床をこすらなければならなかった。炊飯器もないので、自分でお釜に火をかけ、火加減を見ながら時間をみて火を止める必要があった。洗濯は盥や桶の中で一つひとつの洗濯物に石鹸をつけ、力を入れてこすり洗いをし、水を流してさらにそれをすすぐ、ということを繰り返す必要があった。給湯器がないので、冬になると手には赤ギレができるのが当たり前であった。こうした家事をやり遂げるのは一日がかりの仕事であった。また、スーパーマーケットなどの量販店もなかったので、野菜は八百屋、魚は魚屋といった具合に食材を買い集めなければならなかった。

　そこに家電製品ができた。洗濯機もその一つであった。これで家事が格段に楽になるはずだったが、はじめは誰も買おうとしなかった。なぜか。まず当時の洗濯機は巨大であり、普通の家庭ではなかなか買えないほど高かった。しかも、当初の機能は中に溜めた水をかき混ぜて、終わったら排出できるようになっているだけであった。洗剤も適切な時に自分で入れなければならず、すすぎのためには手動で水を入れ替えなければならなかった。もちろん乾燥機能もつ

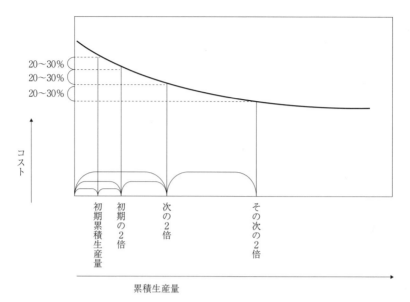

図2-1　経験曲線

いていなかったので、自分でしぼって干さなければならなかった。

　はじめは高かった値段を下げて一般家庭でも買える価格にする必要があった。前章でみてきたように、大量生産が現代の利便性を高めており、生活を支えている。大量生産が可能なのは、大量消費があるからである。買う人がたくさんいるからたくさん作っても無駄にならないし、また、値段も安くなる。沢山売れなければ大量に生産をすることはできないし、大量に売れなければ改良のための開発費が得られない。

　たくさん作って売ると安くなるメカニズムがある。これを、経験効果といい、図2-1のように累積生産量に従って経験曲線（experience curve）を辿って生産コストが下がっていく。これは、自動車、半導体、航空機など、ほぼあらゆる産業でみられる傾向である。そのために、最初に生産を始めて、市場にたくさんの製品を出し続けていれば、累積生産量も増えていくので、生産コスト（費用）が下がる。そうすると、後から同じ製品を製造し始めた会社とはコストで差がつく。差が広がっていけばいくほど後から追いつくのが難しくなる。そのためにできるだけたくさん売る。自社製品の市場シェア（市場における自社製

品の比率) を高くしようと努力する。

　経験効果はなぜ生じるのだろうか。それは、各企業が競争しながら生産をしていくなかで、原材料や生産の方法、設備の活用や細かい改善などによって、生産の効率を努力して上げていくからである。つまり、競争のないところや競争に勝とうという意欲や工夫がなければ経験効果は現れにくい。

　新たに商品を開発し、市場に出すには、おおまかに 2 つの流れがある。一つは、商品活用できるような技術、言い換えると商品化のための技術的なシーズ (seeds: 種) を応用して市場に出す流れであり、これをプロダクトアウト (product out) という。もう 1 つの流れは、市場からのニーズ (needs: 要望や必要性) を察知して、それに合った商品を開発するというもので、これをマーケットイン (market in) という。多くの場合にはその二つの流れは相互に作用しながら同時進行していく。

2-2.　プロダクト・ライフサイクル

　プロダクト・ライフサイクル (product life cycle) は、1950 年代からいわれはじめた概念である。様々なタイプが考えられてきたが、左右対称の正規分布を想定しているもの[1]もあり、そのそれぞれの段階の顧客層の特徴を活かした 5 段階の分類[2]もある。以下に示すのは 4 段階[3]に分類した場合である (図 2-2)。それぞれの段階に応じて、必要とされる製品戦略が異なる。ただし、多くの製品は開発しても売れないまま短期間に寿命を終える。したがって以下のプロセスを辿ることができるのは数少ない成功した製品だけである。

導入期

　製品が市場に導入され、売上がゆっくりと成長する期間。この段階では、製品の導入に伴う費用が大きいため利益はない。顧客は革新的商品を試してみたい革新者 (イノベーター：innovators) が中心である。

成長期

　製品が急速に市場に受け入れられ、大幅に利益が向上する期間。この段階では、追随する企業が類似製品を市場に投入してくることがある。追随企業が現れた時に先行企業は市場シェアを拡大し、他社の製品に対抗するために価格を

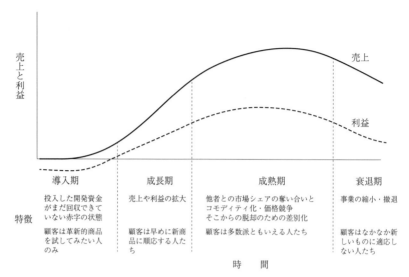

図 2-2　プロダクト・ライフサイクル

注）業種によっても異なるが、通常、利益は売上の1〜5％などの少額になる（売上高
　営業利益率の場合）。ここでは図を見やすくするために利益額を売上に対して大き
　くとっている。実際の売上と利益との差は、この図よりもずっと大きい。

抑えてさらなる成長を狙うのか、それとも開発資金を回収するためにそれまで
の価格を維持するのかを判断する必要がある。顧客は早めに新商品を受け入れ
る初期採用者（early adopters）が中心であり、この人たちの口コミなどでの評
判が今後の売れ行きを左右することがある。

成熟期

　売上の成長が減速する期間。製品がすでに潜在的な買い手のほとんどに受け
入れられてしまったため、市場の成長は次第に落ち着いていき、成熟市場に変
化する。利益は安定するか、競争の激化により減少する。この段階では競合製
品が市場に多数出回ることになり、製品がコモディティ化してしまう。コモディ
ティ（commodity）とは、一般品・日用品のことであり、コモディティ化とは、
類似商品との明確な違いが分かりにくい状態になることをいう。

　その中で競争するために、価格を下げて対抗するか、または製品に新たな付
加価値をつけて他社と差別化する工夫が必要になる。顧客は多数派となる追随

者（majority）であり、商品特性の違いが大きくなければ消費者は違いを明確に認識しにくくなる。全体としては価格競争に傾きがちになる。そこで新たな機能やより高い性能を持つ新製品を投入するなど、成熟期の負の特徴を払拭し、新たな成長を目指す動きが起こることもある。これを脱成熟化という。

衰退期

　製品購入がほぼ一巡してしまい、売上が低下傾向を示す段階。売上が減少するので利益も減少する期間。この時期には製品事業を縮小したり撤退することも考慮されるが、まったく新たな特徴などを付加してライフサイクルの終焉を避ける場合もある（例えば、ブラウン管テレビから大型薄型テレビに製品を変える、アイロン台で用いるアイロンから、ハンガーに掛けたまま使えるアイロンを新たに開発する、など）。この時期には、あまり流行を意識せず、新しいものに拒否感を感じる遅滞者（laggards）も、すでに他の多くの人が当たり前に使っている製品を必要に応じて購入することになる。

2-3.　製品競争戦略

　市場で他社の商品と競い合う際に、自社製品の競争上のポジション（位置づけ）が重要になる。特定のポジションを確保する活動のことをポジショニング（positioning）という。ポジショニングの考え方には様々なものがあるが、経験効果などを利用して、他社よりも価格を低く設定するコスト・リーダーシップ戦略や、他社が真似できないような明らかな違いを製品に持たせる差別化戦略、特定の製品の種類や特定の地域市場に企業の資源を集中して、そこで他社に負けない地位を築こうとする集中戦略がある[4]。経営資源が少ない企業は、他社が参入してこないような隙間（niche）市場や特殊用途に製品を投入するニッチ戦略を採ることもある。

　大規模市場を狙わない場合には、どのような市場を狙うのかを決めなければならない。そのために、全体の市場の中を特徴に応じて細かく分類して整理する必要がある。これを市場細分化という。細分化した一つひとつの市場をセグメント（segment）という。自社製品を当てはめていくために全体の市場をセグメントに分類する作業をセグメンテーションという。セグメンテーションでは、地理的、人口統計的、心理的、行動的に分類していき、商品を投入する先

のターゲット市場を決める5)。

　特に、プロダクト・ライフサイクル上の成熟期には競合する他社製品との競争になることが多い。資金力や市場支配力、製品開発力などの強い市場リーダーは、余力を使って周辺市場開拓を行ったり、既存市場では、市場支配力を使って他社と同じものを大量に市場投入するといった同質化戦略や、改良品の投入など、戦略的な選択肢が大きい（リーダー戦略）。市場リーダーは、既存の競争相手以外の企業がその市場に参入しにくいように、特殊な技術を用いたり、専属の販売ルートを張り巡らせるなどして参入障壁を築くことがある。また、石油精製などの化学工場のように製造に大規模な装置を必要とする場合には、新たにその製造を行うには莫大な資金が必要になるので、その分野の特徴そのものが参入障壁になる。逆に、莫大なお金をかけて工場を作ってしまったり、販売網を構築するなどで多くの取引先を巻き込んでしまうとその事業をやめたり縮小するとそれが無駄になるので撤退障壁になってしまう。市場リーダーに準じるチャレンジャーは市場リーダーができない方法で市場シェアを狙う（チャレンジャー戦略）。より力の弱いフォロワーは、リーダーやチャレンジャーの動きをよく見たうえで、より低価格で市場での生き残りをかける（フォロワー戦略）。特定市場に特化したニッチャーは、より規模の小さい特殊な市場に狙いを定めて、そこに特化した商品を投入する（ニッチャー戦略）（表2-1）。

2-4. 製品競争戦略のための道具——マーケティングの基本

　製品を販売するための要素は主に4つあるとされており、マッカーシー（McCarthy）の4P6)といわれる。それぞれの要素を、自社の能力やポジションに合わせてうまく組み合わせて他社と販売を競うことになる。

製品やサービス（product）

　人々が対価を払い購入しようとする対象のことである。機能、品質、ネーミング、デザイン、パッケージング、サイズも含む。例えば、遊園地のサービスを商品として売り出す場合、1日券として売り出すか、夜間だけの入園券として売り出すか、乗り物つきか、入園だけか、などの商品設計があり得る。東京ディズニーランドの開園当初は、入場といくつかの乗り物券がセットになっており、さらにそれに加えて乗り物を利用したい場合には、追加で乗り物券を購

表 2-1　競争市場戦略の論理構造[7]

競争地位	競争対抗戦略				マーケティング・マネジメント戦略	
	戦略課題	基本戦略方針	戦略ドメイン	戦略定石	戦略的ターゲット	マーケティング・ミックス
市場リーダー	•市場シェア •利潤 •名声	全方位型（オーソドックス）戦略	経営理念（顧客機能中心）	•周辺需要拡大 •同質化 •非価格対応 •最適市場シェア	フルカバレッジ	•中・高品質・価格 •フルライン化 •高プロモーション •解放型流通
チャレンジャー	•市場シェア	対リーダー差別化（非オーソドックス）戦略	顧客機能と独自能力の絞り込み（対リーダー）	•上記以外の政策（リーダーができないこと）	フルカバレッジ／選択的特化	•対リーダー差別のミックス構築（eg. 価格ディスカウント、低品質低価格、プレステージ品…）
フォロワー	•利潤	模倣戦略	通俗的理念（良いものを安くなど）	•リーダー，チャレンジャー政策の観察と迅速な模倣	二次・三次市場でのフルカバレッジあるいは選択的特化	•臨機応変型のマーケティング・ミックス
ニッチャー	•利潤 •名声	製品・市場特化戦略	顧客機能、独自能力、対象市場の絞り込み	•特定市場でミニ・リーダー戦略	焦点市場ないしニーズ特化	•特定ニーズ訴求型のマーケティング・ミックス

入する仕組みになっていたが、現在では入場券だけで何度でも乗り物が利用できるようになっている。

価格（price）

　製品・サービスの購入に必要となる金額。現金、カード、銀行振込、電子マネーや特典ポイントの利用などの支払い方法や、割賦販売などの支払期限や融資などの支払条件も含む。販売する地域、店舗、時間、量などによって割引料金や割増料金が適用されることもある。また、クレジットカードによる引き落とし日の設定や、ポイントの付与による実質的な割引、キャッシュレス決済の利用促進のためのキャッシュバックなど、現金かキャッシュレスかによって金額が異なったり割引価格が適用される場合もある。

　価格決定には主に以下の3つの方法がある[8]。

①コスト志向型価格設定（コストプラス法や損益分岐点法）　コストプラス法は、原材料などの経費に利益を上乗せした価格を設定する方法である。損益分岐点法はそこに販売数量を取り入れたものである（図2-3参照）。費用には固定費と変動費がある。固定費は建物や設備など、生産数量に影響を受けない経費であり、変動費というのは、原材料費など生産数量に応じて変動する費用

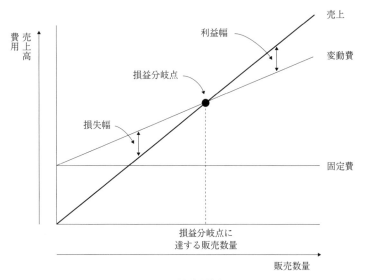

図 2-3　損益分岐点

である。これらの費用に対して、販売数量＝売上高に応じて収益が生じる。売上高－（固定費＋変動費）＝0になる点よりも利益が大きくなるように販売数量を設定するか、製品1つあたりの単価を高く設定することになる。

②需要志向型価格設定（需要マイナス法や差別価格、消費者心理を考慮した価格設定）　需要マイナス法は、消費者が買ってくれるような価格（売れる価格）に材料や加工費を合わせる価格設定である。差別価格とは、数量割引や、他製品とのセット価格、特定の顧客だけに割引価格を適用する、販売時間や地域によって値段を変える、通販と対面販売とで価格を変えるなど、状況や相手によって価格を変える戦略である。消費者心理を考慮した価格設定というのは、988円という価格を設定して1,000円以下であることをアピールしたり、500円のワンコインで買えるということを訴えるなどである。1,000円以下ということを消費者に訴える際に、999円ではわざとらしいと感じ取られてしまうので、9ではなく8という数字が末尾などに付くように価格を工夫する。

③競争志向型価格設定（実勢価格への追随や入札）　消費者は、すでに市場に出回っている商品に比べて極端に高かったり安かったりすると警戒する。そこ

で、他社の製品価格の動向を調べて自社製品の価格を設定する。これが実勢価格への追随である。なお、実勢価格とは実際に取引されている価格のことであり、希望小売価格とは異なる。

　また、新製品の場合には、はじめに高い価格を設定して、できるだけはやく研究開発費などを回収するために利益率を高く設定する上澄み吸収価格と、その逆に、できるだけ早くたくさんの人に買ってもらい、多くの消費者を得ることで固定費や初期投資を回収する市場浸透価格がある。また、新製品に限らず、一般的にコピーのプリンター機器などの本体価格を安く設定し、消耗品であるインクで利益を回収したり、かみそりの本体ではなく替刃で利益を回収するレザーブレード（razor blade）商法がある[9]。

販売促進 （promotion）

　販売促進とは、製品そのものや、機能・イメージなどに関する顧客へのコミュニケーションである。次の３つの目的がある。①製品・サービスの存在を知らせる、②製品・サービスの有用性、使用方法や他の類似物との違いなどの特徴を知らせる、③潜在購入者に対して情報を伝達して購買に結びつける。

　また、製品を製造している企業そのものについてや、ブランド・イメージを伝えることもある。伝え方としては、①新聞・雑誌・テレビやインターネット画面、街頭の看板などを用いた広告・宣伝、②オピニオン・リーダーやインフルエンサー、新聞記事やテレビ番組内で取り上げてもらうように働きかけるパブリシティ、③販売数量に応じて販売店に対して報奨金を出す（インセンティブ付与）などの見返りを提供したり店頭での宣伝資材を提供するセールス・プロモーション、④販売員や営業担当者が直接、顧客に説明したり実演して見せる人的販売がある。上の①②をプル（pull）戦略といい、③④をプッシュ（push）戦略という。

場所や流通経路 （place）

　消費者の時間的・地理的な制約を短縮するために顧客に届くまでのルートや販売場所を設定する。例えば、店頭販売か通信販売か訪問販売か、または自動販売機かインターネットによる販売かなどを決定する。また、直販か、代理店経由か、問屋経由かなど。あるいは、自社で直送するか、配送会社を活用するかなどの選択肢もある。

　商品特性にみあった販売場所で売ることも重要である。高級ショッピング・センターや百貨店で売るのか、一等地に単独の店舗を構えてそこで売るのか、問屋経由で地域密着型の小規模店舗で売るのか、または、郊外型の大規模量販店で売るのか、などである。自動車のようにメーカー専属の販売店で売る方法もある。この方法は排他的チャネル政策という。チャネルとは、コミュニケーションや流通、販売のための経路のことであり、排他的な販売チャネルを構築すれば、希望小売価格（定価）を設定して、その価格で販売してもらう建値を設定しやすい。しかし実質的に拘束力がある場合には独占禁止法違反になる恐れがある[10]。

　特殊な条件を設けずにできるだけ多くの店で売ろうとする方法を開放的チャネル政策という。この場合には大衆的な量販店で売ることになり、製造元が小売価格をコントロールできないので、安売りの対象商品として設定されてしまう危険や、小売店同士の値下げ競争のために値崩れが起こる可能性が生じる。そのために希望小売価格から何円値引いたのか（どれだけお得か）を曖昧にするために、販売価格をいくらに設定するのかをあらかじめ販売店に任せてしまうオープン価格という方法が採られることもある。コンビニエンス・ストアやドラッグ・ストアで売る場合には、他のチャネルとは異なる契約を販売チェーンの集中的な仕入部門と結ぶことがあり、この場合には排他的と開放的の中間、または混合型のチャネル形態であるともいえる。

　異なる性質のチャネルを並列的に用いるとチャネル・コンフリクトを引き起こす可能性がある。例えば、電機メーカーが街に系列の販売店を持っているのに、大型の総合量販店にも販売すると、古くから付き合いのある系列の販売店は、総合量販店の安売りに対抗できずに経営が苦しくなることになる。また、文房具メーカーが、注文の翌日に商品が届くようなインターネットによる直販を始めると、やはり従来からある小規模な文房具店や、その流通段階の卸売り店で経営破綻が起こる場合がある。

2-5.　製品ラインの展開とブランド展開

　大きな企業の場合、取り扱う製品やサービスが多岐にわたることがある。例えば化粧品であれば、ファンデーションや化粧水、アイシャドウや口紅などを1つの企業が製造したり販売することがある。これらは化粧品として一括りに

することができる製品群である。これを製品ラインという。また、口紅は、さまざまな色のものが売られている。これも製品ラインである。製品ラインを用いて、用途や品質、価格などにバリエーションを付けることができる。しかし、製品ライン上に違いの少ない製品を揃えると、自社の製品ラインの中で顧客の取り合いが起こる。これをカニバリゼーションという。カニバル（cannibal）というのは共食いのことである。

　製品ラインにブランド（brand）を付与することがある。独自のブランドを設定して他の商品群から際立った印象を作ることをブランド差別化という。ブランドは、「ある売り手あるいは売り手のグループからの財またはサービスを識別し、競争業者のそれから差別化しようとする特有の（ロゴ、トレードマーク、包装デザインのような）名前かつまたはシンボルである」[11]。ある商品分野でブランドが高く評価された場合には、関連商品にも同じブランドを設定して、高く評価される商品の威光（halo）効果を活用することができる。同一のブランドのもとに製品ラインを拡張してファミリー・ブランド（family brand）化し、商品名、ロゴマーク、パッケージなどを統一する場合がある。ただし、同一ブランド内に低い評価しか得られない商品が混ざっていると、ブランドの価値は毀損されてしまい、ブランド・イメージ全体が低下してしまう。

　ブランド・エクイティ（brand equity）とは、ブランド、その名前やシンボルと結びついたブランドの資産と負債の集合であり、ブランド・エクイティは、①ブランド・ロイヤルティ、②名前の認知、③知覚品質、④ブランドの連想イメージ、⑤取得特許権など、から構成される[12]。ブランド・ロイヤルティ（brand loyalty）とは、顧客がそのブランドに対して忠誠をつくすかのように大切にすることである。

2-6. 広告の仕組みと効果

　広告を展開するにあたっては、Mission（目的）、Message（メッセージ）、Media（媒体）、Money（予算）、Measurement（評価）の5つのMが重要だといわれている[13]。これらの5つの実施を総合的に連関させながら行うことが広告戦略である。効率的に広告を行うために、テレビ、新聞、インターネット、ラジオ、雑誌、新聞に折り込むチラシなどのマスメディア（mass media: 大衆媒体）が活用されることがある。テレビ・コマーシャル（television commercial:

TV CM）は到達する対象者の数が多いが、番組の合間に短い時間しか取れないために、詳しい説得にはなじまなかった。しかし、時間を充分に取って通信販売を行う番組も増えている。雑誌広告は、到達する対象者が絞られており、特定の対象者層に対して、説得的な詳しい広告を掲載することが可能である。特に趣味のための専門誌や対象読者の年齢やライフスタイルを絞り込んだファッション雑誌などでは、特定の事柄について関心を持つ読者が購読するので、到達対象に無駄が少ないし説明を理解してくれる可能性が高い。インターネット（internet）は対象者の閲覧履歴の分析から、適切な製品やサービスを提示することができる。電子メール（e-mail）も広告に活用される。新聞に折り込むチラシは、家庭に配布される新聞と一緒に折り込んで各家庭に配布するもので、地域の新聞配達店が行なう広告サービスである。したがって、その配達店がカバーする地域にチラシを配布することができるので、スーパーマーケットや学習塾などの地域性の高い広告が多い。捨てられてしまうことが多いので、派手な色彩で、格安価格や有名校への合格者数などの目立つメリットを大きくアピールすることが多い。セルフ品（美容部員などの販売員を用いずに消費者が自分で店頭の棚から選んで買うような低価格帯の商品）の化粧品などは使用感を消費者に訴えるためにインターネット上で影響力の強いインフルエンサーと契約して発信させる方法が多用される。

　どの広告媒体を選び、どのように活用するのかを決めることを媒体戦略という。一般に、広告メディアの到達数が多ければ、詳細な情報の提供には不向きになり、到達数を絞り込めば、詳細な情報の提供が可能になる。また、テレビは圧倒的に広告料が高額であり、小規模な雑誌ほど広告料は安くなる。自分でプリントした独自チラシを自分で配ったりポスティングして歩けば費用がほとんどかからない。最近ではケーブルテレビ（cable television: CATV）などで詳細な商品情報を 24 時間流し続けるテレビ・ショッピング専門チャンネルなどもある。

　広告効果の測定は難しいが、効果測定をおろそかにすると何のために資金や手間をかけて広告しているのかが疑問視されることになる。以下を確認する必要がある。①その広告はどの場所でどんな時間で誰に注目されたか、②受け手が広告からどのような印象を受けているか、③広告の主要メッセージが伝えたい相手に伝わっているか、④知ってほしいこと、信じてほしいこと、してほしいことが伝わっているか、⑤伝わるだけでなく、広告の受け手が実際に期待す

る行動を取っているか、⑥測定している広告のどこが良かったのか、またどこが悪かったのか。

2-7.　企業購買のプロセス

　物やサービスを購入するのは一般消費者だけではない。図1-2でみてきたように購買や購入は様々な分野で重層的に織りなされている。物を作るメーカーも部品を購入する。消費者にサービスを提供する企業もサービスの一部分を下請企業に担当させることがある。世の中の営業の多くはこうした企業 対 企業の取引の接点を中心に行われる。

　要するに企業は原材料や部品、消費者に販売するための商品などを他の企業から購買する。企業購買のプロセスには表2-2のような8つの段階がある[14]。

　購入側の重点は、製品をどのような位置づけで購入しようとしているのかによって異なる。購入側の姿勢として、短期的な視点から、販売業者に対する駆け引きを行って購入するバイイング志向や、主な調達先と協力しながら品質向上や価格改善を求めていく調達志向の姿勢がある。さらには、バリューチェーン全体の最適化を求めて、1社だけでなく、調達先のさらに先の調達先、原料提供業者や、逆に消費者の手元に最終製品を届けるための流通業者・販売業者も含めた関係者に対して、一体化した動きを求めようとするサプライチェーン志向がある[15]。

　購買する製品を分類すると以下のようになる。①標準化された手続きやこれまでの購買の単なる延長として購入されるルーチン製品（例えば標準規格のネジなど）の場合には、ほとんどの場合、どの販売業者も必要な仕様（スペック：specification の略語としての spec）を満たしていて品質の違いが少ないので、実質的には価格が問題になる。②レバレッジ製品は部品となるその製品の価格や品質の違いが購入側にとっての重要度が大きく、それがテコのように収益に大きく影響してしまう製品であり、顧客企業はより慎重に価格や品質を検討して他の供給先候補との製品やサービスの比較を行う。③戦略的製品は購入しようとする顧客企業にとって戦略的に重要な製品であり、その分野で評判が確立した供給業者を選択しようとする。価格よりも品質や機能が重視される。また、共同開発などの緊密な連携を求めることもある。顧客企業の側は単なる担当者だけで購入決定ができず、上位職や社内の関連部署の合意が必要になる。④ボ

表 2-2　購買の段階[16]

| | | 購買クラス（主な購買状況） | | |
		新規購買	修正再購買	単純再購買
購買フェイズ（段階）	1. 問題認識	ある	どちらともいえない	ない
	2. 総合的ニーズのリスト化	ある	どちらともいえない	ない
	3. 製品仕様書	ある	ある	ある
	4. 供給業者の探索	ある	どちらともいえない	ない
	5. 提案書の要請	ある	どちらともいえない	ない
	6. 供給業者の選択	ある	どちらともいえない	ない
	7. 発注手続き	ある	どちらともいえない	ない
	8. パフォーマンスの検討	ある	ある	ある

　トルネック製品は、例えば半導体の汎用メモリのように単価が比較的安くても、それがないと自社製品を組み立てられないような重要な部品などであり、購入側が何よりも安定供給を重視する製品である。供給が途絶えると自社の生産が止まってしまう。[17]

　販売する側の方は、自社製品がこれらのどの位置づけとして他社に購入されるのかを見極めて営業活動を行う必要がある。また、対企業の営業では、誰が購買の本当の意思決定に関わっているのかを調べる必要がある。購買部の担当窓口だけが購買を決定するのではない。購買に関わる役割には次の7つがある[18]。①購買する必要を最初に提起する発案者。②購入する製品を実際に利用する使用者。③技術者など購入品の品質や性能について社内で発言するであろう人。価格について強い影響を持つ立場として経理部門がある。④実際に購買の条件や取引先を決定する決定責任者。⑤購入の実務にはあまり関わらないが、製品購入を許可する権限を持つ承認者。⑥正式な購入実務を行う購買担当者。購買担当者は製品供給先の選択や品質、価格について交渉し、決定する役割を負うが、実際の権限の大きさは、企業によって異なるし、購入製品の性質や担当者個人の能力や社内での位置づけによって異なる。⑦相手企業の購買担当者などの相手にアクセスする際の最初の窓口。セールスパーソンが購買担当者に会おうとしても、それ以前に会社の受付や電話に出る総務担当者、社内の電話交換担当者の段階で断られてしまう場合もある。

———*背景や人間的側面編*

【消費者心理と消費者との関係】

2-8. 消費者の購買プロセス

　製品やサービス購入に影響する要因は、①購買者の文化的・社会的・個人的・心理的特性、②製品そのものの特徴や品質・スタイル・価格・アフターサービスなどの製品特性、③商品知識や親切さ・好感・説得力などの販売者特性、④販売地域・友人からの勧め・購買決定の時間的余裕や基礎知識などの状況特性、などである[19]。

　これらの要因から影響を受けつつ、消費者は購買行動を行う。そのプロセスの分類には様々あるが、AIDMA といわれる分類が有名である。これは、Attention（注意）、Interest（関心）、Demand（欲求）、Memory（記憶）、Action（購買行動）の頭文字を取ったものである。他に①問題認知、②情報探索、③情報評価、④購買決定、⑤購買後の行動、というプロセスの分類がある（図2-4）。最近では購買後の行動が重要だといわれている。購買した商品やサービスへの満足が大きいと人はそれを他人（特に知人）に伝えたくなるからである。広告や宣伝ではなく、信用できる知人からの評判は影響力が大きい。また、評判はインターネットなどを通して容易に拡散する。さらに商品やサービスに不満があると、人はより多くの人にその不満の理由を伝えたいと思う。そのようにすることで人は自身の正義感を満たすことができる。多くの人は自分自身が正しいことをする人、正義の人であると思いたがるからである。消費者への働きかけは、この5段階のいずれの段階に対しても行われる。

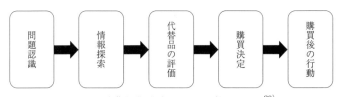

図 2-4　消費者購買プロセスの5段階モデル[20]

2-9.　消費者への心理的影響力の行使

　商品やサービスそのものの他に、販売する側が相手との関係や人的な圧力を用いて一般消費者に対して心理的影響力を与えることがある。それによって購買を促す。そのための基本原理として以下の6つが挙げられる[21]。

返報性

　人は相手に対してお返しをしたいと感じる。特別に便宜を図ったり、恩を着せるなどで、借りの感情を相手に持たせることによって、引け目を感じさせ、お返しに物品やサービスを買ってあげたいと思わせる。または、先に譲歩してみせることによって、その返礼としての譲歩を顧客の側から引き出す。

一貫性

　人は、自分自身が自分自身であるために、一貫性を維持している。自分自身の考えに一貫性がなくバラバラであれば"自分"というものがどこにあるのかが分からなくなってしまうからである。購買に影響する戦略としては、顧客に自分自身の考え方を述べさせ、その考えと一貫性のある提案を行う、などである。高級品が好きだということであれば、廉価品と高級品とを並べて提示し、もし身につけるならば、あなたらしさを表現できる商品はどちらでしょうかと問いかけたり、家族が大切だと言う消費者に対しては、このクリスマスにご家族を喜ばせるプレゼントを買わないなどということが考えられますか、この商品をプレゼントすることでご家族により大きな喜びを与えたくないですかと問いかけたりする。

　また、高級ブランドの外国自動車などには、廉価版のモデルが用意してあり、消費者がいったんその廉価版のモデルを購入することで、自分はその高級車シリーズのオーナーであると自己を認知し、次により価格の高い本格的なモデルを購入するようにさせることがある。そのためにメルセデス・ベンツやBMWではA型モデルや1シリーズなどの導入モデルを設定し、割賦のローンやリースなどの巧妙な方法を用いて、その消費者が次第により高級なモデルに移行できるようにしている。なお、より規模の小さな本格的な超高級車メーカーは富裕層だけを相手に利益率が格段に大きい車だけを売っているので、初めから

一般消費者を相手にしていない。しかし、オーナーがその車の所有に満足するために、一般消費者の目に触れる宣伝をすることで、その車への大衆からのあこがれを煽ろうとすることもある。超高級車のオーナーは、一般の人たちがあこがれるような車を所有している自分、という自己像を再確認できるのである。

　より高度な販売手法としては、満足度の高い既存顧客に、自分の感想を知人に広めさせることによって、他の新規顧客を開拓させるというやり方がある。その商品に満足している自分、という自己像がゆるぎない強固なものであり、自分がその商品を愛しているという自覚が強ければ、当然、その人は自分自身の一貫性から他人にもその商品を勧めるようになる。自分自身の一貫性を守ろうとする心理的な内的圧力は強い[22]。

社会的証明

　人はコミュニティの一員として、周囲の多数の人々と同じことを自分もしたいと思うし、それが正しいことだと思う。それが真実であるか嘘であるかに関わらず、すでにお買いになった方々が多数おられます、とセールスパーソンが言うと顧客の心は動く。日本の経済的な高度成長期に白黒テレビ・洗濯機・冷蔵庫が一般家庭に急速に普及したが、近所で誰々が購入したとか、隣の家も購入したという事実が、我が家でも購入しようという意欲に結びついて、飛躍的に販売が伸びていった。また、同様に昭和後期にトヨタ自動車の販売は、大企業の社員にはカローラを勧め、課長になったのだからコロナに、役員・社長になれば運転手付きのクラウンというように社会的地位に応じて勧める車種を変えていったといわれている。社会的認識としてそのような風潮が作られることによって、課長になったのにまだカローラに乗っているとご近所に恥ずかしいという雰囲気になり、より高級な車種を購入する、ということになっていく。また、スーパーマーケットで用いられるような買い物かごは、他の人のかごの中身が見えるため、他人のかごを見た人が自分のかごの中も満たしたいと無意識に感じるようになっている。そのため、より大規模な量販店では、より大量に商品を入れられるよう、手持ち式のかごではなくやはり中が見えるショッピングカートを用意し、買い物客が次々とショッピングカートの中を満たしていくのが互いに見えるようになっている。人は知らず知らずのうちに他人と同じような行動を正しいと思い、それに合わせようとする。

好　意

　人は親しい知人を信頼する。売り手は買い手に対してできるだけ好意を示し、親密な関係であると感じさせようとする。それは、普通、親密な相手の言うこと、勧めることに従いやすいからである。また、多人数で好意を示しながら取り囲んで断りにくい状況を作って圧力をかけるという悪質な販売方法もある。なお、好意の根拠となるのは、外見の魅力、自分との類似性、お世辞、接触の多さ、協同して一緒に何かを行うことなどである[23]。また、親しさを演出するために、売り手は、自身の家族構成やプライベートなエピソードなどを顧客に話したりすることもある。

権　威

　いうまでもなく人は権威に服従する傾向を持つ。化粧品や健康食品では医師や自社の実験データなどを用いるし、また、権威ある有名人のコメントを用いる場合もある。権威の根拠になりやすいものは、肩書の力、地位を示すような服装・装飾品（高級ブランドのアクセサリーや金銀ダイヤなどの装飾品および乗っている高級自動車など）、対象となる事柄について本当に権威ある人やその意見、対象となる事柄について客観的な立場であると思われる他分野の権威者の推薦、などである[24]。

希少性

　人は手に入りにくいものを希求しがちである。貴金属はその美しさのみならず手に入りにくいことによって価値が高まる。そのために、販売者は、故意に商品が手に入りにくいと思わせることがある。例えば、まださほどその商品の知名度が高くない時点で、大好評のため生産が追いつかないので一度受注を中止しますと宣言し、注目を集めるとともになかなか手に入らないという飢餓感を感じさせ、購買意欲を煽る場合がある。また、季節限定とか期間限定での発売は、必ずしも欲しくなくてもこの機会を逃したら買えなくなることを恐れる消費者からの購買を期待することができる。1つだけ売れ残った商品については、「他にこの商品に興味を持っているお客様がいて、来週また来ると仰っていました。その後だと、そのお客様に買われてしまいますが、どうなさいますか」とささやいて、購買意欲を煽ろうとすることもある。

　このように、消費者が物やサービスを買おうとするときに、実際の必要性以外にも、売り手からの様々な圧力に影響を受けていることがある。

2-10.　消費者との新しい関係

　大幅な成長が望めなくなった日本経済の再生への対策の1つとして、海外からの観光客の土産物買いへの期待が大きくなった。特に爆買いといわれた大量購入が期待されるようになった。買われたものは、温泉やスキーツアーなどの旅行サービスだけでなく、化粧品や傘などの日用品、炊飯器や温水洗浄便座まで様々であった。こうした海外からの渡航者による購買はインバウンド（inbound）需要として歓迎された。

　しかし、2019年に入ってから世界中に流行した新型コロナウィルス（covid-19）は海外渡航の妨げになっただけではなく、一般の人々の外出さえ制限される事態になった。観光業界やインバウンド需要に支えられていた業界は大きな打撃を被った。やはり海外観光客による一過性の爆買いだけに期待するわけにはいかない。

　国内消費者との関係が見直される必要は常にある。個別顧客のニーズに応じた対応を行うことによって生涯顧客価値を大切にしようという考え方が主張されてきた。生涯顧客価値というのは、顧客が生涯に渡って製品やサービスを購入し続けてくれれば、その購入量は膨大なものになることから、一人ひとりの顧客を大切にしていこうという考え方である。

　しばしばコンピューター・ネットワークのようなIT（information technology）を用いて顧客情報を管理する場合がある。例えば、大規模ホテルチェーンでは、最初に宿泊したどこかのホテルで、使用する枕はそば殻が良いなどの好みや、配達する朝刊について好みの新聞社を告げると、他の場所のホテルに泊まった際に、初めからそば殻の枕と、好みの朝刊を用意していてくれる。また、宿泊室からフロントやレストランなどの施設に内線電話をかけると、「○○さま、お電話ありがとうございます」など、具体的な名前を呼んで応答するようになっている。こうした、一人ひとりへの細かい対応活動を進めると、顧客との関係の深化や維持が可能になる。

　顧客の購入履歴から嗜好を推測して商品を推奨したり、購入頻度に応じて特定顧客に対する割引を行うこともできるようになった。

顧客一人ひとりとの関係性を重視しようという活動を CRM（customer relationship management: カスタマー・リレーション・マネジメント）という。そのなかで、特にマーケティングの手法を中心とした活動をリレーションシップ・マーケティングという。

また、最近では、一般消費者も SNS（social networking service）などを用いて信頼できる相手と本音でのやり取りを行えるようになった。そのために、これまでは企業の側からの一方的な宣伝を信じるしかなかった消費者がより正確な情報を持つようになり、製品・サービスに関する情報の非対称性（取引を行う一方の側に情報が偏っていること）が解消されつつある。また、企業にとってマイナスになる情報も、消費者が SNS で発信した内容がインターネットなどで拡散されることがある。

注

1) Rogers, E. M. 1962.『イノベーション普及学』*Diffusion of Innovations*. New York: Free Press. （青池慎一・宇野善康 監訳（1990）産能大学出版部.）

2) Moore, G. 1991.『キャズム』*Crossing the Chasm: Marketing and Selling High-Tech Products to Mainstream Customers*. Boston, MS: Harvard Business Essentials.（川又政治訳（2002）翔泳社.）

3) Kotler, P. 1980.『マーケティングマネジメント 第 4 版』*Marketing Management: Analysis, planning, and control* 4th ed. Hoboken, NJ: Prentice-Hall.（村田昭治監修 小坂恕・疋田聰・三村優美子訳（1983）ダイヤモンド社）.

4) Porter, M. E. 1980.『競争戦略』Competitive Strategy. New York: Free Press.（土岐坤・中辻萬治・服部照夫訳（1982）ダイヤモンド社.）

5) Kotler, P. & Keller, K. L. 2006.『コトラー＆ケラーのマーケティング・マネジメント（第 12 版）』*Marketing Management*（12th ed.）. Upper Saddle River, NJ: Pearson Prentice-Hall.（恩蔵直人監修・月谷真紀訳（2008）株式会社ピアソン桐原.）の図を筆者改変.

6) McCarthy, E. J. 1960. *Basic Marketing: A Managerial Approach*. Homewood, IL: Richard D. Irwin.

7) 嶋口充輝 1984.『戦略的マーケティングの論理 ―需要調整・社会対応・競争対応の科学―』誠文堂新光社　の図を筆者改変.

8) 三浦俊彦 2011.「マーケティング戦略」『現代経営入門』136-159 高橋宏幸・丹沢安治・花枝英樹・三浦俊彦　有斐閣ブックス.

9) 三浦俊彦 2011. 前掲書.

10) 公正取引委員会 1991.（2017 年改正）『流通・取引慣行に関する独占禁止法上の指針』（流通・取引慣行ガイドライン.）

11) Aaker, D. A. 1991.『ブランド・エクイティ戦略 ―競争優位をつくりだす名前、シンボル、スローガン―』*Managing Brand Equity*. New York: Free Press.（陶山計介・中田善啓・尾崎久仁博・小林哲訳（1994）日本経済新聞社.）

12) Aaker, D. A. 1996.『ブランド優位の戦略 ―顧客を創造する B1 の開発と実践―』*Building Strong Brands*. New York: Free Press.（陶山計介・小林哲・梅本春夫・石垣智徳訳（1997）日

本経済新聞社.）

13) Kotler, P. 2003.『コトラーのマーケティング・コンセプト』*Marketing Insights from A to Z: 80 Concepts Every Manager Needs to Know.* New York: John Wiley & Sons.（恩藏直人監訳 大川修二訳（2003）東洋経済新報社.）

14) Robinson, P. J., Faris, C. W., & Wind, Y. 1967. *Industrial buying and creative marketing.* MA, Boston, MS: Allyn & Bacon.

15) Anderson, J. & Narus, A. N. 1999. *Business Market Management: Understanding Creating and Delivering Value.* Hoboken, New Jersey: Prentice-Hall.

16) Kotler, P. & Keller, K. L. 2006. 前掲書.

17) Webster Jr., F. E. & Wind, Y. *Organizational Buying Behavior.* Upper Saddle River, NJ: Pearson Prentice Hall.

18) Kotler, P. & Keller, K. L. 2006. 前掲書.

19) Kotler, P. 1980.『マーケティング原理 ―戦略的アプローチ―』*Principles of Marketing.* Hoboken, NJ: Prentice-Hall.（村田昭治監修 和田充夫・上原征彦訳（1983）ダイヤモンド社.）

20) Kotler, P. 1980. 前掲書.

21) Cialdini, R. B. 2008.『影響力の武器［第三版］―なぜ，人は動かされるのか』*Influence: Science and Practice* 5th ed. Upper Saddle River, NJ: Pearson Prentice-Hall.（社会行動研究会訳（2014）誠信書房.）

22) Festinger, L. 1957. *A Theory of Cognitive Dissonance.* Stanford, CA: Stanford University Press.

23) Cialdini, R. B. 2008. 前掲書.

24) Cialdini, R. B. 2008. 前掲書.

第03章　モチベーションとは
——人はなぜ馬車馬のように働くのか

【モチベーションの働きとその理論】

3-1.　モチベーションと職務満足

　モチベーション（motivation）とは何か。motive というのは動機とか原動力という意味の言葉である。語源のラテン語の motivum は動きという意味の言葉である。これからやろうとすることや起こること、何かを形にする元になる力がモチーフである。名詞として、その状態や結果を表す -ation という接尾語を付けたものがモチベーションである。

　モチベーションの元として、そもそも自分自身が内面的にやりたいという内発的動機づけと、金銭や罰などを外部から与えることによって仕事をする気持ちにさせる外発的動機づけとがある。自分自身の内面からのモチベーションなしにやらされる仕事はいわゆる "やらされ仕事" であり、それでは職務満足は生じにくい。

3-2.　モチベーションの理論

　人間や動物の刺激–反応を扱う行動主義的な考え方（ワトソン[1]など）では、人は報酬などの快刺激を求めて行動する。このことを仕事に当てはめて考えると、人間は快刺激（満足できる結果や報酬）が与えられるような仕事を行おうとすることになる。また、苦痛も人間にとっての刺激になる。人間は苦痛になるような罰を避けようとする。嫌な罰を受けないということを目的にして働くということもある。より良いものを作りたいという気持ちが原動力になること

もある。オールポート[2]によると、「工芸技術を完成させたいという動機をもっている人は、その問題が完全に終着点に達したという満足感を味わうことは決してない。永続的な興味というのは不満足の再発現なのであって、その不完全性から前向きの原動力を得ているのである」という。

　現実には、いま現在の快楽を犠牲にして、不快な思いをしながら職務を続けることもあるだろうし、責任感から職務を遂行することもあるだろう。あるいは満足を感じることもなく、快刺激という意味でも罰を回避するためでもなく、生活上の必要に迫られて報酬を得るためだけに仕事をしているという人もいるであろう。仕事を遂行する理由は、さまざまである。

3-3.　職務満足のもとになる動機づけ要因と衛生要因

　職務満足にはどのような種類のものがあるのだろうか。ハーズバーグ[3]は職務に関する「動機づけ要因（満足要因）」と「衛生要因（不満要因）」は異なることを発見した。"満足"と"不満"は1つの線上の反対側にあるのではなく、それぞれ別のものなのである。動機づけ要因はワークモチベーションが向上するような満足をもたらすが、不満にはあまり関係がない。衛生要因は職務への不満をもたらすが、ワークモチベーションが向上するような満足にはあまり関係がない。

　ハーズバーグによると、職務に「動機づけ要因」が欠けているときには、職務衛生に対する従業員の易感性が増大し、その結果として、従業員に与える衛生の量と質をたえず改善しなければならなくなる。さらにまた、衛生要因による職務不満の解消は一時的効果しかもたず、したがって、頻繁に職務環境に気を配る必要がふえる。

　ハーズバーグは、持続的なよい職務態度への動機づけに関連する重要な決定要因として、①達成、②人間関係的な承認、③仕事そのもの、④責任、⑤昇進、の5要素を挙げている。また、不満足をもたらす要因は前述の5要素ではなく、会社の政策と経営、監督、給与、対人関係、および作業条件であったという。

3-4.　X理論・Y理論

　従業員のモチベーション向上のために何をすべきかは管理者にとって重要な

問題である。マグレガー[4)]は、それまでの組織に関する文献や経営政策・施策で暗黙のうちに了解されている命令統制に関する伝統的見解を X 理論と命名した。

X 理論

X 理論は以下の人間観を前提としている。

1. 普通の人間は生来仕事がきらいで、なろうことなら仕事はしたくないと思っている。
2. 仕事は嫌いだというこの人間の特性のために、たいていの人間は強制されたり、統制されたり、命令されたり、処罰するぞとおどされたりしなければ、企業目標を達成するために十分な力を出さない。
3. 普通の人間は命令される方が好きで、責任を回避したがり、あまり野心を持たず、何よりもまず安全を望んでいる。

Y 理論

マグレガーは、従業員個々人の目標と企業目標との統合は可能だと考えた。その統合のために必要な人間観を Y 理論と命名した。

1. 仕事で心身を使うのは人間の本性であって、これは、遊びや休憩の場合と同様である。
2. 外から統制したりおどかしたりすることだけが、企業目標達成に向けて努力させる手段ではない。人は自分が進んで身を委ねた目標のためには自ら自分にムチ打って働く。
3. 献身的に目標達成につくすかどうかは、それを達成して得る報酬次第である。
4. 普通の人間は、条件次第では、責任を引き受けるばかりか、自らすすんで責任をとろうとする。
5. 企業内の問題を解決しようと比較的高度の想像力を駆使し、手練をつくし、創意工夫をこらす能力は、たいていの人に備わっており、一部の人だけのものではない。
6. 現代の企業においては、日常、従業員の知的能力はほんの一部しか活かされていない。

マグレガーによれば、この Y 理論は人間の成長し発展する可能性を認め、

能力をもった人材を対象とする考え方であるという。人間の能力を信じて活用することを前提としており、人間があらかじめ心のなかに持っている内的なモチベーションを刺激しようとする考え方である。

3-5. 達成動機・親和動機・権力動機

　動機（motivation）にはさまざまなものがあり、その元にあるのが心理的な欲求（need）である。欲求が内的・外的な誘因によって具体的な動機として発動する。欲求とは基本的なものであり、動機というのは欲求に基づいて内外からの影響によって具体的な方向に向かう力である。

　マクレランド[5]は個人による欲求の違いに注目し、さまざまな角度から動機に至る欲求を測定することによって、それによって発動される動機にどのような違いが生じるのかを整理した。マクレランドは、さまざまな動機があるとしたうえで、特に、達成動機、親和動機、権力動機が大きなものであるとして重視した。

　なお、マクレランドは欲求と動機を分けているが、欲求と動機の階層は分かちがたいこともあり、日本語ではしばしば need も動機として扱われることが多い。ここでは、欲求とそれに結びついた動機を全体として把えて"動機"という用語で統一して記述する。

達成動機

　ものごとを成功させたいという動機である。マクレランドは、達成動機の高い人は業績結果に対して個人的に責任を負うことを好み、自分がどれだけ見事に物事を達成しているかについてのフィードバックを好むと考えた。また、達成動機の高い人は、より多くの変化を求め、ルーティン（繰り返し）を嫌う傾向が強いと考えた。さらに、達成動機の高い人たちは、自分の能力と大学の成績に照らして現実的な職業を選択することが多く、職業上の成功に向けて好スタートを切ることができ、仕事に対しても積極的に取り組む傾向があることを示した。

　この達成動機に関しては、アトキンソンとリトウィン[6]による実験がしばしば引用される。彼らは、被験者の立つ距離を変えながら輪投げをさせている。この実験では、回数を経ると多くの被験者が輪投げが成功する困難さが中程度

の距離を選ぶようになっていった。特に、達成動機の強さで被験者を分けた場合には、達成動機の強い被験者ほど中程度の困難さを選択することが多かった[7)-10)]。

こうしたことから達成動機は学習により高まり、人間はよりチャレンジを求めるようになるという説明がされることがある。マクレランドもこの説明を踏襲しているし、この輪投げの実験がさまざまな場面で引用されることが多い。特に、目標管理制度の導入時にこのような説明が用いられることが多い。しかし、現実の仕事の難易度の選択とは違って、アトキンソンらが行った輪投げの実験では自分の収入や地位が影響を受けるわけではない。

メイヤーら[11)]は、被験者が実験結果によって自身の能力と努力が知らされるという教示を受けることで、中程度に困難な課題を選ぶことを示した。この理由として、人間が、自分自身の能力や努力を知る手がかり（情報価：informational value）が高いテストを選ぶ傾向を持つという説明がされている[12)]。そうだとすると、やはり仕事のうえで自分自身への処遇や地位の向上を求めて仕事の難易度を決定する場合と単なる輪投げの実験とでは、モチベーションの内容が異なる可能性がある。

マクレランド自身は動機の形成について、幼少期からの社会的環境や就業以前に受けた教育の影響を重視している。

親和動機

人と仲良くしたり周囲からの承認を求める動機である。親和動機の高い人は、課題達成作業を行う際にも実験実施者や他の被験者との間での承認や友好的な雰囲気などの親和動機を満たすために課題に取り組んでいる可能性が高いことを示している。高親和動機者は電話をよくかけ、手紙を頻繁に書き、友人を多く訪問する傾向が高いことも挙げている。親和動機の高い者にとって非常に重要な対象は人間そのものであり、仕事仲間として熟練者よりも友人を優先し、課題の遂行についてよりもグループの協力関係に関するフィードバックを好む。当人が非友好的なグループのなかにいると感じた場合には、親和動機があまりプラスに機能しない。その場合には葛藤や衝突を避けようとする傾向がある。親和動機の高い人たちは競争ゲームを好まない。葛藤や批判を避けようとする人は立派な管理者にはなれないという傾向も指摘されている[13)]。

権力動機

　人を支配することや地位を求めようとする動機である。マクレランドは、権力動機を持っている人は自発的に競争的スポーツに参加することが多く、成熟の段階で攻撃行動をしたくなるという衝動を抑え、衝動的な行動をしなくなると考えた。また、強い権力動機を持つ人は自身が独善的であると考えて、自分自身に対して否定的な自己像を持つことがあるという。さらに、権力動機のより高い人はほかの職業よりもパワーと影響力をより強く持つ職業に就き、公的に影響力のある地位を求める傾向があることを述べている。また、外国車のような高級車を名声表示物として好んだり、地位を象徴するようなクレジットカードを好む傾向があることも指摘している。[14]

3-6. 欲求五段階説

　一方でマズロー[15]は、人間の欲求は低次の欲求から始まり、それが満たされるとより高次の欲求を求めるようになると考え、①食欲、性的願望、眠けなどの"生理的欲求"（physiological needs）をモチベーションの出発点とした。最も優勢なこの生理的欲求が比較的よく満足されると、②安全、安定、依存、保護、恐怖・不安、混乱からの自由、構造・秩序・法・制限や保護の強固さなどを求める"安全の欲求"（safety needs）が生じる。さらに生理的欲求と安全欲求が十分に満たされると、③近隣、なわ張り、一族、自分自身の「本質」、所属階級、遊び仲間、親しい同僚などを求める"愛と所属の欲求"（love and belonging needs）が生じる。さらに、④自己に対する高い評価、自己尊敬、あるいは自尊心、他者からの承認などに対する欲求・願望（a. 内的な強さ、達成、適切さ、熟達と能力、世の中を前にしての自信、独立と自由などに対する願望。b. 外的な評判や信望、地位、名声と栄光、優越、承認、注意、重視、威信、評価などに対する願望）を求める"承認の欲求"（esteem needs）が生じる。これらの欲求がすべて満たされたとしても、人は、自分に適していることをしない限り、落ち着かなくなってくる。⑤「人は、自分がなりうるものにならなければならない。人は、自分自身の本性に忠実でなければならない」。このような欲求をマズローは"自己実現の欲求"（self-actualization needs）と呼んでいる。

　以上のような段階を追ってより高次なものへと欲求が変化するという考え方は、マズローによる欲求五段階説（Maslow's hierarchy of needs）と呼ばれてい

る。

　ただし、これらの階層は、より基本的な欲求が100%満たされなければならないわけではなく、「実際には、我々の社会で正常な大部分の人々は、すべての基本的欲求にある程度満足しているが同時にある程度満たされていないのである。欲求のヒエラルキーに関してさらに現実的に述べると、優勢さのヒエラルキーを昇るにつれ満足の度合いは減少するといえよう。例えば独断で数字を当てはめてみると、平均的な人では、おそらく生理的欲求では85%、安全の欲求では70%、愛の欲求では50%、自尊心の欲求では40%、自己実現の欲求では10%が充足されているようである」という。[16]

3-7. 目標設定理論

　何らかの欲求を満たそうとして何らかの行動をしようとする意思がモチベーションであるとすると、何をすればその欲求が満たされるのかという、達成すべき目標が分かっていた方が、分かっていないよりも行動への意思は強くなるであろう。ロック[17]は目標の設定がモチベーション喚起に強い影響をおよぼすと考えた。この場合、目標そのものが心理的に受け入れられていることが条件になる。もしその目標が本人に受け入れられているのであれば、その目標の困難度が高いほど高い業績を得ることができる。また、目標は具体的な方が高業績に結びつきやすく、金銭的報酬を含むフィードバックは目標の困難度が高くかつ具体的である場合に業績に対して影響をおよぼす。

　一方、目標を達成するための能力や知識が足りない場合には、困難で具体的な課題を与えられても業績は低下するという研究もある[18]。人は目標を達成することで受け取ることができる報酬を求めるが、その反面、失敗することを回避しようとする。そこで、実際の業務のなかでは目標の難易度も常に問題になる。

3-8. 期待理論

　当然のことながら、目標を設定するだけでモチベーションの喚起と維持が起こるわけではない。モチベーションが起こり、それが維持されることを連続したプロセスとして考えることもできる。

　プルーム[19]は、行動を行おうとする力（force）の説明として、行動による成果を期待できる確率（expectancy）、成果が報酬に結びつく手段性がどれだけあるかの確率（instrumentality）、報酬の価値（value）を用いてこれらの関係を考えた。実際には、行動の結果はさらにその次の結果（二次的結果）をもたらし、それが連鎖していくために、以下の式はもっと複雑になる。

$$F = E \times I \times V$$

3-9.　外発的報酬が内的要因によるモチベーションを阻害する可能性

　デシ[20]は、動機づけの帰属に関して、内的原因（internal causality）と外的原因（external causality）を分けて考えることを提唱している。

　デシは、外発的報酬と内発的報酬は、実際には異なる行動を動機づけると考えている[21]。報酬が行動を外発的に動機づけることは確かであり、外的な統制システムは、そのシステムが作動しつづけるかぎり、すなわち、当の報酬が決して停止することなく、質が厳密に統制されているかぎりは適切であろうとしている。しかしながら、当のシステムがたとえ作動しているにせよ、外発的報酬は、報酬に依存させることによって当人の内発的動機づけを吸収してしまうだろうから、当の活動よりも報酬の方により多くの関心をもつようになるであろうと警告している[22]。

　児童に数学的課題を与え、報酬を与えた場合と報酬を与えなかった場合とを比較した結果、一度、報酬を与えた場合には、報酬を与えなくすると作業時間を減らしてしまうという実験結果もある[23]。仕事そのものの面白さよりもどれだけ報酬が得られるのかに関心が移り、仕事の面白さを感じなくなってしまう。

3-10.　不公平さがモチベーションを阻害する可能性

　これまで、モチベーションを個人で完結する問題として考えてきた。しかし、同様の環境にいる他人と自分とを比較する傾向が人間にあり、それがモチベーションに影響することも確かである。実際に評価者は、被評価者を相互に比較し、順位づけし、次にその順位のなかでどれくらいの差があるのか、差の大き

さを評価する、という思考プロセスをとりやすい。人がものごとを理解する方法として、類似した他のものとの比較が手っ取り早いからである。そのために、評価すべき人を理解するためには、知らず知らずのうちに類似した他の人と比較してしまっている。同様に、評価される側の人は、自分への評価と、自分に類似した人への評価を比較する。そのうえで自分への評価が公正になされているかどうかを確認する。ことさら意識して比較し、確認するだけではなく、意識しないまま比較してしまっている場合もある。自分への評価が不公平であると意識下で認識すると漠然とした不快感が残る。

　こうした心理的な動きについては、アダムス[24]による研究がある。アダムスによれば、人は職務へのインプット（努力など）に対して、それに対するアウトカム（報酬や地位など）を受け取る。その際に、他人よりも自分のインプットが大きいのに自分へのアウトカムが小さければ、職務遂行のモチベーションは小さくなる。逆に、自身から組織へのインプットが小さいのに大きなアウトカムを得ていると感じられれば、自身からの組織へのインプットを増加させる。このように他人と比較することでモチベーションの大きさが左右される。このような考え方をモチベーションの公平理論と呼ぶ。

　なお、公平さに関しては、配分の結果が公平であるかどうかについての分配的公正と、分配の手続きが公平であるかどうかについての手続的公正がある。配分の結果が公平であるかどうかの認識は置かれた立場によって異なることが多いので、人事評価などでは手続的公正が重視される。特に、人には自分のことを過大評価する傾向があるので評価の結果に対して不満が生じることが多い。大抵の場合、他人からの評価よりも自分はもっと高い評価をうけるべきだと感じてしまうからである。多くの場合、正しい手続きに則って評価されているという側面から納得を感じてもらうことに焦点を当てることになる。

————————————————————————————————*背景や人間的側面編*

【人事制度への応用と人間的側面】

3-11.　日本企業における第二次世界大戦後の人事制度の変遷

　第二次世界大戦後の日本企業の人事制度の推移について、流れと問題点を単

純化かつ一般化して概括していこう。大きな流れとして、年功序列から実績評価への流れ、または、メンバーシップ型からジョブ型人事制度への転換として捉えることができる。人事制度の何が働く人のモチベーションとして作用したのだろうか。

　戦後の企業人事の一般的な変革の段階は3段階に分類できる。第1段階は、戦後の生活給的な性格を変えようとして職能資格制度を導入した1960年代の後半から1970年代の前半頃の段階である。第2段階は、職能資格制度が年功的な運用になってきたのに対して再び仕事の結果に評価の視点を移そうとして、1970年頃から次第に盛んになってきた目標管理の導入の段階。第3段階は、仕事の結果をより強く評価に反映させるべく2000年前後から急速に普及していった成果主義（performance-based system）という考え方の導入の段階である。その不徹底を克服するために、ジョブ型人事制度に移る企業が2020年頃から増えつつある。

3-12.　年功序列と職能資格制度の導入

　第二次世界大戦後、職能資格制度導入前までは、勤続年数と職務遂行能力で人事評価を行っていた[25]。評価する要素は、人物、技能、勤務成績、学歴、勤続年数等であり、これらを勘案して等級を格付けするという方式であった。ある企業では、給与は本給・臨時手当・奨励金・家族手当で構成されていたが、本給の決定方式と基準は曖昧であり、主として勤続年数に対応した賃金として機能していた。この原因は、職場慣行と労働組合の賃金規制力であり、自然と年齢別標準化への傾向をもつ年功的賃金になっていった。[26]

　一般的に企業の側は社員を評価したいが、評価基準が明確ではないために従業員の評価をうまく行うことができないという問題が生じた。社員を評価しようとする動きは1960年代の後半から70年代の前半にかけて盛んになり、主要な大企業では能力主義管理が導入されるようになった。第一次石油ショック後の70年代半ば以降には、少なくともかたちのうえでは能力主義管理が広く普及した[27]。そのために用いられたのが職能資格制度であった。職務遂行能力の程度によって社員を格付けようとするものである。年功部分を本給とし、職能資格給を加給部分として分離することによって、職務遂行能力に応ずる賃金部分を明確化した[28]。

　年齢とともに生活費が増えていくのに応じた生活給カーブと経験により職務に習熟していくことに応じた習熟カーブを総合的に勘案した状態である。全体としては、年功給を含んだ混合型であったといえる[29]。ただし、高齢化にともなう人件費の自然増に対する対応策として、標準年齢 45 歳または 50 歳以降に定期昇給をストップする企業が増加した。当初の意図とは異なり、運用上、職務遂行能力の評価自体が年功を考慮したものになっていた。

　この年功序列と職能資格制度の導入の段階の日本の人事制度は、マズローの欲求五段階説[30]との整合性が高かった。マズローの仮定と現実との整合性を検討するために、もう一度、時代をさかのぼって経緯を辿っていこう。

マズローの欲求五段階説からの説明

　第二次世界大戦の敗戦後、日本の産業は壊滅に近い状態になり、食料品の入手さえ困難であった。コメなどの主要食料品は配給制となったがその配給も滞り、各地に自然発生した闇市と呼ばれる不法売買さえ行われる市場で物資を購入せざるを得なかった。こうした中、人々にとって何よりも食べることや住む場所の確保が第一関心事であった。マズローの欲求五段階説による、生理的欲求を満たしたいという段階である。まず食べることが必要であり、次に安定した生活が求められた。人を雇う立場の企業としては、何よりも職を与えることによって、衣食住のための条件を整える必要があった。世の中が混乱しており、新憲法の下での新しい社会的安定が必要であったが、それ以前に職業上の不安を解消することも重要であった。実際に、日本国憲法は 1947 年 5 月から施行されているが、労働組合法はそれに先立つ 1946 年 3 月に施行されている。失業は恐怖であり社会不安をひき起こす大きな要因であった。

　安定した生活により生理的欲求が満たされると、次に安全の欲求を満たすことが求められる。生命の危険や生理的に困難な状況にさらされずに、明日も明後日も安心して暮らせる状況を人々は望んだ。そこで日本企業が発達させたのは、長期雇用を保障する仕組みであり、法律上も従業員の解雇が困難になった。企業によって社員食堂や社宅が用意されるようになった。このようにして安全の欲求が満たされると、その次に人々が求めるのは愛と所属の欲求である。日本企業の多くは、経済成長とともに同じメンバー（社員）のまま企業規模も成長し、同質集団が形成されていった。所属する集団の中で自分の存在自体を認められたい。仲間として存在を認められたい。こうした欲求が、終身雇用と呼

ばれる長期雇用や、新卒一括採用という同質集団による仲間の形成により提供された。このようにして、安定した雇用の中で仲間として自分自身が認められるようになると、次に承認の欲求を満たそうとすることになる。

経済の高度成長期にかけて、各企業の規模が大きくなっていくと、新卒一括採用が人員補充の主な方法であるために、規模の成長に応じて新卒の採用が増え、企業内の人員構成は、高齢者が少なく低年齢層が増えていくというピラミッド型になる。そうなると、従来からいる社員にとっては、年齢とともに次第に指導的な役職にあがっていくことが自然になる。年齢が上がっていけば、職務経験上の尊敬が、毎年大量に補充される下の階層の社員から得られることになる。また、一定の年齢になれば指導的な役職につくことがほぼ保証されることになる。在職年数に応じて次第に大きな尊敬が得られ承認の欲求が満たされ続けていくことになる。

このような理由から、戦後日本の企業で多くみられた年功的な人事システムはマズローの欲求五段階説との親和性が高い。こうした仕組みで、次々とマズローによる階層的な欲求が満たされていくので、能力による格差をつけずに人々を動機づけることができた。能力や実績で評価し、社員に格差をつけようとしても、こうした欲求充足の仕組みが慣性として働き、運用が年功的なものに戻ってしまう。また、能力・実績による格差は集団内競争を強めるので、これまで大切にされてきた集団の団結とは不整合であった。

しかし、所得水準の向上から世の中が豊かになってくると、人々は生活物資の不足から解放され、働くことのありがたみが変化し、生活のために働くというひっ迫感が減っていく。また、個々の企業の成長が鈍化し、年功的な昇進や昇給を維持する余力がなくなってくると、ポスト不足や従業員に配分すべき給与原資の逼迫が悩みの種になった。従業員の側にも、高学歴化とともに、これまでは就けるはずだった社内の高度な仕事やポストになかなか就けない不満や、能力に応じた処遇への希求が生じてきた。社内で周囲から自分が認められる、尊敬の得られる立場に上がれる機会も減った。こうしたことから、企業の中で承認の欲求が満たされにくい状況が生じてきた。そこで工場では、小集団活動による改善努力の表彰などを盛んに行い、大きな組織でも埋もれてしまわず、小さくとも認められるチャンスを提供することで対応することになる。

これまではマズローの欲求五段階説でいう、低次からより高次の欲求に対応するように企業の人事評価制度は運用されてきた。しかし、社会的な変化が、

承認の欲求の段階が満たされにくい状況を生んだ。また、企業の側も従業員の処遇を一律に上げていく余裕がなくなってきた。こうした状況から、従業員には承認の欲求の段階を飛ばしてその上の自己実現の欲求を満たす努力をすることを求めるようになり、制度の変更ニーズが発生した。全員の希望が満たされないのであれば、努力した人（企業にとって大切な人）の能力を活用し、その人たちの欲求を満たすことはできないかということが企業にとっての課題となり、曖昧な生活給的昇給制度から能力を評価する職能資格制度導入へと制度の主軸が移っていった。

　しかし、能力を測定しようとすると、誰がどういう基準で"能力"を測定するのが良いのか、また公平な評価とはどのような評価なのかという問題が生じる。一律の基準を設定しても、能力は直接、目に見えないので測りにくい。どうしても測定したければ、指導している直属の上司個人に評価させるしかない。しかし、人にはそれぞれ好き嫌いがあるし、何を重点として評価しようとするのかも異なる。さらに、常に部下を観察しているわけでもないので、眼につかない部分は評価できないといった不公平さがある。その半面、年齢や在職年数は明確に測定可能であるため、社員を評価するにあたって、評価は年功的に運用し、あまり差をつけない方が合理的だということになる。また、評価者にとっても人間関係にしこりを残したくない。終身雇用のなかでの評価者と非評価者との関係は一過性のものではない。このようにして、新卒一括採用と終身雇用のなかでは序列の安定性が維持されるような力が働く。

3-13.　目標管理の導入

　年功序列的な評価から能力評価への転換を行うには、能力をこれまでよりも明確に測定する必要がある。そのためには、個々の従業員が仕事のうえで出したアウトプットの大きさを評価すればよいことになる。仕事の実績を見れば、その仕事を行った人の能力を推測しやすい。

　従来の日本企業が一人ひとりの従業員の職務能力（職能）を測定しようとしても年功的な評価になってしまう。それを乗り越える手段として目標管理が注目され、能力主義への移行が盛んに考えられるようになっていった。目標による管理と自己統制（management by objectives and self control）[31]という手法である。"自己統制"の部分を略して、単に"目標管理"と言われることが多い。

本来は、一人ひとりについて、能力・実績を把握するというよりも、企業戦略等、他の施策との整合性をとるための手法として提案されたものであった。

日本では、1960 年頃からごくわずかな企業で導入が行われ、1964 年から 1965 年の不況を境とし、1970 年代に普及していった。1980 年には導入済みの企業が 60% になった[32]。年度当初に個人ごとに目標を立て、その目標の達成度を期末に評価する、という方法である。

しかし、従来から続いていた年功的な評価からの移行には困難が伴う。新卒一括採用で一斉に入社した同期社員の間に明確な評価差をつけることに対する心理的な抵抗もあり、当初は、評価とは切り離して、企業目標との整合性や、個々の従業員の能力育成が目的とされた。個人の人事評価と結びつけようとしても、そもそも個人の目標の大きさの違いが測定しにくく、目標を達成したかどうかを評価するだけでは従業員の評価に反映させにくい。個人が取り組む職務の目標そのものの大きさや困難度を企業として確定する必要がある。それがあって初めて、その達成度の評価を社内での公平な処遇に結びつけることができる。

実務上、企業目標から分担を細分化して下ろすことを厳密に行おうとすることには問題がある。企業や上司の側から目標を示されるとやらされ感が生じたり、場合によっては個人にとっての過大な要求になり得る。個人の側が自分で目標を立てるというやり方で、そうしたことを避けることができる。しかし、それだと、高い評価を得たいために、低い目標を立てて 100% 以上の実績を上げようとする誘惑が個人の側に生じる。そこで、それを避けるための心理学的な理論づけが必要になる。

行動の元になるのは、どれだけその行動が結果に結びつくのかということと、結果はどのくらい報酬に結びつくものなのか、さらにその報酬が自分にとってどのくらい価値のあるものなのかというプロセスによって決まるという、ブルームによる期待理論（expectancy theory of motivation）[33], [34]が、個人が目標を達成しようとする動機づけの説明になる。結果に結びつくような行動を継続して行うためには、行動の結果として得られる報酬が自分自身の望むものでなければならない。しかし、企業の中が、すでに欲求五段階説の承認の欲求が満たされにくい環境になってしまっていれば、従業員に対して別の報酬を与えなければならなくなる。そのためには、企業は、従業員に対して、その上の段階である自己実現の欲求を満たすことを、自らへの報酬として求めることが奨励さ

れるようになった。目標を達成した結果、自己実現の欲求が満たされることになるという理屈づけである。こうして、自己実現こそが尊い報酬であり、その欲求を満たすために働くことこそが重要であるというイデオロギーが浸透していくこととなった。

　また、目標管理を円滑に運営するためには、目標そのものが従業員の意欲を喚起するものでなければならない。個人が自分自身で目標を選択した場合には、目標にコミットする[35]し、より高い具体的な目標は、より高いパフォーマンスを生み出すというロックの目標設定理論（goal setting theory）[36]がこの問題の解決の糸口を提供している。目標管理を実施する際に、従業員が自ら目標を立て、しかもその目標は "より高い" 目標であるように仕向ければよいということになり、奨励された。

　しかし、期初に立てた目標が達成できたかどうかを期末に評価することになるので、あらかじめ低い目標を立てておいた方が、達成が容易になり、評価時点で有利になる。そのために、従業員には低い目標を立てたいという誘惑が発生することは前述のとおりである。

　そこで、援用されたのが、マクレランドの達成動機理論（need for achievement theory）である[37]-[39]。マクレランドによると、達成動機の高い人は、成功確率が 50% 程度の目標を設定した場合に最上の成績を上げ、達成感と自分自身の努力に満足感を味わうとされる。達成動機理論を用いれば、理論的な個人の欲求と、個人に高い水準を求めようとする企業側の欲求が一致する。この理由もあって、企業は従業員の達成動機を重視し、従業員が達成動機を高めることを奨励することになった。経験回数が多くなると達成動機が高まることから、達成動機は経験による学習が可能であり、それを高めることができるとされる。成功確率 50% 程度の困難なチャレンジが、達成動機が高い従業員には好まれるはずであるという理屈が成立する。

　こうしたことから多くの企業では、社員研修のなかで、達成動機は学習により高まり、人間はよりチャレンジを求めるようになるという説明がされてきた。成功と失敗の確率が半々のときに、達成感と自分自身の努力に満足感を味わう。働く人の心構えとしてそうあるべきだ、ということが目標管理を支えるイデオロギーになった。企業に必要とされているのは "達成動機の高い人" だというイデオロギーを注入し、チャレンジ精神を奨励することで従業員のモチベーションを高めようとすることになった。

しかし、他人と比較した場合、平均以上効果[40]や、自己評価維持モデル[41]による心理的効果が影響する。人間は概して自分のことを実際よりも高く評価する。特に他人と比べて自分の能力は高いと自己評価しがちである。目標達成を評価に結びつけた結果としての処遇を、他人と比較すると不満が生じがちになる。そのために、目標の内容や達成度、それにもとづく処遇を他人に公開することはしにくかった。

　本来は全社的な業務の体系に沿って展開していくためのものであった目標管理を、個人が自分自身で目標を立て、それが達成できるかどうかを評価する。そうすると、名目上は自分が自分で立てた目標なので、どれだけ達成できたかの評価は自分自身の問題になる。比較対象は他人ではなく、目標を立てた過去の自分とそれを達成または未達成な今の自分である。こうして職能資格制度によるあいまいな"能力"の測定だけでは解決できなかった"測定"の問題が、少なくとも表面上は、ある程度、解決されることになった。

　すなわち、年功で代用されがちな一律の"職能"ではなく、目に見える一人ひとりの目標の達成度を明らかにすることができ、それを評価できるようになった。ただし、どのような目標をどれだけ達成した場合にどれだけの評価をすれば公平になるのか、といったことが解決されていないばかりか、その点があいまいなまま評価に差をつけることには問題がある。

　1970年代ぐらいまでは結果そのものを直接、処遇に結びつけるというよりは、結果の達成度から能力を推定しようという意図の方が大きかった。能力と実績とが分けて考えられておらず、"能力・実績主義"などと呼ばれることもあった。

　期待理論[42]によると、自分にとって重要な報酬が必要であるが、企業の側はポスト不足等で報酬としての地位は提供できない。そこで、企業からの押しつけではなく、自己実現のために自分から目標を立てることで、従業員が自分の目標にコミットする仕組みになった。心理的な報酬として"自己実現"が重視されたのである。

　能力や実績の測定が困難であり、測定結果を曖昧にしてきたという問題が、これで解決するようにみえる。しかし、せっかく個人目標に対する結果が明確になっても目標管理を評価システムに組み込まなければ、やはり運用面で処遇との結びつきが曖昧なままである。

　そこで、達成した仕事の大きさそのものを処遇に反映させようとする動きが、

目標管理を処遇制度の中に取り込むかたちで2000年前後から盛んになっていった。

3-14. 成果主義という考え方

　成果主義の最も一般的な理解は「企業活動への貢献度に比例して処遇する制度」である[43]。目標の達成度という目に見える結果を人事上の処遇に反映させることによって成果を処遇に結びつける。しかし、目標の大きさはそれぞれの仕事によって異なるので、従業員一人ひとりが就いている職務上期待される役割そのものの大きさを評価しておかなければ、企業活動への貢献度は評価できない。そこで、職務評価（job evaluation）が必要になる。

　多くの場合、職能資格という能力上の資格から、職務の格付けという職務そのものの大きさの評価への変更との組合せで、目標管理を制度として処遇に結びつけることが多い。そのようにして組み立てられた評価方法を成果主義と呼ぶことが多い。"職能" を基準として資格化した制度から、人ではなく "職務" そのものを基準にする制度への変更である。

　職能給は、属人的な能力評価であり、その能力に見合った仕事を個人に提供するという考え方である。一方、職務給は仕事の格付け評価を行い、その業務内容に適した個人をその仕事に当てはめていくという考え方である。個人の能力の格付けから、個人の能力ではなく就いている職務（企業への貢献）の格付けへと、軸になる格付けについての考え方を変更する必要がある。人に仕事を合わせるという考え方から、仕事に人を合わせるという根本的な変更である。従来の集団主義的なメンバーシップ型人事制度に対して、このような職務給の考え方に基づく人事制度をジョブ型人事制度ということもある。職務給を本格的に実施しようとすると、一人ひとりの能力ではなく、仕事そのものを評価しなければならない。評価された大きさの仕事に対して、それに見合った能力を持つ人を就けることになる。期待される役割より大きな仕事をした場合にはその人への報酬は標準よりも多く支払われる。

　従来の人事システムによる新卒一括採用から、そのまま終身雇用を維持しようとすると、長期的には業務を取り巻く技術や環境・市場が変化するので、それに合わせて人を社内で異動させ、やりくりすることになる。すると、異動してすぐには従業員の能力は変化しにくいので、従業員の異動によって、前任者

とはできる仕事の大きさが変わる。しかし、企業の都合で異動した個人の人事評価を下げるわけにはいかない。就いている職務の大きさが人事異動によって小さくなってしまい、それに合わせて、その人が行なった仕事の評価を異動前に比べて下げてしまえば、企業の側の都合で異動させられた人は不利になる。これでは困るので、実際には職務バンド（帯）のようなかたちで同一評価の職務の幅を大きくとり、その中で人を異動させることになる。この方法だと、結局、ある職務に就くことのできる人は、一定範囲の大きさの幅の中で、大体必要な職能を持っているはずである、ということが前提になる。"職能"の考え方からは抜け出せないままになってしまう。大まかな区分でやはり職能を考え、その人をどのあたりの職務に就けるのかを考えていくことになるからである。

　どういうやり方をするにしろ、職務とそこに就ける人間の能力とをマッチングしようとすれば、職務と職能のどちらかの要素を固定し、そこにもう1つの要素を当てはめることになる。職務評価と職能評価とは切り離せない。職能評価を用いない方法としてコンピテンシー（competency）評価がある。これは、過去に具体的な職務で発揮された行動を辿り、それが次に就く職務に役立ちそうかどうかを査定する手法であるが、手間がかかるうえに、正確な予測がつきにくい。こうした考え方を用いると、職務の内容を最初にきっちりと定義し、それにぴったり合った人を探すということができる。ただし、社内の人的資源をいろいろな職務に臨機応変に当てはめていこうとすると必ずしもそれぞれの職務にぴったり合致するコンピテンシーを持った人を当てはめられていないことが明らかになる。そのために、コンピテンシー評価という名称を用いながらも、実質的にはごく普通の職能資格を評価し、それをコンピテンシー評価と称している企業が多い。

3-15.　評価の難しさ

　モチベーションの公平理論（equity theory）[44]によれば、人は職務へのインプット（努力など）に対して、それに対するアウトカム（報酬や地位など）を受け取る。他人よりも組織へのインプットが大きいのに自分へのアウトカムが小さければ、職務遂行のモチベーションは小さくなる。自分から組織へのインプットの例として、"売上高の大小"がある。自分自身が大きな売上高を維持し続けている人は、売上高が大きいほど企業への貢献が大きいと考えるからであ

る。また別の人は自分が "売上高を増やした" という売上高の変化を重要だと考える。これまで小さな売上高だったところを増やしていく努力こそが自分から組織へのインプットだと考えるからである。別の人にとっては売上を増やすよりも "利益を増やすこと" の方が重要である。部下を一人前に育てるとか、チーム全体に貢献するということも組織へのインプットだと考えられる。このように何をインプットとして重視するのかは、人によって、またその人の立場によって異なる。

　一律に新卒一括採用で入社し、定年まで年功序列の中で共に過ごす仲間に共有されるイデオロギーとしての、根性やヤル気（達成動機の高さ）だけでは企業のモチベーション管理はもう保たない。社内労働市場中心の企業では、社内の色々な職場を異動して体験し、お互いが別の職場のことを理解し合うことが企業全体の強みになっていた。また、終身雇用ともいわれる長期雇用を維持するためには、一度、就職すると、その企業の中で、時代に応じて必要な仕事に個人が適応していく必要があった（職務にぴったり合った人を社内外から募るのではなく、社内の人材（職務能力）をやりくりしてきていた）。しかし特定の仕事のために採用した中途入社の仲間も増え、また子会社や企業外の協業先と一緒に働くようになると、これまでの固定的なメンバーの年功ではなく、公平な測定・処遇が重要になる。目標の大きさが公平に測定され、その達成度を公平に測定することが重要になるが、現実にはこれらを厳密に測定することはできない。したがって、結果を公平に見るという分配的公正ではなく、せめて私情を加えずに手続きどおりに評価するという手続的公正の確保が重要になる。

　企業によっては 2000 年という世紀の変わり目の前後で職能から職務へ評価の軸が少しずつ、しかし根本的に移行してきた。世の中の変化が速く大きくなり、中途入社や中途退社、まるごと事業部を他社に売却したり買収するなどが多くなってきた。様々な価値観や処遇の経緯、評価軸がぶつかり合う。そうしたことからも一律の測定や長期的に能力を測定するのではなく、その時々の個人の企業への貢献を測定し、処遇に反映させるようになってきている。

3-16.　モチベーションとリーダーシップ、そして働くこととは
——本章のまとめ

　業績や成果を高めるためには、メンバーが集団の目標達成に向けて強く動機

づけられている必要がある。こうした問題は組織の制度設計の問題であると同時に、組織メンバーに直接、刺激をあたえる役割を担うリーダーのリーダーシップの問題でもある。こうした視点から、組織がメンバーに対してどのような刺激をあたえれば動機づけが行われるのかについての研究が数多く行われてきた。

　どのような外的な要因を与えてどのような動機を刺激すれば、結果としての行動に結びつけることができるのかについて、動機づけを外的な要因からコントロールしようという考え方は多い。ブルーム[45),46)]は、努力とそれによって得られる作業成績と報奨との相関に注目し、期待理論を提示した。自らが望む報酬が得られるであろうという期待に結びつけば大きなモチベーションをひき起こす。したがって、もし自分が望む報酬が得られるのであれば、努力を大きくすることになる。作業成績と報酬との関係をコントロールするこの考え方が、基本的な原理として、現在、広く企業で行われている成果主義的な人事制度下の従業員を動機づけるための理論的な根拠になっていると考えられる。現在の成果主義では業績に対する金銭的な報酬を重視する傾向が高い。成果主義にみられる上記の傾向は、マクレランドおよびアトキンソンらの研究を根拠にしている。彼らは、人間の欲求のなかで、特に達成動機に注目をして研究を継続的に行った[47)-50)]。

　実際に、年功序列型制度から、成果主義型の人事制度への移行が行われる際に、従業員を説得するための説明会において、成果主義型の人事制度が有効である根拠としてマクレランドの動機づけ理論が引用されることが多い。

　しかし、インセンティブ給与に関する調査の結果、金銭的報酬が期待されるほどの効果を上げていないとの報告はすでに1950年代から存在している[51)]し、金銭的報酬それ自体が単独の動機づけ要因として作用しにくいことは繰り返し指摘され続けている[52)-54)]。

　多くの人は金銭だけが目的で働いているのではない。周囲の仲間から認められたい、尊敬されたいという思いや、同期入社のアイツにだけは負けたくない、勝ちたいとか、業績を上げて出世したいなどの思いから働いている人もいる。自分自身の仕事を通して直接・間接に世の中の役に立ちたいという人も多い。また、自分の顧客に具体的に満足してもらえると嬉しいという人もいる。もちろん生活のために働かざるを得ないので働いているという人もいる。どちらにせよ第1章でみてきたように資本主義による社会的枠組のなかでは、競争と淘

汰が人間社会の進歩を牽引する原動力になっている。その枠組の内側にいる以上、淘汰されずに生き残っていくためには、馬車馬のようにひたすらわき目も振らずに働くことになる。馬はつまらなそうな態度で馬車を引く。しかし、本来の野生の馬は競走馬のように走ることそれ自体の楽しみのために全力でひたすら走り、走るという自分の能力を全開にする。馬車馬は野原を夢見てひたすら歩を進める。人間にとっての仕事も多少は同じようなものであるとしても、人間はわき目を振らないための目隠しや馬車に繋ぐための装具を自ら外し、自分の眼で見、自分で考え、自分の目的を設定し、自分の意思で進んだり退いたりすることができる。何よりもただ走るだけでなく、自覚さえすれば自分で工夫し自分の能力をそこに投入するという自由度を持っている。

　1924年から1932年まで継続されたホーソン実験は、管理職による、延べ2万人以上の全従業員に対する大規模な面接で幕を閉じた。そこでわかったことは、私的なことも含めて従業員の話をていねいに聞くことが、従業員のモチベーションや満足にとって、また仕事の生産性にとって有益であったということであった[55]。

　この実験に参加したレスリスバーガーは以下のように述べている。

　　　われわれの大部分は、われわれの友人や職場の仲間から立派な人として認められることによって得る満足感を望んでいるのであって、金銭はかかる社会的承認の全体からみてそのほんのわずかな部分にしか当らないのである[56]。

注

1) Watson, J. B. (1930). 『行動主義の心理学』 *Behaviorism, rev.* New York: Norton. (安田一郎訳 (1968) 河出書房新社.)

2) Allport, G. W. 1937. 『パーソナリティ—心理学的解釈』 *Personality: A Psychological Interpretations.* New York: Henry Holt and Company. (詫摩武俊・青木孝悦・近藤由紀子・堀正共訳 (1982) 新曜社.)

3) Herzberg, F. I. 1966. 『仕事と人間性』 *Work and the Nature of Man.* Oxford, England: World. (北野利信訳 (1968) 東洋経済新報社.)

4) McGregor, D. 1960. 『企業の人間的側面』 *The Human Side of Enterprise.* New York: McGraw-Hill. (高橋達男訳 (1966) 産業能率大学出版部.)

5) McClelland, D. C. 1985. *Human Motivation.* Glenview, IL: Scott, Foresman.

6) Atkinson, J. W. & Litwin, G. 1960. Achievement Motive and Test Anxiety Conceived as Motive to Approach Success and Motive to Avoid Failure. *Journal of Abnormal and Social Psychology,*

60, 52-63.

7) Atkinson, J. W. 1950. *Studies in Projective Measurement of Achievement Motivation*. Unpublished Ph.D. thesis, University of Michigan, Ann Arbor.

8) Atkinson, J. W. 1957. Motivational Determinants of Risk-taking Behavior. *Psychological Review*, 64, 359-372.

9) Atkinson, J. W. 1964. *An Introduction to Motivation*. *Princeton*. New York.: Van Nostrand.

10) Atkinson, J. W., & Feather, N. T. 1966. *A Theory of Achievement Motivation*. New York: Wiley.

11) Meyer, W. U., Folkes, V. S., & Weiner, B. 1976. The Perceived Informational Value and Affective Consequences of Choice Behavior and Intermediate Difficulty Task Selection. *Journal of Research in Personality*, 10, 410-423.

12) Weiner, B. 1980. *Human Motivation*. New York: Holt Linehart & Winston.

13) McClelland. I985. 前掲書.

14) McClelland. I985. 前掲書.

15) Maslow, A. H. 1954. 『改定 新版 人間性の心理学』 *Motivation and Personality*. New York: Harper. (小口忠彦訳 (1987) 産能大学出版部.)

16) Maslow. 1954. 前掲書.

17) Locke, E. A. 1991. The Motivation Sequence, the Motivation Hub, and the Motivation Core. *Organizational Behavior and Human Decision Processes*, 50, 288-299.

18) Kanfer, R., & Ackerman, P. L. 1989. Motivation and Cognitive Abilities: An Integrative/Aptitude-treatment Interaction Approach to Skill Acquisition. *Journal of Applied Psychology*, 74, 657-690.

19) Vroom, V. H. 1964. 『仕事とモチベーション』 *Work and Motivation*. New York: John Wiley & Sons. (坂下昭宣・榊原清則・小松陽一・城戸康彰訳 (1982) 千倉書房.)

20) Deci, E. L. 1975. *Intrinsic Motivation*. New York: Plenum Publishing Corporation.

21) Deci. 1975. 前掲書.

22) Deci. 1975. 前掲書.

23) Green, D. & Lepper, M. R. 1974. Effect. Childs of Extrinsic Rewards on Children's Subsequent Intrinsic Interest. *Child Development*, 45, 1141-1145.

24) Adams, J. S. 1963. Toward an Understanding of Inequity. *Journal of Abnormal and Social Psychology*, 67(5), 422-436.

25) 橋元秀一 2003.「職能等級制度と職能給 ─造船重機械メーカー X 社における導入とその意味─」佐口和郎・橋元秀一編著『人事労務管理の歴史分析』ミネルヴァ書房.

26) 日経連職務分析センター編 1983. 伊勢丹の賃金体系『職能給の導入と運用 ─賃金体系改善のポイントと実際─』日本経営者団体連盟.

27) 橋元秀一 2003.「職能等級制度と職能給 ─造船重機械メーカー X 社における導入とその意味─」佐口和郎・橋元秀一編著『人事労務管理の歴史分析』ミネルヴァ書房.

28) 日経連職務分析センター編 (1983). 日本舗道の賃金体系『職能給の導入と運用 ─賃金体系改善のポイントと実際─』日本経営者団体連盟.

29) 日経連職務分析センター編 1983.「日本舗道の賃金体系」『職能給の導入と運用 ─賃金体系改善のポイントと実際─』日本経営者団体連盟.

30) Maslow. 1954. 前掲書.

31) Drucker, P. F. 1954. 『現代の経営』 *The Practice of Management*. New York: Harper & Row. (現代経営研究会訳 (1956) 自由国民社.)

32) 幸田一男 1971.『新版 目標管理の進め方』産業能率大学出版部.

33) Vroom, V. H. 1964. 『仕事とモチベーション』 *Work and Motivation*. New York: John Wiley & Sons. (坂下昭宣・榊原清則・小松陽一・城戸康彰訳 (1982) 千倉書房.)

34）Vroom. 1964. 前掲書.

35）Locke, E. A. 1968. Toward a Theory of Task Motivation and Incentives. *Organizational Behavior and Human Performance*, 3, 157-189.

36）Locke. 1991. 前掲書.

37）McClelland, D. C., Atkinson, J. W., Clark, R. A., & Lowell, E. L. 1953. *The Achievement Motive*. New York: Appleton-Century-Crofts.

38）McClelland, D. C. 1961. *The Achieving Society*. Princeton, N. J.: D. Van Nostrand.

39）McClelland, D. C. 1965. Toward a Theory of Motive Acquisition. *American psychologist*, 20(5), 321-333.

40）Myers, D. G. 1993. *Social Psychology* (4th ed.). New York: McGraw-Hill.

41）Tesser, A. 1988. Toward a Self-evaluation Maintenance Model of Social Behavior. L. In Berkowitz (Ed.), *Advances in Experimental Social Psychology, Vo. 21. Social psychological studies of the self: Perspectives and programs*. San Diego, CA, US: Academic Press. pp. 181-227.

42）Vroom. 1964. 前掲書.

43）笹島芳雄 2002.「成果主義の概念」楠田丘編『日本型成果主義 —人事・賃金制度の枠組と設計』生産性出版.

44）Adams, J. S. 1963. 前掲書.

45）Vroom, V. H. 1964. 『仕事とモチベーション』*Work and Motivation*. New York: John Wiley & Sons.（坂下昭宣・榊原清則・小松陽一・城戸康彰訳（1982）千倉書房.）

46）Vroom, V. H. 1976. Leader, In Dunnette. M. D.（Ed.）, *Handbook of Industrial and Organizational Psychology*, Chicago, IL: Rand McNally.

47）McClelland, D. C., Atkinson, J. W., Clark, R. A., & Lowell, E. L. 1953. *The Achievement Motive*. New York: Appleton-Century-Crofts.

48）McClelland, D. C. 1961. *The Achieving Society*. Princeton, N. J.: D. Van Nostrand.

49）McClelland, D. C. 1965. Toward a TheorTy of Motive Acquisition. *American psychologist*, 20(5), 321-333.

50）Atkinson, J. W. 1974. *Motivation and Achievement*. New York: Halsted Press.

51）Whyte, W. F. 1955. *Money and Motivation*. New York: Harper & Row.

52）Deci, E. L. 1975. 『内発的動機づけ』*Intrinsic Motivation*. New York: Plenum Press.（安藤延男・石田梅男訳（1980）誠信書房.）

53）Bushardt, S. C., Toso, R. & Schnake, M. E. 1986. Can Money Motivate? In Dale, T. A.（Ed.）, *Motivation of Personnel*. New York: KEND Publishing, 50-53.

54）Harari, O. 1995. The Missing Link in Performance. *Management Review*, 84, March, 21-24.

55）Roethlisberger, F. J. 1941. 『経営と勤労意欲』*Management and Morale*. Boston, Massachusetts: Harvard University Press.（野田一夫・川村欣也訳（1959）ダイヤモンド社.）

56）Roethlisberger, F. J. 1941. 前掲書.

第04章 リーダーシップと管理職の役割
——理想のリーダーなどいない

【リーダーシップのメカニズム——理論的背景】

4-1. 組織行動をみる視点としてのリーダーシップ理論

　リーダーシップとは何だろうか。ごく普通にリーダーシップを定義するなら
ば、雑誌記事にあるように「共通の目標に向けて人々を協力させ、その目標に
到達するために必要な行動をするように彼らに権限を与えること」[1]と考える
ことができるであろう。しかしリーダーシップ研究者の間でもリーダーシップ
をどう定義するかについての合意はない[2,3]。リーダーシップに関連する587
本の研究のうち60％以上がリーダーシップという用語の定義をしておらず[4]、
1985年の時点で350種類以上の定義が見いだせる[5]という。

　いずれにせよ、集団において最も影響力のある立場がリーダーであることか
ら、以下にみられるように、リーダーシップについての研究は様々な視点から
行われている。1940年代以前は顕著なリーダーシップを持った人物の特徴を
調べようとする研究が多かったという[6]。強いリーダーシップを持った人物は
遺伝的素質と運命によって作られるという偉人説や、特定の大きな出来事が、
リーダーとしてうまくあてはまる状況にいる人をリーダーとして機能させるよ
うになるというビッグ・バン説がこうした考え方の典型である[7]。

　農業や家内工業など家族単位で行うことの多かった産業活動が、20世紀後
半には本格的に組織化されていった。第一次・第二次世界大戦が果たした役割
も大きい。戦争は英雄が名乗りをあげて一騎打ちで名誉を競うものではなく、
武器や弾薬などを消耗品のように使うシステム化された大量殺戮の作業になっ
ていった。航空機でさえ都市を空爆するために大量に生産されていった。その

ための組織立った生産システムが必要になり、それをまとめるリーダーがあち
こちで必要になった。第二次世界大戦後には、大量生産・大量販売の競争の中
で、第二次産業を中心に一般の工場などのあちこちの産業組織でリーダーが必
要となり[8]、傑出した偉人的リーダーの特徴よりも一般のリーダーの行動に関
心が移っていった。

4-2. 統計学の発展と大量データの処理

　また、この頃の統計学の発展は、大量の調査データを処理することに寄与し
た。心理学者のオールポート[9]は、個人の特徴を形成する要素を"特性（trait）"
として分解しようとした。さらにサーストン[10]により開発された因子分析
（factor analysis）という手法を用いて、キャッテル[11]がパーソナリティ（person-
ality）の分析を行い、根源特性（source trait）と表面特性（surface trait）を分
類した。この手法は、精神分析のような無意識の推測などではなく、科学的な
汎用性の高い方法であった。オールポートが1936年に、辞書から17,953の単
語を選択して4,505語の性格特性言語を整理したものを、さらに、キャッテル
が因子分析を行って質問紙調査用に16の変数を抽出した。このようにして、
大量の被検者に対して質問紙調査を行い、リーダーシップの大量調査を行うこ
とが可能になったのが技術的な背景である。

　さらに、1950年代ごろから60年代にかけては、資本主義国家と共産主義国
家との対立が深まるとともに、社会的な関心として民主的な統治に価値観が置
かれるようになり、民主的なリーダーに関する関心が高まった。自動車会社フ
ォード（Ford）などで実際に多大な成果をあげていた管理方式は職務中心型の
従業員管理の手法であった。しかし、第3章でもみてきたように、マグレガ
ー[12]が提唱したY理論的な人間観による組織管理が注目されるようになって
いった。

　こうして、職務中心型リーダーと従業員中心型（民主型）リーダーとでは、
どちらが良いのかが、リーダーシップの課題として解決すべき問題になってい
った。どちらの型のリーダーシップが高い業績を組織にもたらすのかが注目さ
れ[13]、特にメンバーのモチベーションの視点から調査が行われることが多く
なっていった。

　リーダーシップと組織風土にはきわめて深い関係があり、メンバーのモチベ

ーションに影響する（なお、組織風土（organization climate）は、その後に組織文化（organization culture）という括りで考えられるようになっていった。詳細は第7章参照のこと）。

リッカートは、独善的・専制型（システム1）、温情的・専制型（システム2）、相談型（システム3）、集団参画型（システム4）というようにリーダーシップのタイプによって組織の特徴を分類している[14]。この中では、集団参画型（システム4）の組織が最も優れている。この型の組織を導くために必要なリーダーシップ・スタイルの3原則は、(1) 支持的関係、(2) 監督の集団方式、(3) 高い業績目標の3つである。参画型の組織、すなわちリーダーとメンバーが相互に協力する組織を生むようなリーダーが優れたリーダーだということになる。なお、リッカートが開発した統計尺度はリッカート尺度（likert scale）として心理統計の専門用語になっている。

ホワイトとリピットは、リーダーが、民主的、専制的、自由放任的の3種類の社会的風土を作り、少年たちの作業を指導する実験を行い、作業目標の達成と社会的目標の達成の両方の側面からみれば、民主的な社会風土をリーダーが作ることが好ましいと結論づけている[15]。この実験結果は1960年代の民主主義的な意識の高まりのなかで注目を浴びた。

メンバーのモチベーションについての関心が高まるとともに、リーダーシップがいかにして集団のモチベーションをコントロールするのかについての関心も高まっていた。モチベーション理論の発展にともない、リーダーシップ理論においても部下に対する動機づけが大きな関心事になっていった。

4-3. リーダーシップの特徴の2つの次元

リーダーシップ行動に関して、継続して包括的な調査が行われたのが、1940年代後半からオハイオ州立大学で始まった研究である[16]。これは、一般的なリーダーの行動特性を大量のデータから分析しようとする行動論的アプローチである。最初はリーダーシップとして考えられる特性を網羅的に列挙し、それを因子分析などによって整理するという作業が続けられた。その後、リーダーシップに関する次元の整理が進められていくなかで、次第に2次元に整理されていくことになる。その際に浮かびあがってきたのが、職務中心的な"構造づくり"の次元と民主的な"配慮"の次元であった。この2次元は今日でも最も

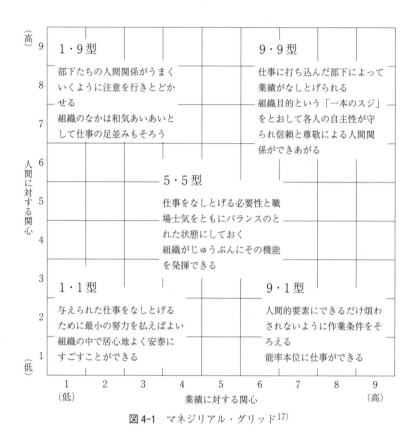

図4-1　マネジリアル・グリッド[17]

広範に使用されるリーダー行動の測定尺度であり[18]、この2次元による Hi-Hi パラダイムでリーダーシップを考えることが多い。なお、Hi-Hi パラダイムとは、2つの次元として観測された側面のどちらも高い（Hi）リーダーシップが良い、とする考え方の総称である。

　Hi-Hi パラダイムのなかで特に産業界に普及した考え方が、マネジリアル・グリッド（managerial grid）である。因子分析によって抽出されたタスク指向のリーダー行動と人間指向のリーダー行動の2軸をもとにリーダー行動を分類する。これは、ブレークとムートン[19]により開発され、企業で組織開発を行う際の管理者訓練に活用された。図4-1 がその概要である。

　こうして 1960 年代後半から 1970 年代にかけて、Hi-Hi パラダイムは現在に

みられるかたちになり、ほぼ固定化した状態になっていく。また、日本でも同時期に、同様の枠組である PM 理論が三隅[20)-22)]によって開発され、その考え方は企業にも広く普及した。これは管理行動を P（performance）と M（maintenance）の 2 次元に分類するものである。リーダーの P の側面と M の側面の両方が高い場合を PM 型、P が高く M が低い場合を Pm 型、その逆転型を pM 型、P も M も低い場合を pm 型として表現する。部下への動機づけはオハイオ州立研究での"配慮"の次元や PM 理論の"M 型"の要素に含まれるものである。

　現実の組織では、これらの 2 次元の軸に分けられるリーダーシップの要素について、両方の役割を必ずしもリーダーが 1 人で担うのではなく、サブリーダーが片方の次元を受けもったり、あるいは、リーダーに欠けている次元をインフォーマルなリーダー役を果たす人物が担う場合もある。例えば、業績達成に関して厳しい態度の部長の下に部下思いの副部長をつけるとか、同様に厳しい支店長の下に優しい副支店長をつけるなどである。逆にリーダーが優しくて補佐役としてのサブリーダーが厳しいこともある。自然にそういう組み合わせになることもあるが、さりげなくそういう組み合わせを工夫している組織も多い。また、その組織のリーダーとサブリーダーという組み合わせがうまくいかない場合には、フォロワーの中から親分肌のメンバーが、リーダーに欠けている側面を補うこともある。

　いずれにせよ、世の中には理想的なリーダーなどいない。しかし、リーダーシップ理論は、例えばこの Hi-Hi パラダイムの 2 つの次元の両方が高いことを推奨している。これは単なる理想であって、そうでなければ駄目だ、ということではない。理論ばかり勉強していると、自分を理想のリーダーと比べて絶望したり、あるいはフォロワーであれば、自分自身のリーダーが理想的なリーダーでないことを嘆いたりすることになりがちである。理想的なリーダーシップはこの世にはいない青い鳥なのである。

4-4.　リーダーシップについての様々な考え方

リーダーがフォロワーの話をよく聴くことの重要性

　集団そのものについて調査する研究も行われている。メイヨー[23)]、レスリスバーガー[24)]、ホーマンズ[25)]らにより報告された、1924 年から 1932 年まで

行われた米国イリノイ州のウェスタンエレクトリック社のホーソン実験では、メンバーの感情やインフォーマルな人間関係が、仕事の成果の大きさに影響することが確認されている。集団の業績や成果に対して、そのメンバーが誰に対してどのような協力をしようとするかが重要であることが指摘された。メイヨーは特に、上司が部下の話をよく聞くことを重視している。

様々なタイプのリーダーシップとその特徴

　リーダーの態度をタイプ分けして、それぞれの環境やフォロワーに対してどんなリーダーシップのタイプが効果を上げるのかについて考える方法もある。例えば、リーダーシップ・スタイルを、「ビジョン型リーダーシップ」「コーチ型リーダーシップ」「関係重視型リーダーシップ」「民主型リーダーシップ」「ペースセッター型リーダーシップ」「強制型リーダーシップ」の6つに分類する考え方である[26]。リーダーのパーソナリティだけでなく、部下のフォロワーシップのあり方や組織が取り組む課題の性質によってどのリーダーシップが適切であるのかが異なる。それぞれのリーダーシップの特徴と適用すべき状況は図4-2のとおりである。このなかで、前半の4つは前向きなリーダーシップ・スタイルに分類され、後半の2つは危険なリーダーシップ・スタイルに分類される。

　最良のリーダーシップとはどのようなものかを探求することとは別に、状況やリーダーの個人特性により、適切なリーダーシップは異なるのではないかという状況対応型リーダーシップの視点からの問題提起もなされている。仕事の内容が明確であるかどうかとリーダーが持つ権限の大きさによって、職務遂行型のリーダーシップをとるべきか人間関係重視型のリーダーシップをとるべきかが異なる[27]。

リーダーシップの状況適合理論

　状況適合理論に基づけば、部下の成熟度に合わせてリーダーは指示的な指導の度合いを変えるべきである。また、協働の度合いも変えていくべきである。この場合、特に重要なのがフォロワーの仕事へのモチベーションや能力、習熟度などのレディネス（readiness）である[28]。

> ビジョン型リーダーシップ
>
> 　　《共鳴の起こし方》共通の夢に向かって人々を動かす
>
> 　　《風土へのインパクト》最も前向き
>
> 　　《適用すべき状況》変革のための新ビジョンが必要なとき、または明確な方向性が必要なとき
>
> コーチ型リーダーシップ
>
> 　　《共鳴の起こし方》個々人の希望を組織の目標に結びつける
>
> 　　《風土へのインパクト》非常に前向き
>
> 　　《適用すべき状況》従業員の長期的才能を伸ばし、パフォーマンス向上を援助するとき
>
> 関係重視型リーダーシップ
>
> 　　《共鳴の起こし方》人々を互いに結びつけてハーモニーを作る
>
> 　　《風土へのインパクト》前向き
>
> 　　《適用すべき状況》亀裂を修復するとき、ストレスのかかる状況下でモチベーションを高める
> 　　　　　　　　　　　とき、結束を強めるとき
>
> 民主型リーダーシップ
>
> 　　《共鳴の起こし方》提案を歓迎し、参加を通じてコミットメントを得る
>
> 　　《風土へのインパクト》前向き
>
> 　　《適用すべき状況》賛同やコンセンサスを形成するとき、または従業員から貴重な提案を
> 　　　　　　　　　　　得たいとき
>
> ペースセッター型リーダーシップ
>
> 　　《共鳴の起こし方》難度が高くやりがいのある目標の達成をめざす
>
> 　　《風土へのインパクト》使い方が稚拙なケースが多いため、非常にマイナスの場合が多い
>
> 　　《適用すべき状況》モチベーションも能力も高いチームから高レベルの結果を引き出したいとき
>
> 強制型リーダーシップ
>
> 　　《共鳴の起こし方》緊急時に明確な方向性を示すことによって恐怖を鎮める
>
> 　　《風土へのインパクト》使い方を誤るケースが多いため、非常にマイナス
>
> 　　《適用すべき状況》危機状況下、または再建始動時、または問題のある従業員に対して

図 4-2　ゴールマンらによるリーダーシップ・スタイル[29]

リーダーとフォロワーの社会的交換

　リーダーシップに対して、社会的交換論的アプローチというものがある。その代表的な理論的枠組が LMX（leader member exchange: リーダー・メンバー社会的交換）理論である[30]。リーダーはメンバーから受け入れられてこそ、リーダーとして機能する。社会的交換というのは、人間は様々な報酬やコストを交

換し合っており、お互いが交換する価値が相互に見合った状態になることを期待するという考え方である。LMX 理論はこれをリーダーと部下との関係に当てはめたものである。

　上司のリーダーシップと部下のフォロワーシップ（followership）は複雑にからみあっている。LMX 理論に従えば、リーダーシップの重要な課題として、上下の連携（vertical dyad linkage: VDL）の強さと、それがどのようにして築かれていくのかのプロセス、例えば、協議、激励的な訴えかけ、取引、要求の正当化、圧力など、どのような方法によると相手にとって価値が高いのかなどが問題になる。当然のことながらフォロワーによるリーダーシップの受容がどのようになっているのかが重要な問題になる。さらに、その結果としての仕事への満足度や仕事の成果への影響が問題になる。

　リーダーの能力が不足しており社会的交換が充分に成立しない場合には、リーダーとの社会的交換が減り、メンバーはチーム内での能力の補完や外部からのパワーを利用するなど、LMX 理論の視点を TMX（team–member exchange）にまで広げると、チーム内外のネットワークについても理論的に扱うことができるようになる[31]。

4-5.　行動観察研究の結果判明したリーダーの全体的な役割

　リーダーシップを研究する際に、どうしてもフォロワーをどう従わせるかやどのようにして主体性を引き出すのかという視点が中心になり、いわゆる統率力とか動機づけといった側面に議論が集中しがちであった。ミンツバーグは、実際の経営者に同行し、細かく日々の行動を観察した。すると大規模調査とは異なる新たな側面が見えてきた。実際のリーダーは自身の部下に対してだけでなく、多方面に向けてさまざまな活動を行っている。ミンツバーグによると、組織のマネジャーには以下のような 10 種類の役割がある[32]。

対人関係の役割
①フィギュアヘッドとしての役割　社会的、精神高揚的、法的、儀式的な義務を遂行する。
②リーダーとしての役割　部下の諸欲求を統合し、部下が効果的に働ける環境をつくる。部下を動機づけ、活動をチェックする。部下の雇用、訓練、昇進

に責任を持つ。

③リエゾンとしての役割　外部の人たちに対処する。相互利益になるような情報や好意的支援を交換するコンタクトのネットワークを広げ、維持する。

情報関係の役割

　上の②と③を通して特権的な情報へのアクセスを獲得し、組織業務と環境について最も情報を持った人物として機能する。

④モニターとしての役割　内部情報と外部情報を常に探索し、受信し、環境を理解する。情報は事実に基づくものもあれば、組織の有力者たちの価値観に関連するものもある。

⑤周知伝達役としての役割　自分のもっている内部情報と外部情報の一部を部下に伝達する。

⑥スポークスマンとしての役割　情報を組織の外部の人たちに伝達する。組織のためのロビー活動を行い、重要な有力者たちに情報を送り、組織の業績を外部一般に伝え、連絡役として接触する人たちには役に立つ情報を流す。業界や職能のエキスパートとして外部の人たちに貢献する。

意思決定役割

　公式権限と特別な情報をもっていることから、組織の戦略策定システムに対する責任を持つ。

⑦企業家としての役割　組織の計画的変革の多くについて提案し設計する。改善計画がスタートすると次の３つの方法のいずれかがとられる。(1) 部下を配置転換する権利だけ残して、ある部下に全責任を委ねる。(2) 設計作業の責任は委譲し、そのプロジェクトを承認する責任は残しておく。(3) 設計作業も自分で監督してしまう。

⑧障害処理者としての役割　特定の職能とは関係がなく、そのため対応の仕方も計画されていないような新しい刺激に直面したときに介入する。

⑨資源配分者としての役割　組織の全資源の配分を監督し、それにより組織の戦略策定過程への統制力を維持する。資源配分には次の３つの方法がとられる。(1) 時間割（scheduling of time）を作り優先項目を定める。(2) 仕事の基本的なシステムを設計し部下の作業をプログラム化する。何がなされ、誰がそれをやり、どんな構造が用いられるかを決定する。(3) 組織の下す主要

な意思決定すべてについて、実行前の承認権を握る。承認すべき案件が多く意思決定が困難であるので、提案よりも提案者を選ぶことや、融通のきくモデルとプランを活用する。

⑩**交渉者としての役割**　別の組織と重要な交渉を行う。フィギュアヘッドとして組織を代表し、スポークスマンとして組織を代弁し、資源配分者として当事者間でリアルタイムの資源取引を行う。

　全体として、「要するに、マネジャーは組織の仕事を設計し、内部環境と外部環境を監視し、望んだときに変化を起こし、障害にぶつかったら安定を復活させなければならない」「部下を率いて組織のために仕事を効率的に行い、また部下に特別な情報を提供しなければならない。その情報の一部は自分が開拓する接触のネットワークから獲得する」。また、数々の"家事"（些末な日常業務）も果たさなければならない[33]。以上が、ミンツバーグによるマネジャーの役割である。なんといってもミンツバーグの最大の発見は、マネジャーが極めて忙しく、個々の業務が細切れになっており、落ち着いて一つの仕事に取り組めるようなことは少ないということである。

――――――――――――――――――――――――――――――*背景や人間的側面編*

【リーダーの力の背景と統率の人間的側面】

4-6.　リーダーシップの源泉となる力

リーダーが持つ力の背景

　メンバーの考えや行動に支持的な態度を示すなど、リーダーのふるまい方だけでリーダーシップは発揮されるのだろうか。直観的に考えると、人心掌握術であったり、その人そのものが持っているカリスマ性など、個人的な特徴がリーダーシップの源泉になっているようにも思えるが、リーダーの力の源泉はそれだけではない。社会学的な立場からは、力の源泉には以下の種類がある[34]。

　1.　Reward Power（報酬によるパワー）　上司は部下への報酬を左右する力をもっている。給与や賞与の査定をよくしてもらえるとか、仕事の条件をよくしてくれるからという期待が部下の側にある場合には、上司のリーダ

ーシップを受け入れる。

2. **Coercive Power（強制パワー）**　上司は自分を処罰する力を持っている。命令に従うのは、上司から叱られたり責められたり、給料を減らされたり、クビにされたりする危険があるからという場合。第 3 章でみた X 理論的なリーダーシップ。

3. **Legitimate Power（正当パワー）**　上司は部下に命令するのが当然であって、部下は上司の命令を受け入れる義務があるという、価値観や信念が部下にある場合。仕事の範囲だけで効き目があり、プライベートに対しては感じることがない。

4. **Referent Power（準拠パワー）**　部下が上司に個人的に魅力を感じていたり、一体感を抱いている場合。尊敬やあこがれを感じる相手の意図や指示に、率先して従おうという気持ち。プライベートな指示であっても、部下が従うことがある。

5. **Expert Power（専門パワー）**　上司が自分よりも技術や能力や知識が優れていると部下が確信している。仕事のうえで、自分がどうしたらいいか迷っているときや、仕事の進め方に自信を持てないときに、自分よりも仕事ができる上司の指示を受け入れる。

リーダーにとっての情報

　メンバーのモチベーションは作業の効率をあげるうえで重要ではあるが、メンバーの満足度の高さと業績の高さは必ずしも相関していない。

　隣の人としか情報交換できない状態で課題解決を行う実験では、次のような結果が得られた[35]。5 人で構成された集団を、circle 型、chain 型、Y 型、wheel 型、の 4 つのかたちに並べて全員にカードを配り、全員が共通して持っているカードを当てる作業をやらせた（図 4-3）。その結果、正解率が一番高かったのは wheel 型で、低かったのは circle 型であった。しかし、メンバー全員が一致して満足度が一番高かったのは circle 型で、1 人を除いて一番低かったのは wheel 型であった。wheel 型では、中心に位置づけられた人だけ満足度が高かった。

　重要な情報を "握っている" ということもリーダーが役割を果たすうえで重要である。実験が終わってから、各グループのメンバーに誰がリーダーだったと思うか聞くと、wheel 型では、真ん中の得点が 23 で他は 0 であった。circle

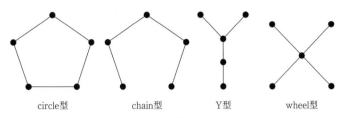

circle型　　　　　chain型　　　　　Y型　　　　　wheel型

図4-3　Leavitt（1951）[36]の実験での人員配置

型では、それぞれ、2、2、6、1、3であった。Y型では、先端が0、経路の途中の人が1、真ん中の人が17、枝が各1であった。chain型では、端から0、4、12、2、0であった。情報の結節点にいる人ほど情報をコントロールでき、リーダーとして認知されやすい。

4-7.　権限移譲の厳しさと安心感

　権限移譲と褒めることを組み合わせれば、大きな結果が得られることがある。部下を褒めることで期待する成果を出させることをピグマリオン効果という[37]。現代では、褒めることで能力を伸ばす方が一般的に好ましいとされる。しかし、能力の低い部下を褒めておだてても、間違ったことしかできない場合がある。褒めるだけでは部下のやっていることの軌道を修正できないため、厳しい要求を課すリーダーも必要である。社員への権限移譲の大きさで知られるゼネラルエレクトリック社の名経営者と謳われたジャック・ウェルチ[38]は、家族ともっと過ごしたいと言った従業員について、誠実さがないために解雇した例を挙げている[39]。このような会社は、企業への全面的な献身を求め、高業績を上げている。リーダーによっては家族ともっと過ごしたいということさえ許さない場合もあるということになる。弱肉強食の世界に生きるそのような企業に比べれば、従業員への配慮がないといわれている日本企業の多くはまだまだワークライフバランスに寛容であるともいえる。

　強力なリーダーシップを確立するための条件としてマグレガー[40]は、部下の欲求充足が重要であり、部下の欲求充足は上司の意向と能力次第であるという側面があるために、フォロワーに安心感を与えることが重要であるとしている。部下が委縮せずに安心感を持って仕事ができる条件として、(1) 上司に認

められているという雰囲気、(2) 知識（①全社的基本方針と経営理念を知ること、②標準実施法、規則、規程を知ること、③自分の職務・責任、組織の中での自分の地位についてよく知ること、④直属上司固有のくせをのみこんでおくこと、⑤自分の仕事ぶりを上司はどう思っているかを知ること、⑥自分に影響のありそうな色々な変化をあらかじめ知っていること）、(3) 職場の規律の徹底が重要であり、また、積極的な自主性を引き出す条件として、(1) 問題解決に参加させること、(2) 職責をうまく付与すること、(3) 異議を申し立てる権利を付与すること、が重要であるとしている。

　メンバーに対して承認や安心感をいちばん強くあたえることができるのが上司という立場である。「構造づくり」や「配慮」の両方について、理想的な行動を常に続けるように心がけたとしても、人間には適性や限界がある。せめても部下の言うことに耳を傾け、共感していることを示すことで、メンバーは安心感を得られる。

注

1) Sherman, S. 1995. How Tomorrow's Best Leaders are Learning their Stuff. *Fortune*, November 27, 91-92.

2) Huber, N. S. 2002. Approaching Leadership Education in the New Millennium. *Journal of Leadership Education*, 1(1), 25-34.

3) Northouse, P. G. 2016. *Leadership: Theory and Practice*, 7th ed. Thousand Oaks, CA: Sage.

4) Rost, J. C. 1991. *Leadership for the Twenty-First Century*. Westport, CT: Praeger.

5) Bennis, W. & Nanus, B. 1985. 『リーダーシップの王道』*Leaders: The Strategies for Taking Charge*. New York: Harper & Row.（小島直記訳（1987）新潮社.）

6) Robbins, S. P. 2005. 『新版 組織行動のマネジメント―入門から実践へ』*Essentials of Organizational Behavior*, 8th ed. Upper Saddle River, New Jersey: Prentice-Hall.（高木晴夫訳（1985）ダイヤモンド社.）

7) Bennis & Nanus 1985. 前掲書.

8) 第一次産業は農業、第二次産業は工業、第三次産業はサービス業である。

9) Allport, G. W.（1897-1967）.

10) Thurstone, L. L.（1887-1955）

11) Cattell, R. C.（1905-1998）.

12) McGregor, D. 1960. 『企業の人間的側面（新版）』*The Human Side of Enterprise*. New York: McGraw-Hill.（高橋達男訳（1970）産業能率大学出版部.）

13) 金井壽宏 1991. 『変革型ミドルの探求―戦略・革新志向の管理者行動』白桃書房.

14) Likert, R. 1967. 『組織の行動科学―ヒューマン・オーガニゼーションの管理と価値』*The Human Organization: Its Management and Value*. New York: McGraw-Hill.（三隅二不二訳（1968）ダイヤモンド社.）

15) White, R. & Lippitt, R. 1960. 「第28章　三種の「社会的風土」におけるリーダーの行動と成員の

反応」『グループ・ダイナミックス Ⅱ（第二版）』Member Behavior and Reactions in Three "Social Climates." In Cartwright, D. & Zander, A.（eds.）*Group Dynamics: Reserch and Theory.* New York: Harper & Row.（三隅二不二・佐々木薫訳編　佐々木薫訳（1970）誠信書房.）

16) Robbins, S. P.（1984）.『組織行動のマネジメント』*Essentials of Organizational Behavior,* 5th ed. New York: Pretice Hall.（高木晴夫監訳（1997）ダイヤモンド社.）

17) Blake, R. R. & Mouton, S. 1964.『期待される管理者像』*The Managerial Grid.* Houston, TX: Gulf.（上野一郎監訳（1972）産業能率短期大学出版部.）

18) 金井 1991. 前掲書.

19) Blake & Mouton 1964. 前掲書.

20) 三隅二不二 1964.「教育と産業におけるリーダーシップの構造―機能に関する研究」『教育心理学年報』4, 83-106.

21) 三隅二不二 1966.『新しいリーダーシップ―集団指導の行動科学』ダイヤモンド社.

22) 三隅二不二 1978.『リーダーシップ行動の科学』有斐閣.

23) Mayo, E. 1933.『産業文明における人間問題　ホーソン実験とその展開』*The Human Problems of Industrial Civilization.* New York: Macmillan.（村本栄一訳（1967）日本能率協会.）

24) Roethlisberger, F. J. 1941.『経営と勤労意欲』*Management and Morale.* Boston, Massachusetts: Harvard University Press.（野田一夫・川村欣也訳（1959）ダイヤモンド社.）

25) Homans, G. C. 1950.『ヒューマングループ』*The Human Group.* New York: Harcourt Brace Jovanovich.（馬場明男・早川浩一訳（1959）誠信書房.）

26) Goleman, D., Boyatzis, R. E., & McKee, A. 2013.『EQ リーダーシップ』*Primal leadership: Unleashing the power of emotional intelligence.* Boston, MS: Harvard Business Press.（土屋京子訳（2002）日本経済新聞社.）

27) Fiedler, F. E. 1967.『新しい管理者像の探求』*A Theory of Leadership Effectiveness.* New York: McGraw-Hill.（山田雄一監訳（1970）産業能率短期大学出版部.）

28) Hersey, P. & Blanchard, K. H. 1977.『行動科学の展開』*Management of Organizational Behavior: Utilizing Human Resources.* Englewood-Cliffs, NJ: Prentice-Hall.（山本成二・水野基成・成田攻訳（1978）日本生産性本部.）

29) Goleman, Boyatzis, & McKee 2013. 前掲書.

30) 狩俣正雄 1992.『組織のリーダーシップ』中央経済社.

31) Farh, C. I., Lanaj, K., & Ilies, R. 2017. *Resource-Based Contingencies of When Team-Member Exchange Helps Member Performance in Teams.* Academy of Management Journal, 60(3), 1117-1137.

32) Mintzberg, H. 1973.『マネジャーの仕事』*The Nature of Managerial Work.* New York: Harper & Row.（奥村哲史・須貝栄訳（1993）白桃書房.）

33) Mintzberg, H. 1973. 前掲書.

34) French, J. R. P. Jr., & Raven. B. 1959. The Bases of Social Power. In Cartwright, D.（ed.）*Studies in Social Power.* Ann Arbor, MI.: University of Michigan. 150-167.

35) Leavitt, H J. 1951. Some Effects of Certain Communication Patterns of Group Performance. *Journal of Abnormal and Social Psychology,* 46(1), 38-50.

36) Leavitt, H J. 1951. 前掲書.

37) Rosenthal, R. 2002. Covert Communications in Classrooms, Clinics, Courtrooms, and Cubicles. *American Psychologist,* 57(11), 839-849.

38) Welch Jr., J. F. 1935-2020.

39) Latham, G. P. 2007.『ワーク・モティベーション』*Work Motivation: History, Theory, Research, and Practice.* Thousand Oaks, CA: Sage.（金井壽宏監訳 依田卓巳訳（2009）NTT 出版.）

40) McGregor, D.（Bennis, W. G. & Shein, E. H.（eds.））1966.『新版 リーダーシップ』Leadership and

Motivation: Essays of Douglas McGregor. Cambridge, MS: M. I. T. Press.（高橋達男訳（1974）産業能率短期大学出版部.）

第2部　組織の管理と仕組み

第05章 採用から退職まで
——それでも組織は動き続ける

【要員管理の基本的な考え方】

5-1. 採用——人材採用の特徴と日本企業の一般的な強み

　従来、日本の大企業では、社員を採用するにあたって新卒一括採用という方法を用いていた。また、期間の定めのない雇用契約による定年までの終身雇用によって、従業員は定年まで転職せずに集団で仲間として過ごすことが一般的であった。こうした人材の採用と管理は、長幼の序を重んじる年功制が支えている。定年まで雇用を続けることを前提とする終身雇用は、日本的経営の根底にあるものであると考えられる。特に大企業では優秀な人材を新卒時点で確保して抱え込み、社内で育成していくことが前提であった。

　採用は長期的な計画にもとづいて行う。新卒一括採用が前提で中途採用がほとんどない場合に、すぐに人手が欲しいという時には、次年度の採用予定人数を増やす。即戦力としてすぐに使える人材をまかなうためには、必要な業務の経験者を中途採用という方法で採用する。

　採用後、新人研修（入社時研修）を行う企業もある。講義が中心の座学の研修を受けさせたり、仕事の現場を見学させたり、仕事を簡単に経験させるためにいくつかの部署を短期間に異動させる場合もある。研修期間は1日や2日間という短いものから、5月の大型連休明けまで1か月かけて行うもの、半年間や1年間を入社時研修とする場合もある。

　新人研修の後には、それぞれの部署に配属され、仕事を進めることになる。配属先ではそれぞれの社員に対する人事考課・処遇がおこなわれる。人事考課の結果は、金銭的な報酬や配属先からの異動や、昇格・昇任などの昇進に関わ

る処遇に反映される。また、能力の育成にも用いられる。

5-2. 評価・昇進

職能主義的な制度

　年功序列的な制度で主に用いられてきた職能等級制度では、企業は従業員の職能を管理するために職能等級を設定する。職能は、職務上の能力（職務能力）のことである。職能は働いている人、一人ひとりの中にあると考えられる。また職能は成長したり変化することが可能である。職能と職位が結びつかない場合もある。職位というのは、係長、課長、部長、事業部長など、社内の地位のことである。企業が終身雇用のなかで従業員をやりくりしようとすると、どうしても人材が足りない職位や多すぎる職位が発生する。その場合には、とりあえずふさわしくない職能の従業員であっても一時的にその職位に充てることになる。普通、給与は職能に結びついているので、職務上の地位が職能にふさわしくなくても給与が極端に上がったり下がったりすることはない。職能に応じた給与が支払われる。これが職能給を制度として企業が採用しているメリットである。職能よりも高い職位に就ける場合にも、職能給とは別に、その職位に応じた職務手当が支給されることになる。職務手当は職務の大きさや困難さ、あるいは職務環境の悪さに応じて支払われる。給与体系が職能に応じて支払われることを人事制度の骨子にしているのであれば、職務手当のような付加給は少額である場合が多い。

　景気動向によって、従業員個人の能力が上昇したかどうかに関わらず、一律に社員全員を昇給させることがある。これをベースアップ（ベア）という。ベースアップは付加給や、変動しやすい実績給などを除いた基本給に対してだけ行われる（ただし、基本給を賞与や退職金の算定基準にしている場合には、それらも連動して上がることになる）。ベースとなる基本部分の金額を一律に上げるのでベースアップといわれる。基本給が単純な職能給であったり、年齢給や年功給である場合もあるが、古い企業では、長年の経緯からそれらを複雑に組み合わせて運用している場合も多い。

　毎年のベースアップが続くと経営上の負担が大きくなるので、特に不況時に、経営者は労働組合のベースアップ要求に応じることを難しいと考える場合が多い。いちど基本給を上げてしまうと再び下げることは難しい。就業規則に昇給

は規定しているが降給の規定はない企業も多い。

職務主義的な制度

　個人の職能に合わせて給料やその人の仕事内容を決める職能主義ではなく、それぞれの仕事の職務内容があらかじめ決まっており、その職務に合った給料を決め、その職務に合致した職能を持つ人をそこに配置する考え方が職務主義である。職務主義は、職能主義とは賃金決定の出発点が全く異なる。職務主義型の賃金制度（ジョブ型人事制度）の下では、職務記述書通りに職務を遂行すれば、その職務に応じた規定の賃金が支払われることになる。ただし、その職務で期待以上の結果を出したのか、期待に満たなかったのかによって賃金は上下することがある。一般社員の場合には職能資格制度を用い、管理職になってからは職務資格で評価するという企業もある。

バンド型賃金制度

　しかし、詳細な職務記述書を作成し、それに対応した給与を細かく定めていくことは現実的ではないし、異動によって給与が上下してしまうことになるので、社内の人事異動が困難になってしまう。そこで、職務の格付けをおおまかに括って、これらの職務は大体この範囲の困難度であるとし、それに対応する個人の職能も大体この範囲の能力範囲であるというように、職務も職能も幅をもって格付けしておき、それぞれが対応する範囲の中で人事異動を行うことがある。そのくくりをバンドと呼び、こうした制度をバンド型賃金制度という。そのバンドの中で、個人の貢献度を査定して標準よりも貢献度が高かったのか低かったのかによって賃金が上下する仕組みである。

年俸制

　賃金の支払いを年度ごとに契約し直す年俸制という方法もある。翌年度の年間支給額を契約して決め、それを12等分して毎月支払うなどの方法である。特殊な能力に基づく高度な職務を持つ対象者に適用される場合が多い。また、従業員と企業との関係を双方が意識的に考えるようにするために施策として全社的に導入するが、運用の実態はほぼこれまで支払ってきた金額を踏襲している場合もある。

5-3.　配置

　職能評価を基本にしている多くの企業では毎年、決まった時期に定期異動を行う。これは様々な業務を体験して企業全体の業務を理解しやすくしたり、同じメンバーでの同じ仕事が続くことによるマンネリを防いだり、上司と部下の組合せを変えることにより、長期的な部下評価の公平性を保つといった目的から行われる。さらには、誰かを異動させた結果、玉突き的にどこかのポストが空いてしまうことがあり、そこに誰かが穴埋め的に配置されることもある。誰をどこに異動させるかについての調整は自部門内であればその部門長の意向が大きく反映されるが、地域や事業部門をまたぐような異動の調整は、人事部門が行う場合が多い。

　人事異動に際しては、各部門から補充も含めて必要な職務能力や人数を人事部門に要求することが一般的である。しかし、必ずしも要求通りの人数が配分されるとは限らないし、要求を満たす職務能力を持つ人員が配置されるとも限らない。そのようなことが頻発し、人事部が信用を失うと現場の部門長同士が人事部抜きで直接交渉し、異動させたい要員について取引を行い、人事部に承認するよう圧力をかける。こうした行動が恒常化すると、大きな声を出す強い部門長に左右されやすくなり人材の全社最適化が損なわれることになる。

5-4.　能力開発・キャリア

　企業の側が従業員の職務能力を伸ばすことを意図して研修を行うことがある。
　企業研修に熱心に取り組む企業は、その効果を信じているし、また、そうでない企業は研修効果があまりないと考えている。いずれにせよ、研修効果は測定が難しい。ただし、研修の結果、それを受けた人が満足したかどうかは比較的把握しやすい。

　企業研修には一か所に対象者が集まって行う集合研修や、個別に国内外のロースクールやビジネススクールなどの外部機関に派遣する制度（留学制度）、また、職務上必要な資格を取得するための補助制度（学費や教材費を企業が補助する）などがある。集合研修では、職能資格ごとや職位ごとに開催される階層別研修や、営業職に対する営業実践力アップなどの職種別研修、専門別研修な

どがある。また、退職後の生活についての経済計画や人生設計を考えさせるためのセカンドライフ研修などがある。これらは、Off JT（off the job training）と呼ばれる。

　これらに対して、職場の中で上司や先輩が実質的な仕事の指導を行うことをOJT（on the job training）という。OJT の充実が日本企業の特徴だとされてきた。OJT により、その企業独自の能力を持つ人材が育てられていくことが多かった。近年では、OJT を行う職場の先輩や上司が忙しく、下位の者へのOJT が実質的におろそかになるという問題が喧伝される。しかし、目先の仕事に追われてしまい、下位者への指導がおろそかになるということは昔からあった。むしろ、プライベートな付き合いや嫌でも飲みに行って一緒の時間を過ごすなどの時間共有がなくなったことから OJT の前提になる緊密な人間関係が薄くなっていることが問題なのかも知れない。忙しくてなかなか時間が取れないが、このことはあいつに伝えておいてやろうとか、何度言ってもその通りにできないが、粘り強くあいつを育ててやろうという部下や同僚に対する仲間意識や個人的愛着、または丁寧な説明の時間が取れずに短い時間のなかで強い口調で叱ったとしても人間関係が損なわれないような緊密な人間関係を築ける場が、現在の職場では少なくなってしまっている。

　OJT や Off JT を用いて、または人事異動でそれまでとは異なる職務を経験させて職能を広げさせるなど、従業員の能力を向上させようと働きかけることを人材開発（human resources development）または能力開発（capacity building, ability development など）という。

　OJT や仕事そのものの中、社内の人間関係の中から身につけた、その企業の中だけで通用する能力を企業特殊能力といい、社外でも通用する一般能力とは区別することがある。

　キャリア（career）というのは、職業上辿っていく仕事や地位の発展や連続のことである。キャリア研究者のスーパーは、人生の時間的な推移のなかで人が占める地位の連続という時間的視点[1]、すなわちライフ・スパン（life span）のほかに、限定されたある時点での様々な役割や生き方（空間：space）という視点を導入している[2]-[5]。スーパーはこれを、ライフ・スペース（life space）と呼んだ。ライフ・スペースの要素として、子ども、生徒、遊んでいる状態（既存の単語があてはまらない leisurite: 余暇時間を費やしていたり仕事がない状態の人）、市民、仕事をしている人（正式に雇用されていない場合や何らかの役割を果

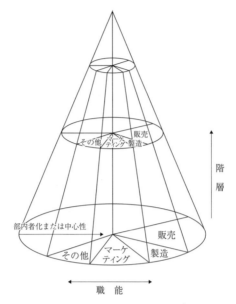

図 5-1　組織の 3 次元モデル [9]

たしている非労働者も含む）、配偶者、主婦、親、年金生活者がある。ほかに兄弟、信者、恋人、改革家、犯罪者などの役割があり、そのなかのいくつかの役割を同時に果たしている。

　また、キャリアを発達という視点から考えることができる。その場合には、発達段階という考え方を用い、それぞれの段階での発達課題を一つひとつ解決して次の段階に進むことになる [6]-[8]。社内のキャリアを考えた場合、図 5-1 の中を回転しながら上方向へ移動していくことになる。垂直軸が階層を表わし、階層上昇の動きはキャリア成長とみなすことができる。また、異動や職種の変化により、職能や技術の変化が起これば、それは円周上の移動になる。組織の中心へ向かう動きは、その個人の学習量が増え、信頼されるようになり、責任を引き受けるにつれて、その個人が組織に部内者化されていくプロセスになる。

　シャインは、キャリア・アンカー（career anchor）と呼ばれるキャリアや職業における自己概念を想定している [10]。

　職業生活のなかで、（1）自覚された才能と能力、（2）自覚された動機と欲求、（3）自覚された態度と価値の 3 つの職業上の自己イメージが明確になっていく。

これらを元に、以下の8つのキャリア・アンカーが形成されていく[11], [12]。キャリア・アンカーは、環境との相互作用により発達していくと考えられている。

- 技術・職能的コンピタンス（technical/functional competence）
- 全般管理コンピタンス（general managerial competence）
- 自律・独立（autonomy/independence）
- 保障・安定（security/stability）
- 起業家的創造性（entrepreneurial creativity）
- 奉仕・社会貢献（service/dedication to a cause）
- 純粋な挑戦（pure challenge）
- 生活様式（lifestyle）

　さらに、キャリアについて考える際に職業特性と個人特性のマッチングや、興味・関心との関係を考慮する必要がある[13]。またこれまでの経験やそこから学んだことがキャリアに影響するという視点も重要である[14], [15]。

5-5. 働き方の多様化と社外も視野にいれた再配置

　多様化する社会のなかでは、性別や人種・国籍など様々な背景を持つ人材を活用することが必要になってくる。雇用形態の多様化は、働く人のダイバーシティ（diversity: 多様性）を職場にもたらす。なお、ダイバーシティは、雇用形態だけでなく、社員の性別、国籍や心身の障害の有無などのさまざまな面での多様な社員の活用によりもたらされる。最近ではLGBT（lesbian: レズビアン、gay: ゲイ、bisexual: バイセクシュアル、transgender: トランスジェンダー）という概念も注目されている。これらは自分自身の性の認識の多様性についての概念である。

　多様な働き方を推進するために、勤務形態においてもリモートワークや裁量労働制・フレックスタイムを導入している組織もある。さらに、男性の育児休暇や介護休暇を積極的に推奨しようとする企業もある。こうした施策は社員の働き過ぎを防ぎ、仕事以外の生活とのバランス（ワークライフバランス）をとるためにも導入されている。

　企業は人材が持つ能力の活用を図るために社内の職務の内容を客観的に分析し、それに適した能力を持つ人材を、社内外から探し、配置していく。厳密に

それぞれの職務の内容にピッタリ合った人を探し、採用・再配置を行おうとするのであれば、具体的な職務の詳細な内容が分かっており、必要な職務能力もよく理解している各部門が主体となって行う方が合理的である。したがって、このような場合には全社的な人事部門ではなく、個々の事業部門が必要な人材を調達することになる。さらに、人材を社外から調達することも自由にできる方が、社内の人材を動かしてくることしかできない場合よりも人材の調達が手っ取り早くできることになる。しかし、異動管理を各部門に完全に任せてしまうと、人事部門が部門を超えた異動を全社的な能力配置や育成の視点から管理・調整することが困難になる。

　社外から人材を調達したりそれに応募することを、社外労働市場の活用という。それに対して、社内の人材を異動によってやりくりする方法を社内労働市場の活用という。個々の人材の能力や社内の職務に必要な能力をある程度熟知したうえで行われる閉じられた社内労働市場の活用に比べて、社外労働市場の活用はオープンではあるが、異動が発生するごとに、人材の能力と職務に必要な能力を個々に吟味し、評価してマッチングを行わなければならず、社外の見知らぬ人を査定しなければならないので職務とのすり合わせの効率は下がる。そのために従来の日本の大企業のような社内労働市場に依存する企業が社外労働市場を利用しようとすると、手間もかかるし、精度も落ちる。応募者が自身の能力を故意に大きく売り込んだり、またはみずからの能力を客観的に評価できずに実際とは異なってしまい、結果として仕様が異なるまま採用されてしまったり、職務を提供する側がその職務に必要な能力を見誤ったりして起こるアンマッチングは頻繁に発生する。終身雇用を維持したまま企業で中途採用を行いこのようなことが起こると、採用された人が定年退職するまでアンマッチが続くことになりやすい。

5-6.　労働組合

　一人ひとりの労働者は経営者（企業）に対して圧倒的に弱い立場にある。そこで、労働者には団結して経営者と交渉する権利が法律で認められている。労働者としての力を行使する方法として、団体交渉や労働争議がある。

　海外では、労働者がそれぞれの職種や業種ごとに会社を超えて団結して個々の企業の経営者と団体交渉する方法が中心になっている場合があるが、日本で

は一般的に、企業ごとに労働組合を作って団結し、その企業の労働組合がその企業の経営者と交渉するという場合が多い。大きな企業グループの場合、そのグループ系列で労働組合が連合体を組織する場合もある。またその上位組織として産業別に連合体を組織する場合もある。例外として、1つの企業に複数の労働組合が並立している場合もある。

　企業内に単一の労働組合がある方が、企業にとっても労働者との窓口が一本化できるので便利であり、また、従業員の側にとっても全従業員の意思を代表するような単一の労働組合があった方が、労働者としての力を行使しやすい。

　企業によっては、その企業の従業員は必ず労働組合に参加しなければならず、組合から脱退することは許されず、労働組合から退会したり除名された場合には企業から解雇されてしまうという取り決めを行っているところもある。こうした仕組みをユニオンショップという。そのような仕組みがない企業では、一般的に組合に加入するかどうかは個人の自由であり、労働組合に加入している従業員の比率が年々減ってきている。

　元々、労働組合がない企業も多いが、その場合には、企業が従業員と交渉する際には、様々な場面で従業員の過半を代表する者を従業員に選んでもらい、交渉する必要がある。

　労働争議には労働者が一斉に仕事を拒否して事業活動を停止させるストライキや活動のペースを落とすサボタージュ、自社製品に対して不買運動を勧めるボイコットなどがあるが、多くの場合にはストライキで実力行使を行う。労働組合が、ストライキに反対して働こうとする従業員が職場に入ることを阻む（ピケを張る）場合もある。

　労働組合と経営者は対立するばかりではなく、経営上の問題などを話し合うための労使協議を定期的および不定期に行う場合が多い。

5-7. 福利厚生

　企業や公共団体が行う福利厚生施策には様々なものがある。健康保険や厚生年金などの年金積立といった社会保険料の拠出には企業負担分がある。企業によっては、その他に、自社独自の退職金や企業年金を支払ったり、医療保険の補助などを行っている場合もある。企業独自の退職金や年金については、一定の年数以上勤務した者が円満に退職をした場合にのみ、こうした制度の対象に

なる場合も多い。給付額は、退職時の基本給に一定の比率を掛けた金額など何らかのかたちで算定基礎額を決め、その金額に勤続年数を掛けるなどして、長期勤続者に有利なように設計する場合が多い。退職事由によっては退職金が支払われなかったり、金額が少なくなったりすることがある。また、30年間勤続など一定の長さ以上の勤続年数の場合に有利になるように段階を設ける場合もある。これは、終身雇用といわれる長期雇用を維持するための仕組みである。しかし、人員に余剰が生じた際には早期退職金制度などを設けて、早めに退職すると退職金が多くなるような仕組みを導入する企業もある。

　また、かつては、多くの企業が保養所といって、観光地などで社員専用の宿泊施設を運営していたことも多かった。現在では、アスレティック・クラブなどの会費の補助を行っている企業も多い。

―――――――――――――――――――――――――――――背景や人間的側面編

【組織による制約のなかで生きる】

5-8.　適材適所の人員配置の難しさ

　企業のなかには様々な仕事があるが、単純化のために、今、ある企業のなかに衰退部門の再建と、伸びつつある販売部門の売上の拡大の2つの仕事があるとしよう。この企業はつい何年か前まで右肩上がりで業績を伸ばし続けてきており、これまでに社内のどこかの部門が衰退化するという経験がなかった。

　Aさんというそこそこの能力を持つ社員と、Bさんという圧倒的に能力が高い社員がいるとしよう。現時点ではこれら2つの仕事を担当させられる社員はこの2人ぐらいしかいない。販売部門の仕事はAさんにもBさんにも可能である。Bさんの方がずっと能力が高いが、Aさんでも問題なさそうである。一方衰退部門の再建は、社内で誰も経験したことがなく、おそらく難しい仕事になると考えられており、Aさんにやらせると時間がかかってしまったり、うまくできない可能性もある。Bさんの方が圧倒的にうまくできそうである。この場合、適材適所を考えると、Aさんに販売部門の売上拡大を担当してもらい、Bさんに衰退部門の再建をしてもらうことになるであろう。

　次に、Bさんは衰退部門が伸び悩んでいた理由を見抜き、うまく部門再建を

なしとげたとしよう。しかし、実はこの企業全体が企業環境の変化に対応できていなくて、他にも次々と衰退部門が発生してしまった。Ｂさんから見るとどの衰退部門も同じような問題を一様に抱えている。Ｂさんはいくつか同じような再建の仕事を続けているだけでは、新しい技術や能力の獲得は次第にできにくくなってしまう。またＢさんが衰退部門の再建を成功させる実績を積めば積むほど、「Ｂさんは衰退部門の再建がうまい」という社内の評価が定着し、なかなか別の仕事に配置してもらえなくなる。このような状態になると、余人をもって代えがたい適任者ということになり、衰退部門再建のスペシャリストとして社内で認識されるようになる。

　一方、Ａさんが配置された部門は元々伸び盛りの分野であり、実績は面白いほど伸びていた。その結果、Ａさんの仕事は大きく評価された。また、仕事自体が伸びるので人脈や能力を少しずつ自分の中に蓄積していくことができる。もしＢさんが衰退部門の再建の仕事に貼りついたままであれば、初めは称賛されても次第に当たり前のこととして地味な注目しか浴びなくなり、どこまでがＢさんによる貢献で、どこからがその部門自体が自力で衰退を逃れ得たのかが分からなくなってくる。Ａさんの方が、衰退しかけた部門に投入され続けているＢさんよりも評価が高くなる可能性もある。これは、それぞれの人の元々の能力ではなく、与えられ続けた環境によってもたらされる評価でもある。高い能力を発揮できると見込まれてたまたま配属された結果が将来に影響する。Ｂさんは能力が高い人なので、もしＡさんの代わりに販売の拡大の仕事に就いていれば、より大きな実績を出し続けることになったかも知れないが、その可能性は埋もれてしまう。

　ここで問題になるのは、おおくの場合、売上の拡大で実績数値をあげ続けた場合には評価が高くなり、もともと評価が低い部門の下支えをした場合にはあまり高く評価されないことが多い、ということである。その場合にはＡさんは高い評価を得、昔は圧倒的に能力が高いとされたＢさんはなかなかうだつがあがらないことになる。社内にはふつう、陽の当たる部門と、陽の当たらない部門があり、それが個人の評価にも反映されてしまうことが多い。複数の仕事のポジションが空いた場合に、誰をどの仕事に貼りつけるかを、同期入社や入社年次が近い複数の社員を比較して決める手法を用いることから以上のような問題が発生する。

5-9. 企業戦略や企業文化と人事制度

　人事制度は従業員の行動や人生に強い影響を及ぼすとともに、企業全体の風土や文化に影響を及ぼすことによって、戦略実施に対しても影響を及ぼす。例えば、市場に対して果敢なアプローチをしていく戦略を立案しても、人事制度のうえでミスに対して非寛容であり、失敗したという結果が昇格や昇任に影響を及ぼすのであれば、従業員は積極的なチャレンジをためらう。反対に失敗しても人事履歴にその記録を残さず、むしろチャレンジする姿勢が評価されるのであれば、従業員はより積極的な行動を行いやすい。

　同一の組織構造であっても、人事制度が処罰的に厳しければ、集権的な企業文化になり、人事制度が成功を奨励し失敗に寛容な評価であれば、分権的な企業文化になる。経営者にとって自社の雰囲気が和気あいあいとし過ぎており、競争意識が不足していると感じることが多い。これは多くの場合、出世のための激しい競争を勝ち抜いてきた人が経営者として勝ち残っているからである。そうした経営者は社内の標準的な人たちのことを物足りないと感じ、自社の人事制度をより競争を奨励するものに変えたいという誘惑を常に感じがちである。そのため極端な成果主義的な人事制度を導入するようになる場合がある。

　しかし、従業員の処遇に大きな差をつけようとすると、社内に不満や不安が広がりがちになる。その結果、皮肉なことに優秀社員から辞めていく。これは多くの場合、優秀な社員の関心は自分自身の給与が社内の同僚より高いか低いかではなく、自分の仕事の自由度や自分のやりたい仕事が今後も与えられるのかということにあるからである。優秀な社員にとって、強い成果主義で評価を厳格化しようとする動きは、今後、自分自身のこれまでの仕事の進め方への管理が強まり、これまでよりも制約が大きくなるのではないかという不安として感じられる場合が多い。一方、さほど優秀ではない社員にとっては、自分自身に対する社内での金銭面での評価が明確になり居心地が悪くなるが、転職するほどの実力も自信もないので、社内に留まったまま不満を募らせ、互いに愚痴を言いながらマイナスの仲間意識を共有するという、企業にとって好ましくない心理的な状態が生じやすい。そうすると、結局、従来の社風がそのまま不満という形に変換されるだけであり、意図したとおりには残留した社員の行動は変わらずに、新しく導入した制度との不整合が生じてしまうために、社内の不

満に合わせて、運用を緩やかにするように戻していかざるを得なくなる。

　競争の結果を明確にすると一番の勝者が明確になる。しかし、競争相手が 30 人いれば、一番の勝者は 1 人であり、一番の勝者になれなかった敗者は 29 人である。敗北感に打ちのめされるために毎日すすんで職場に通おうと思う人は、世の中にほとんどいない。競争の結果が明確でなければ、心理的な平均以上効果[16] によって、ほとんどの従業員が自分は同僚に比べて平均以上の出来映えであると思い、敗北感は感じないまま過ごすことができる。

5-10.　員数管理と退職

　退職者数のコントロールは、企業にとって要員数の管理のうえで重要な課題である。企業によっては、それぞれの業務や部署に必要な人数を計算し、それを積み上げて総員数を決定している。できるだけ必要とされる人数に合致するように、新入社員の配属や人事異動によって、各部署に人を配置する。予期せぬ退職者が発生した場合には欠員が生じ、その部署で員数の不足が生じる。中途入社で補うことができなければ別の部署から異動させてくることになるが、そうすると異動もとの部署での欠員が生じることになる。そこでどこかの部署には次年度に採用される新入社員を充てることになるが、それまでの間はその部署で欠員が生じる。また、事業の拡張などで新たな部署を設置したり、増員要求があった場合にも必要とされる員数を急に満たすことができずに欠員が生じることがあり、恒常的に欠員が解消できない場合もある。その場合、労働者の時間外労働が法で定められた時間を超過しないように、足りない労働力を管理監督者による時間外労働で補うなどの負担が生じることになる。

　それを避けるためには、あらかじめ余裕のある従業員数を確保する必要があるが、そのようなことをすると予期せぬ急な景気変動などで事業の成長が予測に反して停滞したり、事業規模の縮小を余儀なくされると余剰人員を抱えることになる。採用数をコントロールするのと同様に退職者数をコントロールして適正な要員数を維持することが重要である。

5-11.　雇用調整

　思わぬ不況や事業がうまくいかなくなった時に、人件費の支払総額が総事業

収益に見合わなくなる場合がある。そんな時には企業が破綻しないように、人件費の総額を削減する必要が生じる。いわゆるリストラである。リストラはリストラクチャリング（restructuring）の略であり、本来は事業再構築を意味する言葉である。しかし、本来の意味を離れ、人員削減のことをリストラということが多くなった。

　よほどのことがないと企業は従業員を解雇することが難しい。これは被雇用者が法的に守られていることと、社内の労働組合が解雇に反対するためである。解雇の代わりに希望退職を募ることになる。企業は条件を提示して、その条件を受け入れる従業員が退職に応じる。

　希望退職の対象となるのは、若手社員を避けて、人件費が高く、企業にとって負担の大きい高い年齢層に絞られることが多い。退職を希望すれば通常よりも高額の退職金が与えられる。1次募集で必要な退職者数が集まらなければ2次募集、3次募集を行う。その際に提示する退職金を次第に下げていく。そうすることによって、提示される退職金が上がるのを期待して退職を渋ることを避けるとともに、企業があらかじめ用意した退職金の総額が予算よりも上がってしまうことを防ぐ。

　対象者の選定は人事部が人数を決めて各現場に人数を割り当てる場合と、人事部と現場管理者が協議して選定する場合がある。面接は人事の責任者や現場の上司が行なう。早期退職に応じるかどうかの面接は対象となる年代の従業員全員に行う場合もあるが、特に企業の側で絞った対象者に対してのみ行う場合もある。ただし、露骨に対象者だけに面接を行って圧力をかけると、それは希望退職ではなく実質的には指名解雇だと考えられる可能性があり、それを避ける必要がある。あくまでも解雇ではなく本人側が希望して退職するという形式で行う必要があり、何度も繰り返して面接することも多い。対象者に直接、社内評価が低く、いずれは解雇せざるを得ない状況が近いことや、企業が破綻してしまうと転職先を紹介することもできなくなってしまうことなどが示される。転職先を企業の方で探すことを約束する場合もある。希望退職を拒否した社員を異動させ、単純作業だけをやらせて問題になった企業もあった。

　そうした問題が起きないように法的な条件を確認したり、面接中、対象者が逆上して机の上の置物を投げつけたりしないよう机上にはガラスや陶器の物を置かない、企業側の都合だけで辞めさせられたと後で裁判を起こされて問題にならないように、申し訳ないなどと謝ってはいけない、などの注意事項が面接

担当者に講習される。

　早期退職を指示する元は、企業建て直しのために金融機関から派遣された役員であり、その金融機関の意向を受けて人員整理を行うという場合も多い。そのような立場の人はリストラを成功させれば元の金融機関からの評価が高まる。しかし、具体的な対象者選定や面接をした人の中には、企業の仲間に対する罪の意識に苛まれ、部下のリストラが完了して子会社の社長就任の辞令が出た時点でその企業を辞めてしまった人もいる。その後、しばらくは仕事を転々としていたが、昔、仕事で関わったことのある人に見いだされ、大企業の取締役として招かれている。誠意ある仕事をしていれば、どこかで見てくれている人がいるという例である。一方で、希望退職者の全員を責任もって他社に再就職させ、自身も辞めて同様の経緯を辿った場合でも、迎え入れられた再就職先で企業ぐるみの汚職に巻き込まれ、悪い方向に人生の歯車が回っていき、次第に生活が崩れていく例もある。どちらを辿るかは、運が大きく左右する。あるいは、リストラの責任者になり、その実績が認められ、社内で昇進していく人もいる。そのことは全く責められることではなく、人それぞれの生き方の問題であろう。

注

1) Super, D. E. 1957. *The Psychology of Careers*. New York: Harper & Row.

2) Super, D. E. 1976. Vocational Guidance: Emergent Decision-making in a Changing Society. In *Proceedings of the Eighth Seminar of the International Association for Educational and Vocational Guidance, Vol. 1*. Lisbon: Sociedade Portuguesa de Psicologia.

3) Super, D. E. 1980. Life-Span, Life-Space Approach to Career Development. *Journal of Vocational Behavior*, 16, 282-298.

4) Super, D. E., 1981. A Developmental Theory: Implementing a Self-concept." In Montross, D. H. & C. J. Shinkman eds. *Career Development in the 1980s: Theory and Practice*. Springfield, I. L.: Charler C. Thomas. 28-42.

5) Super, D. E., 1990. A life-span, Life-space Approach to Career Development. In Brown, D. & L. Brook eds. *Career Choice and Development: Applying Contemporary Theories to Practice*. San Francisco, CA: Jossey-Bass. 197-261.

6) Erikson, E. H. 1968.『アイデンティティ』*Identity: Youth and Crisis*. New York: W. W. Norton & Company.（中島由恵訳（2017）新曜社.）

7) Levinson, D. J. 1978.『ライフサイクルの心理学(上)(下)』*The Seasons of a Man's Life*. New York: Knopf.（南博訳（1992）ダイヤモンド社.）

8) Schein, E. H. 1978.『キャリア・ダイナミクス―キャリアとは、生涯を通しての人間の生き方・表現である』*Career Dynamics: Matching Individual and Organizational Needs*. Reading, MA: Addison-Wesley.（二村敏子・三善勝代訳（1991）白桃書房.）

9) Schein, 1978. 前掲書.

10) Schein, 1978. 前掲書.

11) Schein, 1978. 前掲書.

12) Schein, E. H. 1985.『キャリア・アンカー――自分のほんとうの価値を発見しよう』 *Career Anchors: Discovering Your Real Values*. San Francisco, California: Pfeiffer & Co.（金井壽宏訳（2003）白桃書房.）

13) Holland, J. L. 1997.『ホランドの職業選択理論――パーソナリティと働く環境―』 *Making vocational choices*. 3rd ed. Englewood Cliffs, NJ: Prentice-Hall.（渡辺三枝子・松本純平・道谷里英訳（2013）雇用問題研究会.）

14) Krumboltz, J. D. 1979. A Social Learning Theory of Career Decision Making. In Mitchell, A. M., G. B. Jones, & J. D. Krumboltz eds. *Social Learning and Career Decision Making*. Cranston, RI: Carroll Press.

15) Krumboltz, J. D. & Levin, A., 2004.『その幸運は偶然ではないんです！』 *Luck is No Accident: Making the Most of Happenstance in Your Life and Career*. California: Impact Publishers.（花田光世・大木紀子・宮地夕紀子訳（2005）ダイヤモンド社.）

16) Myers, D. G. 1993. *Social Psychology* (4th ed.). New York: McGraw-Hill.

第06章　組織と生産
——分業と調整

【部門ごとの業務とその連携】

6-1. 組織と管理

　組織とは何らかの機能を持った集団である。構造化されており、下位集団や、メンバー（成員＝構成員）がそれぞれの役割を分担する分業が行なわれる。それぞれの役割を負う下位集団には部下に指示・命令をする上司がいる。上司が部下をうまく管理できる人数には限りがあり、指示・命令が円滑に行き届く範囲をスパン・オブ・コントロール（span of control: 統制範囲）という。スパン・オブ・コントロールは通常 6 ～ 14 人程度といわれ、仕事が定型的である場合には人数をずっと広げることも可能であるが、上司のリーダーとしての能力や部下の習熟度などによっても変化する。対面であるのか、リモートかによっても管理しやすい人数は変わる。遠隔管理では、一地点に集合する必要がないので場所の制約が少なく、情報の一斉伝達が容易であるが、個別の細かいやり取りには適さないことが多い。すなわち管理の質が浅くなる傾向があり、一概にリモートだとスパン・オブ・コントロールを拡げることができるとは限らない。

　1 人の管理者の下に、スパン・オブ・コントロールに応じて複数の部下が存在し、さらにその部下たちが上司として部下を持つ。さらにその下にも部下がいる、というように、巨大組織では管理の階層が幾重にも重なっている。

6-2. プロフィット・センターとコスト・センター

　株式会社などの営利団体には、プロフィット・センター（profit center）と呼

ばれる営業や販売などの直接利益を生むための集団があり、ここに所属する人たちはどれだけ利益を上げたのかで評価される。具体的に誰がどれだけの利益を出したのかを計算することは複雑であるために、利益額の代わりに売上高の大きさで評価をすることもある。

　また、コスト・センター（cost center）と呼ばれる、直接には利益を生み出さない生産管理や総務などの集団があり、ここに所属する人たちは普通、どれだけ効率を上げたかで評価される。効率は入力 対 出力の比率のことであるので、入力としての材料からいかに沢山の完成品を作るのか（完成品にならないような不良品を作らないようにするのか）や、一定の時間内にどれだけ沢山生産するのか、または、一定の労働時間の中でどれだけの結果を確実に出すのかなどによって評価される。入力と出力の算定が難しい場合には、しばしば業務そのものでは評価されずに、それを行ったメンバーの想定される能力の高さを評価することで代替されることもある。

6-3.　基本的な組織形態

　分業は作業工程を分解し、異なる作業を混入させずにできるだけ 1 人の人間が 1 つの作業に専念することによって成立する。生産規模が大きくなると同じ作業や組織上の機能（function）を行う人を一か所に集め、同じ職務を行うために職務能力＝職能（英語では"機能"と同じ function）を発揮する人たち同士で協力し合えるようにすることがある。

　例えば経理の仕事は複雑なルールに沿って処理を行う必要があり、マニュアルを調べたり、よく分かっている人にこれまでの慣習を聞いたり、問題点があれば同じ専門を担当する人たちの衆知を集めて、新たな取り決めを行って処理をするなど、部内での詳細なコミュニケーションを行う必要がある。

　同じ種類の仕事（職能）だけを集めて相談しあったり、他の職種からの要求に対応して最良の処理方法に統一した方が全体の効率があがるようになる。経理の仕事だけでなく、購買や研究開発など、他の職種でも同様である。

職能ごとの分担でのコミュニケーション

　組織の規模が大きくなったり、組織全体の業務が複雑になると、とりあえずはそれぞれの専門領域に関連のない人たちは交えずに、それぞれの専門家集団

図 6-1　簡略化された職能別組織の図

の内部だけで、専門職能にもとづいてコミュニケーションを行い、日常的に起こるそれぞれの機能特有の問題を解決する方が合理的になる。このようにして、組織が大規模になると分業が進み、組織は職能別に分類されることになる。これが、職能別組織の本質である（図 6-1）。

　さて、このようにして職能別に機能を分割し、協働して作業を行っていくと、最終的な責任があいまいになりがちになる。例えば、自社で作った自動車のドアを、自動車メーカーに販売しようとしても最終的にあまり売れなかったとする。販売努力が足りなかったのかも知れないし、生産技術が足りなかったのかも知れないし、もっと安くて品質の高い材料を購買できればより競争力のある製品になっていたのかも知れない。そもそも、製品の研究開発努力が足りなかったのかも知れない。この責任は誰が負うべきだろうか。

　図 6-1 を例にとると、売れない責任は 4 つの部門の責任者が負う可能性があるが、どの部門の責任者が最終的に責任を負うべきかはなかなか決まらない。

　次回からは売れるようにしようと職能部門のあいだで協議しても、部門間コンフリクト（葛藤）が生じてしまい、なかなか問題が解決しなくなってしまう。それぞれの職能があまりにもまとまりすぎると、専門化しすぎてしまい、隣の部門の事情をよく理解していない状態になってしまう。

評価される項目の違いが及ぼす影響

　職能部門相互で協力がうまくできなくなる大きな理由は、それぞれの部門の評価基準が異なることである。

　営業部門は新しい販売先を開拓することで会社から高く評価されるが、生産部門では製造コストをどれだけ節約したかで評価されることが多い。新規で新しい販売先が営業部門によって開拓され、そのための生産が改めて必要になる

と、生産部門はそれまで最も効率よく製造する計画を立てていたのに、その計画を壊して、新規の製品の製造を割り込ませなければならなくなる。このようなことをすると、せっかく効率よく組んだスケジュールが崩れる。また、新規の製品の製造を混ぜてしまうと、途中で違う作業を挿入しなければならず、その品種に必要な材料や工具を差し替え、工作機器の生産プログラムをインプットし直すなど、工程を組み換えるための段取りの時間も必要になる。さらに、違う作業工程が要求されることになるので、製造員が混乱したり、間違ってもとの製品に対する作業をうっかり行ってしまう危険が増大する。もし、間違いが起こった場合には、すべての生産ラインを停止して不良品を省き、間違いの原因を探し、同じ間違いが二度と起こらないように対策を立てなければならなくなる。ミスが生じなくても、工程組み換え後の新しい作業に習熟するためや、以前にその品種を生産していた時の作業の勘が戻るまでは生産能率が低下する。作業スピードが遅くなればそれだけ能率は低下したことになる。このように営業部門が評価を高めようとすると、生産部門は評価が著しく下がる可能性にさらされることになり、評価基準の違いが部門間コンフリクトの原因になる場合がある。

　なお、能率という言葉の意味は、時間あたりのアウトプットの量のことである（厳密には前出の"効率"とは意味が異なる）。これらの言葉に対して効果という言葉はインプットに対する期待していたアウトプットの比率のことである。インプットの量もアウトプットの量も同じだが異なる内容のアウトプットを出した2つの仕事を比べると、期待する内容に近いアウトプットを出した方が期待に対する効果が高いことになる。

部門間コンフリクト解消のための独自のパイプライン

　職能別組織の企業が大きくなった場合には、特別なコミュニケーションルートが発展する場合が多い。販売部門が困っているときに、製造部門のあの人に頼めば断らずに工程の変更を融通するように働きかけてくれるなどという非公式なルートが生じる。また、あらかじめ販売見込みの情報を特定の製造部門員に伝え、自分が販売する製品の製造を優先してもらうなどの便宜を当て込む販売部門員も出てくることになる。

　すべての部門間でこのような非公式ルートが派生する。部門ごとの壁が厚くなると、このような非公式のパイプラインがみえないところで発達していく。

チーム編成による問題解決と調整

　このようなパイプラインが私的なものにとどまっていたのでは限界がある。根本的な解決のために、問題を共有して話し合い、解決するためのプロジェクト・チーム（project team）などの公式な組織を一時的に設定することがある。プロジェクト・チームでは、それぞれの部門の利害を調整しながら問題を解決していく。

　設定した課題を具体的に解決するためのタスク・フォース（task force）もプロジェクト・チームに似た機能を持ち、しばしば同義語として使われる。タスク・フォースはもともとは軍事用語であり、より具体的に絞られたテーマを解決したり具体的な施策を実施するというイメージをもつ言葉である。どちらの場合も、社内の各部署から選抜されたメンバーが問題を調査したり解決案を提案する。場合によっては決定や実行にまで関わる。組織的な位置づけは、社長や担当役員直属であったり、社長や役員から権限を付与されて、具体的に各部署に行動を指示することもある。またチームが解散した後、出身部署に戻って、自身が主導して実行策を実施することもある。

6-4.　事業部制の組織形態

　問題が事前に調整されないまま、ある部門に一度に持ち込まれた場合にどこをどれだけ調整するのか、また誰が責任を持って決定するのかが難しくなる。そうした事態が生じた場合、最終的な結果について明確な権限と責任を持つ責任者を設定した方が確実に問題を解決できる。

　図 6-2 のように事業部という単位で仕事が完結するのであれば、事業部内の販売部に所属する部員は、こっそり自分と話が合いやすい生産部の人に頼み込むのではなく、自身が所属する販売部からその上の事業部長に依頼して、事業部長からその下の製造部への命令として、その製品の生産量を増やしてもらう。その判断は事業部長が行う。事業部内で完結する問題であれば事業部長から組織内の他のメンバーに指示がおりることで問題解決は完結する。事業部間の調整はトップマネジメントが行う。

事業部制組織でのコミュニケーションと調整

　組織メンバーのコミュニケーションルートは、まず、メンバーからいったん

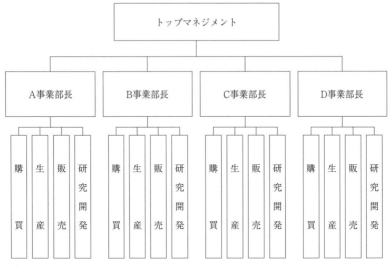

図 6-2　簡略化された事業部制組織の図

事業部長にあがり、その下のメンバーに伝えられる（このように、組織のリーダーが "情報を握っている" 状態で作業効率があがることになる）。

　例えば、製品事業部制であれば、自前の生産部を製品事業部内に抱えるようになり、他の製品事業部が扱う製品の製造には迷惑をかけないようにする。こうして事業ごとに生産部を分離すれば、生産部は他の事業部の営業部からの生産変更の依頼を受けなくて済む。

　地域別事業制を採る場合には、それぞれの地域の事業部長が意思決定を行い、通常は自事業部内で完結した営業や製造部門を活用して担当地域での事業の利益や効率を向上していく。つまり、トップマネジメントの下に、いくつかのある程度独立した企業がぶら下がっているようなものであり、トップマネジメントは、どの事業により多くの資源を投入して事業を大きくするのか、または、どの事業には資源をあまりかけずに、将来は縮小していくのかを決める。それ以外の、実際の事業運営は各事業の事業部長の判断に任される。

　要するに、企業の規模が大きくなると、コミュニケーションの必要性や仕事のまとまりに応じて組織を完結させる図 6-2 のような事業部制組織が必要になる。

　しかし、この組織では、他事業部に相談すれば解決する問題が直接の当事者同士で相談できにくくなってしまい、いったんトップマネジメントにまであげてから下におろす、という手続きを踏むことになる。そのために、情報が組織階層を上下したり組織の壁をまたぐ際に伝わらなかったり、誤って伝わる、または、重要度の認識が下がってしまうといったことが起こりやすい。さらには、伝わっても時間がかかってしまい解決に間に合わなくなるということが生じる。また、自事業部の利益を重視してしまい、他事業部の利益には貢献しようとしない傾向が生じる。そのために、事業部間や事業部内でさまざまな非公式なコミュニケーション・ネットワークが発生してしまう。

6-5.　マトリックス型の組織形態

　図6-2の事業部制組織の組織図は極めてシンプルに描かれているが、事業ごとにすべてを決定し独立して活動することによって事業部と事業部とのあいだのシナジー効果（単純な足し算ではない相乗効果）が得られなくなるなどの問題も発生する。事業部制組織では、これらの問題を解決することが難しくなる。したがって、企業は図6-3のようなマトリックス組織の形態を取ることもある[1]。

　例えばA製品事業部とB製品事業部とが共通する原材料や資源などを利用している場合、共同して購買を行えば、注文頻度が減ったり大量仕入れのための値引きが受けられたり煩雑な契約を減らすなどができる。一方、A事業部の完成製品がそのままB事業部の製品の部品になっている場合がある。そうした場合には、生産・購買数量の変動や振替価格の設定などの問題を関連する事業部と職能部門で調整する必要が生じる。

マトリックス組織でのコミュニケーションと調整

　例えば、A事業部はスマートフォン、B事業部では車載用のカーナビゲーション・システムを作っているとする。A事業部では、スマートフォンに必要な液晶画面の製造が間に合わず足りていないが、画像処理に必要な半導体は製造が多すぎて余ってしまっている。一方のB事業部ではカーナビゲーション・システム向けの液晶画面の製造ラインを拡張したばかりであり、液晶画面を生産する余裕がまだある。しかし、半導体部品が不足している。こうした場合、

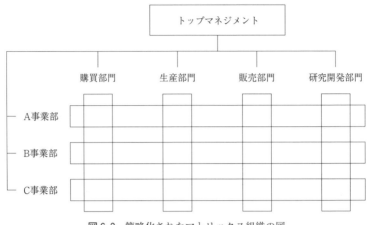

図 6-3　簡略化されたマトリックス組織の図

A 事業部と B 事業部が円滑なコミュニケーションを行い、相互に足りない部品を融通し合い、全体として最適な生産体制を築くことができれば両方の効率が大幅に上がる。つまり、各事業部長がそれぞれ独立して事業を運営するだけではなく、A 事業部と B 事業部をまたぐ生産部門が調整を行うことになる。購買部門は共通する部品を一括して購入したり、a 製品向けに購入した部品の品質がすぐれていた場合、同じ部品を b 製品や c 製品にも導入してみるように勧めやすくなる。営業も、全社的な販売部長の命令により、他事業部の製品を顧客に勧めたり、他事業部の販売員と連携して、一緒に顧客を訪れたり、事業部を超えて製品の抱き合わせ販売を行いやすい。

　このようにして、事業系統と職能系統の両方の組織をうまく並立させ、各従業員は両方の上司の指示を受ける決まりにすれば、各製品や各地域の事業部が求める利益の最大化とそれぞれの職能の効率化とを両立することができる。

　ただし、例えば A 事業部の購買担当者は A 事業部長と購買部門長という 2 つのコミュニケーションルートを持つことになり、それぞれ異なる命令や要求を受ける場合がある。一体、自分はどちらの指示に従うべきか？　こういったコンフリクトが、上司からの人事評価に影響する場合や将来の人間関係に影響する場合がある。

6-6. フラット組織

　これまでみてきた組織上の弊害は、組織がコミュニケーション経路や作業手順の構造を持つことによる。理屈の上では、組織を構造化しなければ、構造化による必然的な弊害を回避することができる。組織にほとんど構造らしい構造がなく、一人ひとりが独立し、また、結びつき、仕事をしていく形態はフラット組織になる（図6-4）。これに近い形態を組織がとることが可能になったのは、インターネットを典型とする ICT（internet and communication technology）の発展に依るところが大きい。このような技術的な可能性は、組織の階層そのものや階層にともなう確固たるコミュニケーションルートを破壊する。

　インターネットによるコミュニケーションでは、対面や電話と違って、多くの人に同じ文面を一斉に配布することができる。同時発信の文書では、対社長、対部長、対部下など、相手による敬語や言い回しの使い分けの必要がなく、伝達内容もどの相手にも同じとなる。リーダーシップの重要な役割の1つは情報の収集および配布である[2]。このことについては実験によっても実証されており[3]、情報を握る立場にいる人がいちばんリーダーだと認識されやすい。逆に考えると、情報がリーダーの裁量に依らず、メンバーに均一に行き渡る組織構造では、リーダーは大きな力の源泉を失うことになる。

　フラット組織についてコミュニケーション経路の側面からみると、完全に均

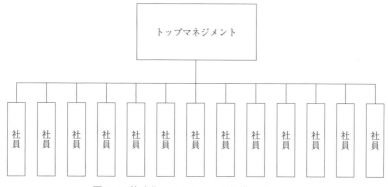

図6-4　簡略化されたフラット組織の図

等になるというよりは、必要やアクセスの容易さに応じて、つながりに濃淡ができ、情報を核とした緩やかな塊がいくつかできることになる。

　現実の問題として、トップマネジメントと他の社員だけから構成されるような2階層だけの完全なフラット組織を実現することは難しい。特に実際の生産プロセスを有する産業などでは、原材料から完成品、販売に向けてのプロセスを構造化せざるを得ず、コミュニケーションの構造もそれに従って形成される。また、組織の規模が大きくなるに従って自由なコミュニケーション経路の数が幾何級数的に増えるために、巨大化した組織では現実的ではない。

6-7.　ネットワーク組織

　フラット組織に近いより現実的な形態のコミュニケーション経路は図6-5に近いものになる。特に、製造業などで大規模な同時作業（特に製品開発において、設計部門から製造部門までが情報を共有して平行的に作業を行うことをコンカレントエンジニアリング：concurrent engineering という）を行う際に、サーバーにデータを蓄積し、そのデータに様々な工程に携わるメンバーが同時にアクセスしながら業務を進める場合にはこのようなイメージになる。こうすれば、同時アクセスにより、組織の①時間的な構造、②コミュニケーション経路や作業手順の構造のどちらも著しい効率化が可能になる。

　伝言ゲームと同じで、対面でのコミュニケーションを利用して情報を加工しながら完成品に近づけていくプロセスは、どこかの段階で誤りや誤解があると、次の段階でその誤りが引き継がれてしまう。このような場合には、対人的なコミュニケーションの回数が増えれば増えるほど、誤りが混入するリスクが増加することになる。ところが、サーバーに蓄積したデータを介して仕事の情報を同時にやり取りすれば、①人を介しての情報交換の回数が減るために、過ちにより情報が書き換えられていくリスクを低減できる、②同時に同じ情報に複数の人間がアクセスすることができ、異なる段階の工程に携わる複数の眼でチェックすることができる。図面上では可能でも効率よく製造することは不可能という部分をすぐに修正できる。また、情報を提供した元の人物も、蓄積され加工されつつあるデータにアクセスできるので、自らの当初の意図や設計が読み誤られ、書き換えられた場合には気づくことができる。

　この組織形態では、一人ひとりの"丁寧な"個別の対面コミュニケーション

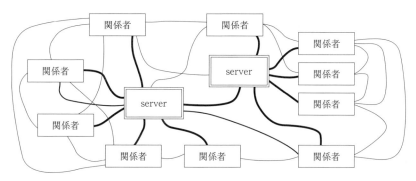

図 6-5　簡略化されたネットワーク組織の図

よりも、関係者の誰もがアクセスでき、しかも過ちや誤解の余地の少ない電子的なデータを介在してコミュニケーションが行われる機会が増加する。より正確な情報を、少人数の適切な相手とだけ、物理的な集合時間と場所を調整することなく、やり取りをすることができる。一方で、このような手法がコミュニケーション手段の主流になると、対面的なコミュニケーションを中心とした暗黙の貸し借りや、気が合う相手との非公式的なコミュニケーションは減少する。

　いずれの組織形態であっても、組織が有効に機能するためには、必要な部分については中央集権的なコントロールを離れて、個々のチームや個人に対して権限移譲を行うと同時に、それぞれの企業が全体として必要とする事柄については企業としての意思や方向性をチームや個人に徹底させる必要がある。組織におけるこの両面のバランスを分化と統合[4]の問題という。分化と統合の適切な程度は、それぞれの企業や職種が置かれた状況やそれぞれの企業の特徴によって異なる。

【個々の努力の蓄積と業務の全体設計】

6-8. 製造業の改善努力

不良品の撲滅

　1970年代から1980年代にかけて日本経済の強さを支えていた大きな要因は製造業の強さであった。その強さの元になるものを以下にみていこう。

　顧客のニーズにきめ細かく対応するためには多品種少量生産が好ましい。製品を組み立てる工程の流れを製造ライン、または組立ラインという。品種ごとに一連の製造ラインを新たに設置するといくらラインがあっても足りない。また、その品種を作らないときにはラインが空いてしまう。そこで1つの製造ラインで異なる品種を製造することになる。その場合には異なる品種を製造するタイミングに応じて、異なる部品の手配や手順が必要になるし、自動化が進んでいれば、製造プログラムの変更も必要になる。1つの組立ラインで複数の製品を製造するために、次にラインに流す製品のための準備を段取りという。この段階でのミスや間違いが生じやすく、それを防ぐために工場では作業員の訓練や躾が重要になる。そういった規律を受け入れるような国民性やそれを形づくる基礎的な教育も重要である。

　不良品が生じた際、製造プログラムが悪いのか、それとも工程の途中で工作機器の摩耗や汚れなどで製造が止まってしまっているのか、理由がなかなか分からない場合もある。ある印刷会社では、工場内が汚れてくると品質が下がり不良品が出るようになる。不良品の原因は紙にごみが付着したり、塵が高速輪転機の摩耗を早めたりなど様々であり、どこに不具合が生じるかを予測できない。そこで工場内を散らかさないことが重要になるのだが、どうしても片付けがおろそかになり、気がつくと雑然とした環境になっているという。そこで工場長が片付けの行き届いた状態の写真を現場に貼りつけて回り、維持すべき状態を目に見えるようにした。すると、整理整頓が行なわれるようになり、一気に不良品が発生しなくなったという。

　多くの巨大工場では、何か不具合が生じると自動的にラインが停止するようにしている。そうしないと不良品を大量に作り続けることになってしまうため

である。また、どこで不具合が生じたのかが分かるようにその場所の赤色灯が
点灯して激しいブザー音を出すようにしている。

改善運動

　改善は KAIZEN という英語にもなっており、1980 年代には外国企業は日本
の KAIZEN 活動を熱心に研究していた。ゼネラルエレクトリック社の 6Σ（シッ
クス・シグマ：six sigma）運動がその典型である[5]。これは日本のゼロ・ディ
フェクト運動（ZD 運動：zero defects movement）を参考にしたものである。ZD
運動とは主に日本企業の工場で行われた活動で、小集団ごとに自分たちが担当
する部分の製造上の欠陥や不備の原因を究明して、欠陥ゼロに向けた改善を行
う活動をいう。6Σ 運動は、正常な平均値のブレを考慮したうえで欠陥品の製
造確率を統計上の 6 シグマ（σ）以下に抑えようとする活動である。なお、1
σ は標準偏差の値であり、正規分布という確率分布を想定すると約 32％が平
均値 ± 1σ の範囲から逸脱することになる。同じく正規分布における平均値 ±
6σ から外れる確率は約 10 億分の 1 になるが、現実の製造工程では厳密な正規
分布が得られる訳ではないので 100 万分の 3.4 以下という数字を用いる。なお、
シックス・シグマ運動の中心として活動する人物は、柔道の黒帯に由来するブ
ラックベルト（black belt）という資格が与えられた。

　改善運動または改善活動の主体は QC（quality control）活動になる。QC サ
ークルと呼ばれる製造現場の小集団同士が日常の業務改善を競い合う。改善活
動を工場内での生産の問題に留めずに、全社的な総合改善運動としてとらえ直
すことを TQC（total quality control）という。

　競争相手の製品やサービスの良いところを取り入れることも大切である。そ
のために、他社の製品やサービスをターゲットにして指標（ベンチマーク：
benchmark）とし、それを目標に改善を重ねることも多い。その際に、ベンチ
マークに設定した他社の製品やサービスを購入して分解などを行い、その部品
や素材を辿ってどのような原料や設計の工夫があるのかなどを分析することを、
リバースエンジニアリング（reverse engineering）という。

工場と設計部門などとの調整

　工場として計画外のことをやらなければならない場合には事故や何らかの不
都合が生じやすい。例えば営業が新たな品種を急に大量に作るように要求して

きたなどである。急いでいる場合には、定められたチェックの手順を省略したり、慌てて間違えたことをやっていても気づかなかったりすることが生じる。

　また、ネジ留めのための穴が別の部品の陰に隠れており、組立ロボットのアームが充分屈曲できない角度だったり隙間が狭すぎてアームが他の部品に接触してしまうことがあるなど、設計そのものに問題がある場合もある。そのような不安定な状態で製造を続けると製品が完成できなかったり、なんとかできる場合であってもロットによっては品質が不安定になってしまうことになる。そこで、問題が起きないように製造工程の手順を組み直したり、再設計を依頼したりすることになる。ある自動車メーカーでは、設計でフロントライトの形状を変えたためにバンパーの形状に影響が及び、ネジ留めが困難になってしまい、再設計を行うことになった。

　こういう場合に、設計者が工場の事情を理解し、快くもう一度設計をやり直すのか、それとも責任の所在という問題に遡って、お互いの関係を公式の手順から議論し直すのか。後者の場合は時間もかかるし、部門間でしこりが残る。このような問題を多くの日本企業は自然なかたちで解決してきた。例えばコマツのような日本企業で、設計者が気軽に工場内に入っていき、工程を理解していることが、海外の設計技術者にとって不思議に思われることもある。こうした他職種との自然な連携が多くの日本企業の強みになっている。

他部門との調整で大切なこと

　社内の他の部門との連携や調整では、相手への共感的な理解が重要になる。新卒一括採用と終身雇用の組合せで、1つの企業の中で一緒に活動している仲間であるからこそ得られる連携である。しかし、中途採用や中途退社、事業部門の売却や合併などでメンバーが流動的になると心理的な一体感は薄くなる。"企業"という枠組が緩くなり、他社との連携が重要になった現代では、心理的な連携を別のかたちで代替することが益々重要になってきている。理念や企業目標への共感などで補うか、あるいは、まったくこれらの心理的紐帯とは異なるシステムに乗り換える必要がある。例えば、他の業務との接合点をあらかじめ決めておき、その決まりを動かさないようにして頻繁な擦り合わせをしなくても済むようにするなど、工程ごとのモジュールを分離してしまう方法である。この方法だと心理的な距離は遠くなるが相互の誤解は減ることになる。

　また、それ以前に、一人ひとりの従業員が定められた手順を守るなど、言わ

れたことを言われたとおりにきちんと行うことができるという基本的な能力も
重要になる。そこで、多くの工場で5S運動が展開されている。その内容は、
①整理、②整頓、③清掃、④清潔、⑤躾である。これらは基本的なことであり、
製造現場や建設現場では重要視されている。工事現場などを覗くと5S運動を
表示した巨大な看板が掲示してあることがある。しかし、近年では、入社前の
学校教育の場面で、決められた基本的な事柄をきちんと守るという教育よりも、
本人の自由や自分自身の意図どおりに物事を主張することなどが重視されるよ
うになってきている。

6-9. 生産体制の種類と工夫

流れ作業での工夫

　工場を持たずに製造工程をすべて外注している会社もあるが、製造業では自
社工場を持つ場合が多い。製造業を支える工場の生産効率は、大量生産に支え
られている。第2章の図2-1で示された経験曲線によって累積生産量の大きさ
に応じて製造コストが下がっていくからである。もちろん製造コストの低下に
は、不良品発生率の低下や製造機器の不具合による生産停止時間の減少も含ま
れる。大量生産を支える大きな仕組みが流れ作業である。組立中の製品を次の
工程に引き渡したり、組立に必要な部品や工具を取りに行く時間は、1日の作
業時間の中で大きな比率を占めることになる。そこで、組み立てる人が動き回
るのではなく、組立中の製品を自動的に次の工程に動かすことで効率が向上す
る。それによって製造員は自分の所定の場所から動く必要がなく、しかも自分
に割り当てられた限られた部分だけを担当して1種類の工具しか使わないよう
にすることで手間を省くことができ、飛躍的に作業効率が向上する。そのため
に組立ラインの効率化にはベルトコンベアーの導入が極めて有効である。しか
し工程が複雑になればなるほどベルトコンベアーを用いた効率化を完全な状態
にするのが難しくなる。それぞれの作業にかかる時間を均一に揃えないと、遅
い作業のところで流れが止まってしまい、他の部分での効率向上が無駄になっ
てしまうからである。

　自動車の生産のように組立ラインが複雑になればなるほど、この問題は深刻
になる。解決方法は2つある。1つはかつてヘンリー・フォード[6]が行なった
ようにモデルチェンジをやめてT型フォードだけに生産を集中して、少しず

つ製造工程を効率化していくという方法である。これだと、同じ作業の繰り返しを試行錯誤で進化させ、1つの製品の製造工程の効率化に専念できる。モデルチェンジを行うといくつかの組立ラインの工程や作業時間が影響を受け、最終組立工程に向けた生産の同期化が崩れてしまい、再び最高の効率を達成するための個々の工程間の調整が難しくなるからである。また、複数の製品を製造せずにT型モデルに特化したことで、違う品種を製造ラインに流すための段取りが必要なくなる。

　複数のモデルを同時に製造する場合、共通する工程までまったく別の組立ラインとして完全に独立させることは無駄である。そのために部分的には同じ組立ラインに異なる製品を流すことになる。場合によっては段取り時間は製造そのものの時間と同じぐらいかかるともいわれる。製造する品種を変えるために組立部品を取り換えたり、それに応じて工具も変える。また、製造手順や方法も品種が変わると変化する。コンピューター化した製造（CAM: computer-aided manufacturing コンピューター支援製造）の場合には、コンピューター・プログラムの変更も必要である（ちなみに、コンピューター支援設計をCAD: computer-aided design という。また、製造全体を統合化して製造品種の入れ替えや生産数量の急な変更に対応しようとすることをフレキシブル生産システム＝FMS: flexible manufacturing system という。さらに販売も含めてコンピューターで情報を統合して一体化した製造システムをコンピューター統合生産＝CIM: computer integrated manufacturing という）。このように、様々な工夫が試みられているにも関わらず、多品種生産は製造効率を下げてしまうので、できるだけ製造する品種の種類を減らすことが製造の効率化につながる。

ジャスト・イン・タイム

　もう1つの生産効率化の工夫は、トヨタ自動車が編み出したといわれるジャスト・イン・タイム（just in time）方式の導入である。これは、ある作業工程に必要な部品を必要な時に必要なだけ揃えようというものである。それが全工程の連鎖の中で順に行われていく。製造の最終（最下流）の工程から上流へ向けて部品の請求がさかのぼっていく必要がある。必要が生じた時にその場に部品を届けるので、完成品に近い工程が発した情報が、構成する部品側に伝えられ、その部品を作るのに必要なさらに細かい部品の供給側に伝えられる。情報を伝えられた担当者は情報を発したところに必要な部品を必要な数だけすぐに

届ける義務がある。この生産方式は当初、組み立てに使って空になった部品箱を戻す際に、その空容器に、今すぐ欲しい部品の数量を記載した看板を付けたことに由来しているため、カンバン方式とも呼ばれる。このように無駄を省くことに注力したトヨタ自動車由来のアイデアはアメリカではリーン生産方式（lean product system）[7]と呼ばれる。

他の生産方法

　同一の製品を大量に生産することに適した流れ作業方式に対して、その都度、必要な部品を柔軟に組み合わせるために一律の連続した流れを作らない場合もある。この場合には、個々の工程を独立させたジョブ・ショップ生産方式がとられる。これは全工程が一列に連なる流れ作業とは違って、個々が独立しているため中間在庫などが発生しやすいが、製造品種をこまめに変えるなどの変更に対応しやすい。また、製造する品種や工程によって、より柔軟なグループを構成していくセル生産方式を採用することがある。品種ごとにある程度一貫した作業を一つひとつのセルの中で完結するようにする。自分たちで作業を管理し、自分が所属するセルの中で、その都度、自分たちで判断をしながら、製品を完成させていくので、多様な職務内容をこなすことになり、職務充実につながる。また、単純作業の繰り返しではないことから、自分たちでその製品を作ったという感覚が得られる。

　流れ作業による効率化に逆行するこのような生産方式は、現場の従業員が自ら手掛ける作業や仕事の幅を広げる職務拡大により、本人にとっては充実感が得られるし、幅広い作業に従事したことのある従業員が多能工として活用できる。工場にとっては工程の内容や作業内容を組み替えて人を異動させることが可能になる。

6-10.　単純な例で生産活動を考える

ハンバーグ屋さんの例

　ある人が作るハンバーグがとても美味しいと近所で評判になったとする。その人はそれを多くの人に食べてもらいたいと思い、ハンバーグ屋さんを開店した。小ぢんまりした店で夕方から毎日開店することとした。初めは、ハンバーグだけを作って、作り置きしたライスと共に出していた。しかしそれではお客

さんが集まらないので付け合わせに人参とブロッコリーとをバターで炒めたものを添えることにした。

販売予測・生産計画と実行

　この時点で必要な材料は、以下のようになる。まず、ひき肉と玉ねぎ。さらに人参とブロッコリー、食用油や塩・コショウ、バターなどの調味料、ハンバーグのための特製ソース、そして共に出すためのライスである。注文が来る度に、ひき肉や玉ねぎを混ぜて捏ねたものを成形するとお客さんを待たせることになってしまうので、その作業は開店前の昼間に行っておく。その際に、どのぐらいのお客さんが来るのかを予測して作る量を決める。人参やブロッコリーも炒めやすいように切っておき、必要な量のライスを事前に炊いておく。

　このようにしてこの店なりに、販売予測を立てて、それに合わせて必要な数量の半製品（完成品の手前の状態）を事前に大量生産しておき、開店後は、お客さんの注文に合わせてハンバーグと付け合わせを調理すればよい状態にしておく。そして、それぞれの材料の組み合わせを、あらかじめ考えておいた通りに実行する。このように加工して組み合わせることは、工場での組み立ての場合と同じである。

受注生産

　このハンバーグ屋さんは日々の来客数を予測して生産計画を立てているわけだが、実際の作業は少し複雑である。温かい料理を出すためには、注文が入ってから、すでに成形してある生のハンバーグを焼かなければならない。またハンバーグと付け合わせの野菜が共に熱々な状態で提供された方がお客さんが喜ぶため、ハンバーグの焼き上がりに合わせて、丁度良いタイミングで人参とブロッコリーを炒める。この段階の作業は、一人ひとりの注文ごとに行う。つまり完成品のハンバーグセットという最終組立製品については受注生産の形式になる。

品質管理

　さて、次に品質管理について考えてみよう。今日のお客さんは、なんだかみんな変な感じでいつもと態度が違うようだ。全部食べずに残してしまっているお客さんもいる。そのうちに、遅い時間にやってきた常連さんが、今日のハン

バーグがいつもより不味いと言ってきた。店主が自分で口に入れて確かめてみたところ、確かに味が少し変であった。原因を究明して対策を立てなければならない。ソースがおかしかったのか、焼き方が悪かったのか。そういえば厨房のガスコンロを変えたばかりで火力が少し強く、焼きすぎてしまった可能性もある。そこで焼き方を修正してみた。しかし、まだ味が悪い。そうして、味がおかしい理由を一つひとつ探していかなければならない。または、直感で当たりをつけて、可能性の高そうなところから原因を潰していかなければならない。最終的に、仕入れたひき肉の品質を確認するところまで工程を遡っていったところ、賞味期限を大幅に過ぎていたことが分かった。

　このような手順で不良品の確認をしていては無駄が発生する。不味いハンバーグを提供してしまってから問題を発見したのでは、お客さんからの評判を落としてしまう。また、提供する直前の段階で気づいたとしても、もうすでに成形してしまった生のハンバーグがすべて無駄になってしまうし、せっかく熱いうちに出そうとしていた付け合わせも無駄になる。

　そこで、不良品がないかどうかの確認は、早い時点で行った方がよい。最初の部品の購入から順番に行っていく。ひき肉の場合であれば、まず購入時点で不良があれば、そこで購入をしない、または返品をする。そうすれば無駄は発生しない。こうして購入材料一つひとつを点検し、確実に不良品がない状態で次の工程に進む。きちんとした比率で材料を混ぜ合わせているのか、生焼けになっていないように確実に火力と焼く時間を厳守する、などである。この順番が大切であって、いくら焼く時間を厳守しても材料の混ぜ具合が悪かったり、材料が古かったりすれば無駄になってしまう。このように品質管理を初めの方から後の方へ順番に徹底していけば、それ以前の工程の段階で不良品がないことがすでに確認されているので、不良品が発生した時点で、不良である物だけを廃棄するか修正すればよい。前の段階での確認をすり抜けた過去のものすべてを廃棄するという無駄が発生しない。つまり、不良品はできるだけ工程の上流の段階で発見し、潰しておいた方が無駄がない。反対に最終段階から遡ってどこに不良の原因があるのかを探し当てようとすると膨大な無駄が生じることがある。

分　業

　さて、ハンバーグ屋さんの運営も軌道に乗り、一人で店を切り盛りすること

が限界になってきた。そこでアルバイトを一人雇うことにした。売れるハンバーグを作るのには、実は秘密のレシピがあり、他人に知られたくないコツがある。それがお客さんに受けて、足を運んでもらえているらしい。つまり、このハンバーグ屋には他に真似のできない良さ、言い換えると、他の飲食店に対する競争優位があり、その源泉は独自のレシピであるようだ。

　他の人に真似のできないようなレシピを頭の中に持っている創業者は厨房から離れられないので、新しく雇ったアルバイトには、店内のホールの仕事を任せることにした。分業である。こうすると、自分は厨房に専念できるので効率が上がる。さらに、厨房に簡単な手伝いのアルバイトを入れ、ホールにも複数の人を入れると、コックの組織と給仕の組織との職能別組織になる。しかし、ホールとのコミュニケーションを工夫しないと、お客さんからの要望が直接、自分の耳に入らなくなる。生産と販売との間に組織を隔てる壁のようなものができてしまうのと同じである。

競争対応と多品種生産

　どうも、店主が厨房に籠りっきりになっている間に、お客さんの望む味と提供する味との間にギャップができてしまっていたようだ。

　さて、ここで通りの向かいに新しくレストランができた。このレストランにも何らかの競争優位があり、お客さんを取られてきてしまっている。通りの向かいのレストランへの競争対応が必要になった。そのために、自分たちのハンバーグ屋では、お客さんに馴染み深い今のハンバーグの他に、目玉焼き乗せハンバーグも提供することとした。2種類のメニューを提供することで、ついに多品種生産に踏み切ったことになる。

　当初の材料に加え、さらに卵が必要になった。問題は、目玉焼きの製造工程をどう位置付けるかである。これまではハンバーグ用と付け合わせ用の2種類のフライパンを使って、それぞれの焼き上がりがほぼ同時になるようにしていた。これは工場でのベルトコンベアーの組立ラインでどこかの部品の出来上がりが遅くなり、組み立てを待たなければならないのを避けるのと同じである。せっかく最適な手順を確立したのに、お客さんからの注文の自由度を増やしたために、製造手順を見直さなければならなくなった。

　新たに目玉焼きが加わったが、現在、コンロが2つしかないので、フライパンは一度に2つしか火にかけられない。

　２つのコンロでハンバーグと付け合わせ野菜、目玉焼きの３つを焼くために
は、フライパンを途中で取り換えなければならない。作業が複雑になってくる
と、他の作業にかまけていてフライパンを交換するのが遅れ、火の入れすぎに
なったり、２種類の注文の受注の順番を間違えて目玉焼き乗せハンバーグを作
るのが遅れたりといった、段取りミスが生じやすい。

　さらに、近所の洋食屋に対抗するために、これまでにライスだけの提供であ
ったのをパンも選べるようにしたり、サラダ、スープも追加注文できるように
した。前菜のメニューも何品か追加し、お客さんが色々と美味しい食事を楽し
めるように充実した。

　従来品のハンバーグか目玉焼き乗せハンバーグか、サラダあり、なし、スー
プあり、なし、前菜はこれかあれか、という様々な組み合わせの注文が可能に
なったが、材料も工程も一層複雑になり、これまでの製造方法ではお客さんか
らの注文に適切に対応できなくなってきた。

標準化と設備増強

　様々な注文の組合せが考えられるため、忙しいときに必要な手順が抜けたり、
間違えたりすることが増えてきた。また、忙しいために、作業が雑になること
があり、提供する商品の品質にムラが生じる場合が出てきた。そこで、どうい
う注文があった時に、どういう順番でどういう作業をするのかを紙に書き、厨
房のコンロの前に貼って、一つひとつ確認しながら、手順書どおりの動作と時
間で作業することにした。また、これまではフロア担当者からの注文メモを見
て料理を作っていたが、注文票の書式を統一して、ハンバーグ、前菜、スープ
などのどの注文が入っているのかを分かりやすく表示できるようにし、それを
やはり、コンロの横の壁に注文順に貼りつけていき、注文が混乱しないように
工夫した。作業手順と注文票の標準化である。

　忙しい時に、厨房の従業員がもっと料理を手伝えるように、特製ソースの作
り方や他の手順もマニュアル化し、店主と同じような味が出せるようにした。
味についての独自ノウハウさえ標準化することになり、このお店の特徴が薄ま
った。

　ホールも厨房も多忙を極め、複雑な工程組み換え（どれを火にかけるかを次々
と変えていくこと）によってミスが生じやすくなった。そうしたこともあって、
２つしかなかったコンロを３つに増やして、目玉焼き用のフライパンも同時に

火にかけられるようにした。設備増強である。

混乱への対応

　さらに効率のよい生産のためには、それぞれがタイミング良く焼き上がるように材料をフライパンに入れる時間と火力の強さをきちんと記録して、最良のタイミングと火力の通りにできるようにしなければならない。このタイミングがずれると、目玉焼きが焼き過ぎになったり、ハンバーグか付け合わせの野菜のどちらかを焦がしてしまうことになったりする。また、あまりにも忙しいと注文を効率よくさばくことができなくなり混乱する。目玉焼きが焼きかけなのにも関わらず、すぐに次の目玉焼き乗せハンバーグの注文が来てしまった場合、前の注文のための目玉焼きのフライパンに生卵を入れなければならず、焼き上がり時間が狂ってしまう。そのために、目玉焼きはある程度の注文数が集まってから一度に焼きたい。

　厨房のアルバイトの人数を増やし、ハンバーグを焼くことに専念する人、付け合わせの野菜を炒めることに専念する人、前菜とサラダに専念する人、パンとライスの担当の人、というように担当を分け、誰がどういう手順で何を始めたら、その何分後に誰が何を、どのくらいの時間をかけてやるのかを決めて連携するようにした。

　このようにして、間違いなくできたての料理を提供できるようにした。そのためには、それぞれの作業の手順を詳細に決めて、それぞれの作業が何分間で完了するのかという作業時間のより細かい標準化が必要であった。しかし、時々、アルバイトの人が休んだり、せっかく作業時間を標準化しても、アルバイトの人が入れ替わるとそのとおりにできなくて作業時間が変わってしまい、標準時間では作業が進まなくなり、それぞれの作業の進行速度がちぐはぐになり、余計に混乱が大きくなってしまう。

自動化の可能性

　もしこれが大量生産の工業製品であれば、それぞれの材料をベルトコンベアーに乗せて、材料がベルトの上を移動中に適切な温度で焼かれ、他の材料と同時に完成して、あとはお皿の上にそれぞれを集めるだけ、という自動化した流れ作業が可能になる。実際に、冷凍食品のハンバーグなど均一のものを大量に生産する場合には、ベルトコンベアーを用いて徹底した管理を行っている。自

動化することによって時間などのムラを減らすことができる。しかし、街のハンバーグ屋ではそんなことをしてはかえって無駄になってしまう。

最適な生産計画と顧客の希望への柔軟な対応

　話を元に戻すと、目玉焼き用のフライパンの使用効率を上げるために、目玉焼きの注文がある程度、溜まってから、まとめて目玉焼き乗せハンバーグを作り始めようと思っていた。この場合には、厨房という工場で、顧客へのきめ細かいサービスよりも生産側の効率を優先した生産計画を立てようと思ったことになる。これをしないと、工場での生産効率は高水準では維持できない。

　しかし、目玉焼き乗せハンバーグを注文した客から、頼んだものが出るのが遅すぎる、というクレームが入った。そこで当初の計画を変えて、急いで今入っている注文数量分だけ目玉焼き乗せハンバーグを作って出した。サラダやスープ、前菜などを提供しなければならない別のお客さんの順番を後回しにしなければならなくなった。どのお客さんに何と何を出すのか、どういう順番で何を作るのかの再確認と、作業を変えたので、その段取りに時間がかかってしまった。そのために、今度は後回しにされた従来タイプのハンバーグを注文したお客さんから、出て来るのが遅いとクレームが入り、他を後回しにしてそのお客さんのハンバーグを急いで作ったところ、さらに他のお客さんに出すハンバーグが遅れることになった。

　このように、同じものをまとめて作るなど、効率を考えてあらかじめ立てた生産計画を途中で変更した場合、効率が犠牲になるだけでなく、生産計画を変えたために後回しにされた他の顧客からのクレームなどにより、さらに生産計画が変わってしまい、全体の納期遅れや生産ミスが発生するリスクが大きくなる。

事業拡大と組織形態

　様々な問題を解決しながら事業を続けているうちに、このハンバーグ店も累積生産量が蓄積していき、第2章の図2-1の経験曲線を辿っていくことになる。いうまでもなく、経験曲線は自然に辿れるものではなく、これまでみてきたような様々な問題を乗り越えるための工夫をしたり、設備の増強や更新をしたり、改善をしながら事業を続けているうちに今までよりもよい材料の仕入先を見つけたり、店主やアルバイトの能力が向上したりしていくために、結果としてコ

ストが下がる。これが経験曲線が成立する理由である。そして図 2-1 を右に辿れば辿るほど、競合する店舗に対する持続的競争優位として作用する。

　すでにハンバーグだけでなく様々な前菜を提供する店になっている。ひき肉を購入している精肉店とのつながりも深くなり、特別にいい牛肉を安く販売すると持ちかけられた。お客さんからも、ハンバーグだけでなくステーキも食べたいという要望が聞かれるようになり、ステーキも提供するようにした。さらに、評判の良い総菜を通信販売で各家庭に直販したり、百貨店の地下の総菜売り場で販売するようになった。また、今後、冷凍食品の製造に力を入れていくことにした。事業の多角化である。組織については、店舗運営事業部、総菜販売事業部、冷凍食品事業部などの、製品・サービス別の事業部制にすることもできる。

　このようにして事業が成功していき、近隣の都市に支店をいくつか出すことになった。さらに、全国的に支店を拡げていき、それぞれの地域ごとに、店舗群を独立採算でまとめる本部を設置した。その場合には、このハンバーグ店の店舗運営事業部の中は地域別事業部制ともいえる組織になっている。

　さらに、蕎麦屋のチェーンや寿司屋、イタリア料理のチェーン店を買収し、総合的な外食産業として、多角化を進めていく可能性もある。仕入については全店舗の材料を一括して購入するメリットを追求したり、各支店の現場で支店長の指示の下で働いている料理人についても現場での管理と同時に本部で一括管理する、各現場での経理やアルバイトの教育や業績管理と賃金管理も本部で一括管理して個々人の能力と処遇を比較できるようにする、などを行うためにマトリックス組織のような運営をすることもあり得る。

　このように、事業の運営には様々な可能性が考えられる。しかし、飲食業の経営は実際には難しく、開店しても営業を続けること自体が難しいという場合が多い。

注

1) Davis, S. M. & Lawrence, P. R. 1977. 『マトリックス経営─柔構造組織の設計と運用』*Matrix*. Reading, Mass.: Addison-Wesley. (津田達男・梅津祐良訳 (1980) ダイヤモンド社 .)

2) Mintzberg, H. 1973. 『マネジャーの仕事』*The Nature of Managerial Work*. New York: Harper & Row. (奥村哲史・須貝栄訳 (1993) 白桃書房 .)

3) Leavitt, H. J. 1951. Some Effects of Certain Communication Patterns of Group Performance. *Journal of Abnormal and Social Psychology*, 46(1), 38-50.

4）Lawrence, P. R. & Lorsch. J. R. 1967. 『組織の条件適応理論』 *Organization and Environment: Managing Differentiation and Integration.* Boston, Massachusetts: Harvard University Press.（吉田博訳（1977）産業能率短期大学出版部.）

5）Slater, R. 『ウェルチの戦略ノート』 *The GE Way Fieldbook.* New York: McGraw-Hill.（宮本喜一訳（2000）日経 BP.）

6）Henry Ford（1863-1947.）

7）Womack J. P. & Jones, D. T. 1996. *Lean Thinking: Banish Waste and Create Wealth in Your Corporation.* New York: Simon & Schuster.

第07章　企業の方向を社員で共有する仕組み
——企業文化

【企業文化の役割と理論】

7-1.　企業文化の機能と役割

　文化というのは、その集団の構成員の多くが体系的に持っている判断基準・思考・行動・協調と競争・コミュニケーションの様式である。英語ではculture であり、cultivate（耕す）と同じ語源を持つ。耕されてできるものであり、人間の自然本来の性質に人工的に加えられたものであるが、その文化の真っ只中にいるメンバーにとっては空気のようにとらえどころがなく、半ば自然に従っているものである。しかし、それは中にいる人々の行動を制約する。中からは見えにくくても外部から見ると"あの会社の社風"などといったかたちで何となく理解できる場合がある。文化そのものには行動レベルから思考レベルまで様々な層があり、文化を見るための視点にも様々なものがある。例えば、行動レベルでは、協調的で社員が協力し合う社風であり、営業職の人たちがチームで顧客を訪問することが多いとか、あの会社は競争的な社風で社員同士が絶えず競い合っていて社員同士でよくお客さんを獲り合ってるね、などである。また、思考レベルでは、あの会社の人は、まだまだ頑張りましょうと言い続けるような人が多いけれど、きっと粘り強い人が多い社風なんだね、とか、あの会社の人たちは仕事が進まなくなりそうになると、これまでの関係に執着するよりは新しく違う方向に仕事を拡げていくことに関心が高いみたいだ、などである。

　経営理念などを分析することによって、ある程度、その企業独自の価値観を推論することができるが、それだけでは、文化のなかの特に明白な部分だけし

か分からない[1]。

様々なレベルでの組織文化

　国家、地域、企業、組織、グループなど様々なレベルで文化は存在する。し
ばしば、地理的なつながりではなく、職種に共通する文化というものも存在す
る。同じ会社内でも部や課ごとに特有の文化があり、さらに会社の垣根を超え
た業界特有の文化や、職種特有の文化などがある。公式的な組織のくくりだけ
でなく、自然発生的な非公式集団（informal group:「非公式組織」と呼ばれること
の方が多いが、組織化されていない集団の状態もある）にも文化は存在する。

　同じ社内でも職種ごとに文化が異なれば意思疎通が難しくなり、しばしばあ
る職種で常識とされていることが、他の職種には全く理解できなかったりする。
例えば、営業では売上拡大が重要だから新しく取れる注文はどんどん取って来
るのが当たり前だという文化が支配的なのに、工場では新しい売上が急に増え
ると緻密に効率を考えて立てた生産計画が崩れてしまい、生産効率が下がって
しまうので好ましくないと考える傾向がある。このような考え方の違いはお互
いに理解し合うことは難しい。

　組織文化は、比較的永続的な、絡み合った関係から構成される象徴的な価値
や信念の体系である。組織文化はメンバーの相互作用によって生み出され、共
有されている。そのために、メンバーの行動の説明や調整、評価が可能になり、
組織内の出来事に対して、メンバーが共通する意味付けをして行動することが
できるようになる。[2]

強い文化と社内のコミュニケーション

　多くのエクセレント・カンパニー論が主張するように、超優良企業は「強烈
な文化を有している」[3]。また、「常に好成績をあげている会社の特徴は、強い
文化の会社である」[4]。おそらく、その文化の内容が特殊なのではなくて、そ
れがすみずみまで浸透した場合、企業の戦略や、その実行に対するコンセンサ
スができやすいので、共同で1つのことに卓越できる。しかも、企業文化の示
す方向のなかでの異質性や意見の違いを認めることができるので、より積極的
な解決策を部門や上下関係を超えて考え、行動することができる。

　強い文化が社内のコミュニケーションを容易にするであろうということは、
企業文化についての議論の重要な論点である。例えばディールとケネディは

「強い文化を持つ企業が強いのは、相違を許容し、包含するからである」[5]と述べているほか、松下電器（現・パナソニック）の高業績の理由に注目したパスカルとエイソスは、日本人が高いコミュニケーション能力を持っているという文化的特質に注目し、「たいへん重要なことだが、コミュニケーションがうまくゆくかゆかないかは、理解の分かち合いに依存している。このような理解は、暗黙のうちに状況を判断する能力を持つ人間同士の間で了解し合う」ものであると指摘している[6]。

　このように企業文化はメンバーの行動だけでなくコミュニケーションを見えないかたちで制御している。

7-2.　日本人論と日本経済の発展

　戦後しばらくの間、日本での議論は、日本的経営の特殊性と後進性について論じられることが多かった。それは戦前の社会制度への極端な反省や、民主化への希望を強く反映した日本論や日本人論[7]-[9]の流れとして位置づけられる。戦後の経済的な復興という時代背景のなかで日本人論はますます盛んになり、いろいろな分野から日本人の特殊性が分析され[10],[11]企業経営に結びつけられた[12],[13]。

　日本経済はめざましい成長を遂げ、オイル・ショック後も伸び続けた。日本経済の伸びは、そのまま海外輸出に結びつき、米国に大量の日本製自動車・家電製品の流入をもたらした。眼で見えるかたちとなって現れた日本企業の経営成果は、こうして米国の産業界に驚きと不安を巻き起こした。米国での日本への関心の高まりとともに、本格的なアメリカ人向けの日本人論も著されるようになった[14]。こうして高まった、日本企業の強さと、日本の文化に対する興味は、日本的経営の基本的特質としての企業文化に対する関心へと変化していった。

7-3.　地域特殊性から優良企業に共通する文化の探求へ

　かつての日本企業の強みは、労使が一体となって職場そのものや生産工程、製品品質の改善・向上に取り組んでいたことである。強い文化を持たない多くの国の工場労働者にとって、これらの改善は"上の人たち"が考えることであ

り、自分たち現場の労働者は、上から言われたことをそのままやればよい、という姿勢を取ることが多い。しかし、協力的な企業文化の下では、様々な階層で、自分たち自身の問題として、従業員が一体となってそれぞれの現場での改善を行う。仕事の改善策や命令はトップから一方的に降ろされてくるのではなく、また、現場だけが問題解決をしようとするのではなく、中間で緩衝材のような役割を果たす中間管理職＝ミドルマネジメントが階層の上下に働きかけ、問題や解決策、協力の提案を伝達するミドルアップダウン[15]という働きが日本企業の特徴であるとされる。トップダウンでもなくボトムアップでもなく、情報処理の重要な機能をミドル（中間管理職層）が担っている[16]ということである。

　企業文化に関する学説の流れを追っていくと、日本国内にあった日本や日本人の特殊性を強調する議論から、米国人による日本企業研究に議論が変化していくに従って、日本的経営の基盤にある企業文化は、地域的な問題ではなく、優良企業が共通して持っている文化なのではないかという視点に移行していったことがわかる。

　日本の優良企業を研究することにより、国籍を超えた普遍的な優良性に至る方策を求めることができると考えられるようになった[17],[18]。このような姿勢をさらに進め、日本企業から離れて、より一般的な視点から米国の優良企業の企業文化の特徴を抽出しようとする動き[19],[20]が次の流れになっていった。

　以下に、主要な学説の論点を検討する。前半の2つが日本企業から学ぶ姿勢の強い立場であり、後半の2つはアメリカ独自の優良企業の検討に力を注ぐ立場である。

Ouch（1981）[21]の考え

　彼は、日本の経営に対する理解をアメリカの現場に適用することについて扱った。調査にあたっては数百回に及ぶインタビューをおこない、数千時間を費やしてアンケートを集めて分析したという。提唱された「セオリーZ」は大企業の経営幹部、経営コンサルタント、エコノミストなどとの交流からの成果であるという。その結果、浮かび上がってきたのは「信頼」、「ゆきとどいた気くばり」、「親密さ」についてであった。

　彼が特に重視したのは「人」であり、労働者の存在こそが生産性向上の鍵であるとの観点から、人というものについて特別の注意を払うことの必要性を主

張した。最も大切なことは信頼の雰囲気であるが、社内の相互信頼を生む一連の「信念」の基礎となるメカニズムは、経営の基本理念そのものの中に含まれているとした。日本企業でこのメカニズムがうまく作用するのは、日本人が集団的価値観に対して強い指向性があるからだという。日本的な様式に類似した、Z タイプの管理が、アメリカでも必要であることを、彼は主張する。

　ところが、日本とアメリカでは人々の伝統が違うので、アメリカでは意識的に強い平等主義的雰囲気を保たなければならない。アメリカの優良企業では、経営理念の文書などで、他の会社よりもはるかにくわしく経営慣行の細目を定めている。このように、アメリカの優良企業では会社のカルチャー（文化）を生産関係の従業員のレベルにも浸透させる体系的な努力をしている。経営理念による企業文化の浸透が重要であるという。

Pascale & Athos（1981）[22] の考え

　彼らは 6 年間で日米の 34 社を研究し、日本の工業のアメリカに対する優位性は根本的なものであり、実際よりも過少に評価されているという危機感を持った。そこで、日本企業の利点を研究することによって、アメリカ産業の凋落を防ぐ「物の見方」が得られるとして、日本の代表的な家電メーカーである松下電器（現・パナソニック）について詳しく分析した。さらに、それをアメリカ企業と比較するために、ITT（International Telephone & Telegraph）社との対比をおこなった。

　松下では、企業家精神が太く一本通っている。松下がなぜこれほどの業績を達成できたのかを深く探ってみると、システムを動かす鍵は数字ではなく、人材であるという事実につきあたる。それによって、平凡な人間から非凡な資質をひき出すというのが松下のやり方であるというのが彼らの主張である。当時の松下と ITT の大きな違いは機構にあるのではなく、公式な部分ではシステムにも本質的な違いはない。本当の相違点として最も重要なものは、企業の理念とこれらを管理するヒューマン・スキルであると述べている。

　彼らは、「東洋に学ぶ」という章のなかで、アメリカにおける経営上の概念がはらむ落とし穴を避けて通ったアメリカ人経営者のやり方は、日本の経営者にはまったくおなじみのスタイルとスキルであると述べる。それは、人間指向、眼に見える経営、分権化、徹底的な掘り下げ、情報のあくなき追求、参加的計画立案および管理、上級経営幹部に対する支持、チームの会合の 8 つの特徴で

ある。

　このような上手な管理職のスタイルは、部下のために「旋律」をととのえ、彼が期待するものや仕事の進め方を実務レベルで伝達する。人々の注意の集中の仕方や相互作用の仕方をそろえる。これらの行為の裏側には、さらに深いリズムがあり、これはもっと基本的なコミュニケーションの役目を果たす。彼らも、企業文化がコミュニケーションのあり方を支えるという視点のもとに議論を進めている。

Deal & Kennedy（1982）[23]の考え

　彼らは、文化がいかにして人々を結び付け、日々の生活に意味と目的を与えているかについて、先人の教訓を学びなおさなければならないという問題意識に基づいた研究を行った。

　約6か月間に80社近い会社を調べたという結果は、以下の通りである。

- 調査した会社のうち、約3分の1（正確には25社）が、明確に表現された信念を持っていた。
- これら3分の1の会社のうち、その約3分の2に当たる18社は「IBMはサービスを意味する」のような文化的な信念を持っていた。残りの3分の1は、金銭面の目標を掲げていて、これらは広く理解されていた。
- 文化的な信念を持つ18社は、すべて、一貫してめざましい業績をあげている会社であった。

　彼らは、「会社の活動に伴うリスクの程度」と「意思決定あるいは戦略が成功したかどうか、結果が現れる速さ」という市場に関するふたつの尺度から、企業文化を「逞しい、男っぽい文化（高リスク・結果が出るのが速い）」、「よく働き／よく遊ぶ文化（低リスク・結果が出るのが速い）」、「会社を賭ける文化（高リスク・結果が出るのが遅い）」、「手続きの文化（低リスク・結果が出るのが遅い）」の4種類に分類した。その会社が所属する市場に適した企業文化が発達すると考えたのである。

　それぞれの市場には、それぞれの特性があり、適した文化はそれぞれ異なるが、常に好成績をあげている会社は強い文化を持つ会社である。強い文化をもたらす推進力として、理念（企業の性格をもたらすもの）、英雄（あの人のようになりたいという目標）、儀礼と儀式（組織内の人間の行動原理）、伝達（情報を運ぶ人間関係のネットワーク）の4つをあげている。

Peters & Waterman（1982）[24]の考え

　彼らは米国のなかから超優良企業を選び、その卓越性のもととなる特質について、研究を試みた。彼らが選んだ超優良企業は、「日本の企業にまさるとも劣らないような強烈な文化を有している」。その特徴は、(1) 顧客へのサービスが徹底している、(2) 従業員に対する考慮が深く払われている、(3) 全従業員が共通の価値観を共有している、である。こうした超優良企業の共通点として、1. 行動の重視、2. 顧客に密着する、3. 自主性と企業家精神、4. 人を通じての生産性向上、5. 価値観に基づく実践、6. 基軸から離れない、7. 単純な組織・小さな本社、8. 厳しさと穏やかさの両面を同時にもつ、という「8つの基本的特質」を持つ。

　結局は人が大切なのだという彼らの主張は、第9章で見ていく戦略論におけるリソース・ベースド・ビューという考え方に多大な影響を与えた。

7-4. 企業文化によるコンセンサス

　これまで見てきたように、企業文化はそこで働く人やそのコミュニケーションのあり方、行動の統合の度合いなどを規定する。企業文化は、直接に見ることができない。しかし、企業文化によってもたらされる組織の特徴を見ることはできる。シャインによると企業文化によってもたらされ、従業員が行動する際の行動を規定する要因は6つある[25]。

　　　1. メンバー同士の意思疎通や相互理解のための、共通の言語と認識領域
　　　2. だれがメンバーでだれがそうでないか、その集団のメンバーたる資格を決める基準に関する共通の理解
　　　3. 権限と地位を配分する基準に関するコンセンサス
　　　4. 組織のなすべき仕事を管理するに際しての素直さや親密さを表現する方法に関するコンセンサス
　　　5. 報酬と処罰を与える基準に関するコンセンサス
　　　6. 理解不能な事件に直面したら、メンバーがそれに対応できるように何らかの意味づけを行う、イデオロギーやいわば「信仰」のような強い基準についてのコンセンサス

　これらの6つは企業文化が強いほど明確になる。各企業のもつそれぞれの文化によって上の6つはユニークなものになることが多い。

　通常、社内の複雑で不確実な取引において、人々の相互依存関係や必要なコミュニケーションは、多くの誤解を招く可能性をもっているが、効率的な企業文化のなかでは、共通のパラダイムが形成され、共通のフレームワークや言葉、議論の対象が提供されるので、組織のメンバーは類似した仮説から議論をスタートすることができる[26]。

企業文化論の共通点と様々な考え方

　これらの企業文化研究には、いくつかの共通点がみられた。

　まず、優良企業が持つメンバーの行動の卓越性や指向性、理念やスキルは、もしそれが実行されていれば、その企業は高業績企業になるだろうと考えられるような項目であり、基本的に経営上、求められる事柄である[27]-[29]。同時に、これらの企業文化論は、優良な企業が持つ経営理念に価値を置いている[30]-[33]。また、それを追求する努力が尋常ではないということに焦点を合わせている。さらに、それらのほとんどが企業で働く人間そのものの価値を重視していることも注目に値する。それに対して、経営理念などを分析することだけでは、文化の特に明白な部分だけしか理解することができない[34]という考え方や、ほぼコミュニケーションとの関連の重要性だけに焦点を当てたものもある[35]。

　他の視点としては、その企業が置かれている業界の特質に注目したり[36]、戦略の策定と企業文化との整合性に焦点を当てたものもある[37],[38]。

　特に戦略を大幅に変更したり、組織変革を行う際には、策定すべき企業戦略に基づいてトップが設定した指導理念を、組織の下部に降ろした場合に、組織の下部にある日常理念とぶつかる。このトップの指導理念と組織の下部に横たわる日常理念とのギャップが企業の変革を妨げるので、トップからの指導理念を徹底させて強い文化をつくることが必要になる[39]。浸透させるべき文化の内容やタイプは、研究者によって異なる。例えば、「信頼」、「ゆきとどいた気くばり」、「親密さ」を強調する場合[40]がある一方で、浸透させるべき文化は意欲と熱意をかきたてる2〜3の基本的な価値観が良いのだという意見もある[41]。全社戦略に合った指導理念を浸透させることが重要であるというように、企業戦略を強く意識した視点もある[42]。反対に日常理念だけを扱ったものもあり[43]、指導理念と日常理念の区別をつけることなく、業界による文化の分類をおこない、文化の伝達を中心に議論するものもある[44]。

　それぞれの著者によって文化の内容や分類がまちまちである。しかし、誰も

が一様に重視しているのが、文化を十分に浸透させることの重要さである。それにより、コミュニケーションをよくしたり、問題解決の際の共通の枠組みを共有することで組織の問題解決力や、1つの方向に向かうための力を集結することの効果が高まる。文化については、その細かい内容よりも、その何らかの内容を持った文化が強く浸透しているかどうかが重要である。

————————————————————背景や人間的側面編

【企業文化を高める仕組み】

7-5.　文化を補強する仕組み

　文化の眼に見える側面として、儀式と式典、ストーリー、シンボル、言語がある[45]。眼に見える部分は眼に見えない部分に比べて人為的に操作しやすい。そのため、意識的に儀式やストーリーを作ることが強い文化を作るうえで重要になる。

儀式と式典

　典型的なのは、販売成績優秀者に対する表彰である。販売額や販売個数に基づいた表彰は、販売を重視する文化を助長する。特に、多大な報奨金を与える儀式を社員全員が見守るような全社的な大会のなかで行えば、儀式がもたらすメッセージは大きな影響を持つ。単純な販売額の大きさではなく、企業が重視している重点商品の売上による表彰を行えば、重点商品を工夫して売ることに意識が向かう。生産工程の改善を表彰する場合もあるし、永年勤続を表彰する場合もある。永年勤続の表彰は、その会社に定着し着実に社内で役立つ技能を蓄積したり人間関係を構築してきたことへの間接的な褒賞であり、従業員にとって定着率の高さへの意識を高める働きをもつ。表彰は個人に対する場合もあるし、集団に対する場合もある。また、表彰される人数も少人数である場合もあるし、社員の半数近くが表彰されるという場合もある。社長表彰、役員表彰、部長表彰など、表彰する主体も様々であり、表彰すべき事柄の大きさに応じて表彰を与える人の地位に段階を設けることが普通である。

　表彰を会社にとっての何らかの式典と組み合わせることもある。会社の創立

記念日に式典を行ったり、あるいは不定期に、主力商品の爆発的な売れ行きを祝う会を開催するなどである。会社の創立記念日に創業時の理念や企業にとっての価値観、これからの行動指針を社長が語る、というのも典型的な儀式による文化のコントロールである。

　かつて日本企業の多くは、毎日、朝の始業時間に朝礼を行っていた。朝礼では企業理念を読み上げたり、輪番で本日の話題といったスピーチを行ったりして、企業理念や行動基準を毎日確認したり、日々の話題を共有したりしていた。取り上げられる日々の話題は、その集団が注目したりそれに対する態度を共有する元になる。さらに、朝礼の後や昼間の休憩時間に体操音楽を再生し、一斉に体操をすることもあった。このような統一行動は冷静に考えると業務にも関係ないし健康管理上の効果もはっきりしない。考えようによっては馬鹿馬鹿しい時間であったが、意味はなくても一斉行動をするということは 1 つの文化であり、集団主義的な圧力になる。それに耐えられない人はその企業の文化に合わないのであって、その結果、その企業集団に馴染めるような同じ傾向を持った社員がその企業に居続けることになる。

ストーリー

　企業の創業理念を確認するために、そもそも創業者がどういう意図でこの会社を設立したのか、といったストーリーが語り継がれることがある。例えば、ニキビに悩む妻のために薬を開発し、同じような悩みを持つ人々のために商品化したのが創立のきっかけであり、わが社は、肌の悩みを解決するための化粧品を主力商品としており、その精神が今に至るまで引き継がれている、という企業がある。

　別の例として、日本人の栄養状態が悪く、体格が外国人よりも劣ることを解消しようと思い、食料を美味しく沢山食べられるようにという意図からうま味調味料を開発した企業もある。創業者が何万回も試作を繰り返して納得できる味を追求した。わが社はとことん納得できる味を追求するのだ、という企業もある。

　また、創業時だけでなく、現在の姿勢についてもストーリーを社員に示すことができる。例えばある会社の創業者は、会社が大きくなり世界的に企業名が知られるまで会社発祥の昔の作業場を訪れなかった。この会社では創業者から社員の末端に至るまで、過去を振り返ることはしない。創業者がようやく引退

が近づいた時点で、過去を振り返った。年老いて引退間際になってはじめて、かつて自分が作業した地を再訪問した時の写真を会社の記念館に掲示している。社員のみんなも、引退間際まで後ろを振り返らずに前進しようというメッセージである。海外の市場開拓にあたって、山賊に襲われる恐怖と闘いながらジープの後部座席に護身用の散弾銃を置き、流通機構がまったく発達していないアジアの小さな島々の雑貨店を回り、身振り手振りで商品を置かせてもらうことで市場開拓をしてきた。これがわが社の開拓精神だ、などという場合もある。

　また、それぞれの企業に伝説の開発者、伝説のセールスパーソンなどが語り継がれる場合もある。顧客が買った物の返品は総て受け付けるという方針で有名なある百貨店では、自動車用品を一切販売していないにも関わらず、自動車のタイヤの返品を受け付けたという伝説的なストーリーが語り継がれている。このストーリーを、こういうバカな店員がいたとして社内に広めていくのか、ここまで顧客の意向に沿うのがわが社の文化であるとして広めていくのかによって、文化はある程度コントロールされる。

シンボル

　シンボルが強力なブランドとして機能するようになると、シンボルはその企業の特徴や従業員の行動を律することになる。例えば、エルメスは元々は貴族や富裕層向けの馬具を作る工房であった。そのために馬車が衰退した後に衣料品や宝飾品を売る際にも富裕層向けの繊細で豪華な商品を売るようになった。ブランドというシンボルを維持するためには品質や細部へのこだわりを絶やすことはできない。

　また、コーチというブランドで販売を行うタペストリーという企業は、元々はアメリカの革細工の工房であったが、馬車を表すコーチというブランド名や馬車のロゴマークによって、古くからあるヨーロッパの貴族相手の高級店であるかのようなイメージを強調しており、製品や店内の装飾、店員の接客態度なども、富裕層向け高級品として不動の位置づけを確立している。築き上げた地位を守ることも重要である。この会社は、さらに、トヨタ自動車の最高級ブランドであるレクサスの内装を期間限定で手掛けるなど、高級イメージを維持する活動を行っている。このように、シンボルとしてのロゴマークに一致する製品戦略や社員の態度がその会社らしい文化を形づくる。

　このように企業はしばしばロゴマークを採用する。そのデザインによってそ

の企業の若々しさや情熱、あるいは信頼性、革新性など、その企業が大切にしようとしているものを表象しようとする。顧客から融通が利かないと思われていた企業は、角ばったロゴマークを丸みのあるものに変更し、色も黒一色から様々な色のグラデーションに変更した。同時に、行動基準を策定し、より顧客に寄り添った行動を行うように奨励した。

　役員室が本社の最高層階にあるのか、あるいは低層階か、また、役員自体が役員室にこもっているのか、ほとんどの時間を部下のいる大部屋で過ごすのかもコミュニケーションのあり方を左右するシンボルになる。役員に会うためには、秘書に取次を頼み、守衛を通り抜け、そして役員室の扉を開けるということになるのか、あるいは、役員はフロアの一角に置かれた机におり、その机も、仕事をしている他の従業員からも見える、という状況なのかという違いも、役員の見え方がシンボルとしてどう機能しているのかという例である。

　また、階層の低い社員のいる執務室のレイアウトもシンボルとして作用する。個々の社員の席が決まっていた企業が、部門間の垣根を外すために、部や課のまとまりではなく、その都度、同じプロジェクトに属している社員が近い席に自由に座れるようにした。レイアウトが、仕事のスタイルやコミュニケーションの特徴のシンボルになっている。

　社内の注目が集まる立場である社長・役員の行動もシンボルとして作用する。そのために社内の行動基準を定める部署が毎週、社長の発言の原稿をチェックして、より社員が文化を理解しやすいようにお手本となる言動を社長に求めている企業もある。

　動植物がシンボルとしてメッセージの中で例示される場合がある。ある会社では社長が社員に「二匹目のペンギンになれ」と度々、言っていた。ペンギンが海に次々に飛び込む際に、早く飛び込んだペンギンは魚にありつくことができるが、最初に飛び込むペンギンは水面下に潜んでいるアザラシに食べられてしまう可能性が高い。革新的な商品開発がなかなか市場で成功しなかったこの会社の社長は、このような例え話でもう少し慎重な新商品の市場投入を奨励しようとしていた。

言語とコミュニケーション

　社員同士が肩書で呼び合うのか、または「さん」付けで呼び合うのかによって社内の雰囲気は変わる。なかには「ちゃん」付けで呼ぶ企業もある。「〜で

ございます」「〜いたします」というような丁寧な言葉遣いか、あるいはくだけた言葉遣いでコミュニケーションが行なわれるのかも社内の空気を形づくる。また、社外では通用しない略語が頻用されることもある。業界用語や専門用語が多いのか、それとも外部の人が聞いても分かる単語が使われているのかもコミュニケーションが社内閉鎖的であるかどうかの象徴になる。

　伝達手段として文書が頻用されるのか、または口頭やメモで済まされるのかもコミュニケーションの仕方の象徴として作用する。

　行動の速さに価値を置くある証券会社では、電話に出るときに「もしもし」ではなく、「もし」と一言だけ言う決まりになっている。両社の仕事をした際に感じたことだが、かつての日産自動車の社内会議は紳士的な雰囲気であったが、本田技研の社内会議は声が大きい人が多く少し喧嘩腰に聞こえるような印象を受けたことがある。言葉遣いや喋り方なども、企業の文化を反映する。

　私的なコミュニケーションが好まれる場合と好まれない場合がある。社員同士が仲が良く、よく共に飲みに行く職場と、仕事以外には互いに触れ合わない傾向の職場がある。パーティー好きな会社とそうでない会社もあり、例えば家を建てた場合に職場の人たちを新築の家に招き、祝ってもらうということが慣習になっている会社もあるし、そのような私的なことに職場の人は一切呼ばないということが普通である会社もある。

日常業務

　セールスパーソンに対して、事務を補助する一般職または派遣社員が秘書のように付き、セールスパーソン自体は無駄な業務をすると叱られるような文化の会社もある。無駄な業務というのは、資料のコピーを取ったり、細かい資料を作成するなどである。給料の高いセールスパーソンは、そのようなことに時間を費やすのではなく、顧客を訪問し、"より価値の高い仕事"のために時間を費やすよう奨励される。その一方で、時給の高い管理職が空き時間に無駄話をしたり頻繁に喫茶店で社内についての情報交換をしているような会社もある。こうした企業では、社内で生き抜いていくためには社内事情に精通し、社内の人間関係を円満に保つことが大切なのであろう。

　企業文化についてのこれらの象徴的に眼に見える側面を変えることで、文化の見えにくい側面をも変化させることができる。

7-6.　企業理念の影響

　ユニクロを運営しているファーストリテイリングは、グループの経営理念として、①ステートメント「服を変え、常識を変え、世界を変えていく」、②ミッション「本当に良い服、今までにない新しい価値を持つ服を創造し、世界中のあらゆる人々に、良い服を着る喜び、幸せ、満足を提供します」「独自の企業活動を通じて人々の暮らしの充実に貢献し、社会との調和ある発展を目指します」、③価値観「お客様の立場に立脚」「革新と挑戦」「個の尊重、会社と個人の成長」「正しさへのこだわり」、を掲げている[46]。今後目指すべき方向をステートメントで示し、より具体的にやっていくことをミッションで示し、社内でやるべきことを価値観で表現している。これら一連の理念に基づいて社内の行動基準が作られ、評価が行なわれる。それは企業文化を形づくる。

　トヨタ自動車株式会社は、豊田綱領を基点とし、「Value」として "トヨタウェイ" というものを設定している。さらに「Mission」として "幸せを量産する"、「Vision」として "可動性を社会の可能性に変える"、ということを謳っている。これらの一連の関係をフィロソフィーコーンと呼んでいる[47]。この一連の理念は、長期的な企業戦略の方向を規定する（例えば、基本理念の「クリーンで安全な商品の提供を使命とし」という部分が、非化石燃料の自動車開発を後押しする）し、社内に深く根付いた働き方についての文化を後押しする（例えば、「1 秒 1 円にこだわる」「くふうと努力を惜しまない」という Mission の内容は、トヨタ生産方式として世界に知られている働き方の理由づけになっている）。

　企業文化と他の要素との関係を図示すると、図 7-1 のようになる。

7-7.　見えざる資産としての企業文化

　これまで見てきたように、企業文化は従業員の行動を制約したり駆動する役割を持つ。企業は様々な資産を活用して事業活動を行っているが、可視的な資産（visible assets）の他に、見えざる資産（invisible assets）がある。その典型が企業文化である。強い文化によって合意された業務手順や対応、連携の仕方などは、文書によりマニュアル化する必要はない。

　他の解釈の余地が少ないような文書等で明確に表現された知識を形式知とい

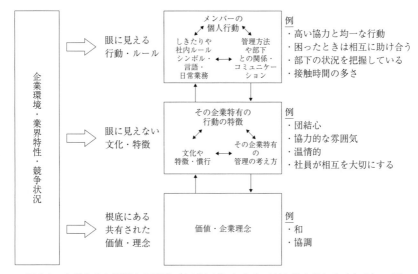

図 7-1　企業文化と関連する要素（しばしばこれら全てが企業文化に含まれる）の例

い、文書や口頭で表現しにくい知識を暗黙知という[48]。暗黙知に基づく行動が合意され、共有される背景に、企業文化がもたらす眼に見えない合意や共有された基準のようなものがある。そういう意味では、暗黙知だけでなく、企業文化そのものが企業にとっての見えざる資産に該当する。他の会社から理解できない、または模倣しにくいような強みをもたらす暗黙知は見えざる資産であり、その企業のケイパビリティ（capability: その企業が組織として持つ固有の能力）を形づくる。また、ケイパビリティをうまく活用することによって、従業員の行動の特性を、コアコンピタンス（core competence: 他社に対して競争優位を保つことができる中心的な技術やノウハウなどの能力）[49]として活用することができる。競争優位を維持し続けることを持続的競争優位という。当然のことながら他社が真似のできないようなコアコンピタンスによって持続的競争優位を持つ企業は強い。

　ただし、企業文化による従業員の考え方や行動などは、その企業以外では通用しない場合が多く、他の企業では通用しない人材、すなわち、企業特殊的人的資本になってしまうことがある。従業員全体があまりに特殊性が高いと組織が環境変化に適応できない可能性が高まるが、逆に汎用性が高いだけでは競合

相手に対して競争優位を築くことが難しい。

注

1) Schein, E. H. 1984. Coming to a New Awareness of Organizational Culture. In E. H. Schein (Ed.), *The Art of Managing Human Resources* (pp. 261-277). New York: Oxford University Press.

2) Schall, M. S. 1983. A communication-Rules Approach to Organizational Culture. *Administrative Science Quarterly*, 28(4), 557-581.

3) Peters, T. J. & Waterman Jr., R. H. 1982.『エクセレント・カンパニー』*In search of excellence: Lessons from America's best-run companies*. New York: HarperCollins.（大前研一訳 (1983) 講談社.）

4) Deal, T. E. & Kennedy, A. A. 1982.『シンボリック・マネジャー』*Corporate Cultures*. Reading, Massachusetts: Addison-Wesley Publishing Company, Inc.（城山三郎訳 (1987) 新潮文庫.）

5) Deal, T. E. & Kennedy, A. A. 1982. 前掲書.

6) Pascale, R. T. & Athos, G. 1981.『ジャパニーズ・マネジメント』*The Art of Japanese Management*. New York: Simon & Schuster.（深田祐介訳 (1983) 講談社文庫.）

7) きだみのる 1948.『気違い部落周游紀行』吾妻書房.

8) 川島武宜 1950.『日本社会の家族的公正』日本評論社.

9) 中根千枝 1967.『タテ社会の人間関係』講談社.

10) 会田雄次 1970.『日本人の意識構造』講談社.

11) 土居健郎 1971.『「甘え」の構造』弘文堂.

12) 間宏 1971.『日本的経営―集団主義の功罪―』日本経済新聞社.

13) 岩田龍子 (1997).『日本的経営の編成原理』文眞堂.

14) Reischauer, E. O. (1977).『ザ・ジャパニーズ』*The Japanese*. Cambridge, Massachusetts: Harvard University Press.（國広正雄訳 (1979) 文芸春秋.）

15) Nonaka, I. & Takeuchi, H. 1995.『知識創造企業』*The knowledgecreating Company: How Japanese Companies Create the Dynamics of Innovation*. New York: Oxford University Press（梅本勝博訳 (1996) 東洋経済新報社.）

16) 野中郁次郎 1990.『知識創造の経営』日本経済新聞社.

17) Ouch, W. G. 1981.『セオリー Z』*Theory Z: American Business Can Meet the Japanese Challenge*. Reading, Massachusetts: Addison-Wesley Publishing Company, Inc.（徳山二郎監・訳 (1981) CBS ソニー出版.）

18) Pascale, R. T. & Athos, G. 1981. 前掲書.

19) Deal, T. E. & Kennedy, A. A. 1982. 前掲書.

20) Peters, T. J. & Waterman Jr., R. H. 1982.『エクセレント・カンパニー』*In search of excellence: Lessons from America's best-run companies*. New York: HarperCollins.（大前研一訳 (1983) 講談社.）

21) Ouch, W. G. 1981. 前掲書.

22) Pascale, R. T. & Athos, G. 1981. 前掲書.

23) Deal, T. E. & Kennedy, A. A. 1982. 前掲書.

24) Peters, T. J. & Waterman Jr., R. H. 1982. 前掲書.

25) Schein, E. H. 1983. The Role of the Founder in Creating Organizational Culture. *Organizational Dynamics*, 12(1), 13-28.

26) Wilkins, A. L., & Ouchi, W. G. 1983. Efficient Cultures: Exploring the Relationship Between Culture and Organizational Performance. *Administrative Science Quarterly*, 28(3), 468-481.

27）Ouch, W. G. 1981. 前掲書.

28）Pascale, R. T. & Athos, G. 1981. 前掲書.

29）Peters, T. J. & Waterman Jr., R. H. 1982. 前掲書.

30）Ouch, W. G. 1981. 前掲書.

31）Pascale, R. T. & Athos, G. 1981. 前掲書.

32）Deal, T. E. & Kennedy, A. A. 1982. 前掲書.

33）Peters, T. J. & Waterman Jr., R. H. 1982. 前掲書.

34）Schein, E. H. 1984. 前掲書.

35）Schall, M. S. 1983. 前掲書.

36）Deal, T. E. & Kennedy, A. A. 1982. 前掲書.

37）Schwartz, H., & Davis, S. M. 1981. Matching Corporate Culture and Business Strategy. *Organizational Dynamics*, 10(1), 30-48.

38）Davis, S. M. 1984. *Managing Corporate Culture*. New York: Harper Collins.（河野豊弘・浜田幸雄訳（1984）ダイヤモンド社.）

39）Davis, S. M. 1984. 前掲書.

40）Ouch, W. G. 1981. 前掲書.

41）Peters, T. J. & Waterman Jr., R. H. 1982. 前掲書.

42）Schwartz, H., & Davis, S. M. 1981. 前掲書.

43）Schall, M. S. 1983. 前掲書.

44）Deal, T. E. & Kennedy, A. A. 1982. 前掲書.

45）Daft, R. L. 2001.『組織の経営学 ―戦略と意思決定を支える―』*Essential of Organization Theory & Design*, 2nd ed. Chula Vista, C. A.: South-Western College.（高木晴夫訳（2002）ダイヤモンド社.）

46）株式会社ファーストリテイリング（2018 年 11 月 8 日版）ホームページ『FAST RETAILING WAY（FR グループ企業理念）』https://www.fastretailing.com/jp/about/frway/

47）トヨタ自動車株式会社（2022 年 7 月 22 日閲覧）ホームページ『経営理念』https://global.toyota/jp/company/vision-and-philosophy/?padid=ag478_from_header_menu

48）Nonaka, I. & Takeuchi, H. 1995. *The Knowledgecreating Company: How Japanese Companies Create the Dynamics of Innovation*. New York: Oxford University Press.（梅本勝博訳（1996）『知識創造企業』東洋経済新報社.）

49）Hamel, G. and Prahalad, C. K. 1994.『コア・コンピタンス経営』*Competing for the Future*. Boston: Harvard Business School Press.（一條和生訳（1995）日本経済新聞出版.）

第3部　経営組織の統合

第08章 経営とは何か？
──お金の出入りと企業経営

【どこからお金を集めてどこに配分するのか】

8-1. 会社が生み出す価値と存続する意味

　会社は何のために存在するのかという問いに対してはさまざまな答えがある。従業員にとっては給料を得るためにある。人によっては働くことを通して生きる喜びを得るためにあるのかも知れない。経営者にとっては活動により利益を生み出すためにあるのかも知れないし、それを通して社会に貢献する装置だという人もいるだろう。会社の実態を簡単に示すと図 8-1 のようになる。これは貸借対照表の左側にあたる部分の略図である。いわば現物としての会社を表している。

　会社に関わる目的が様々であるにしろ、究極的には、その会社が世の中に対して何らかの価値を生み出していないと会社の存続は難しい。いわば会社は世の中から生かされている存在だともいえる。会社が関わる前の何らかの価値に対して、会社は価値を付加して市場や販売先に送り出す。会社が何らかの価値を生み出すことを価値創出といい、生み出された価値を創出価値という。会計用語としては付加価値という。付加価値は、売上高から原材料費などを引いた金額である。

　付加価値は会社によって新たに創出された価値であるから、関係者に配分することができる。株主や債権者が受け取る金額や、労働や経営の対価として従業員や経営者などへ支払われたり、会社に留保されたりする。

図 8-1　会社の実態の概念図

8-2. 企業と株主

株主資本とは

　会社は価値を生み出す活動を行うために元手となる資金が必要になる。もし、その資金を起業した本人が持っていなければ、株式というかたちで株主から集めたり、融資というかたちで銀行などから借りることになる。

　極めて簡略化した貸借対照表を説明すると図 8-2 のように記述できる。貸借対照表の右側に記載された総額を総資本といい、会社全体の金銭的価値になる。その中で、負債を除いた部分が純資産になる。純資産は、株主からの出資と今までの利益の蓄積から成る。貸借対照表の左側に記載された総額が総資産であり、この金額は総資本に一致する。

　内部留保というのは、毎年の利益を社内に取り込むことであり、これは貸借対照表の純資産（自己資本）に組込まれる。留保された利益は現物として貸借対照表の左側の設備や土地として使われたり、現金や預金として蓄積されたり、翌年度の損益計算書上の原材料費や研究開発費として消費されたりする（厳密には、純資産＝資本金＋利益剰余金であるが、利益剰余金は資本金の中に組入れることができる。これらを分離して記載した図は後出の図 8-3 参照のこと）。

　純資産は銀行などの債権者に支払う必要のない金額なので、株主に帰属する金額だといえる。貸借対照表に表示する前の計算の段階で、債権者にはすでに

図 8-2 簡略化された賃借対照表

利子を支払っている。

株主から資金を集める

　そもそも事業を展開するための元手を集める際に、株主が株というかたちで出資する仕組みが株式会社という仕組みである。株主からの出資は資本金に組み入れられる。株式会社では、そうして集めた資金を使って事業を行ない、利益が発生した場合には、残った利益をどうするのかについての処理、すなわち利益処分を行う。会社内で現金として保管したり設備として活用する他に、出資者である株主にも配当金として配分する。これらを剰余金処分という。2006年の会社法施行に伴って、利益処分という用語が使われなくなり、配当金は剰余金の配当という言い方になった。配当額の決定や配当は、決算確定前でも株主総会の決議を経れば、何度でも行うことができる。中間配当と期末配当というかたちで年 2 回の配当を行う会社が多い。また、利益が出ずに損失が発生した場合には株主への配当を行わない場合も多い。一定の条件が整えば、取締役会の決議だけで株主総会の決議なしに決定することができる（それに対して役員賞与は費用という位置づけになり利益処分としては扱われなくなった）。

利益の種類

　ひとくちに利益といっても、以下のように様々な段階がある。

利益＝売上高（収益）－費用

営業利益＝売上高－売上原価－販売費および一般管理費

経常利益＝営業利益－支払利子

税引前当期利益＝経常利益－営業外費用

当期純利益＝税引前当期利益－法人税等

8-3. 企業活動の根本となる資金調達

資金調達の種類

　会社がお金を集める主な方法には大きく分けて3つある。

　1つはお金を借りて利子を支払う有利子負債という方法である。負債の多くは有利子負債である。もう1つは新たに株式を発行して資金を調達する方法である。これら2つの方法を外部資金調達という。3つめの方法は、内部に蓄積されている資金を用いる内部資金調達である。実際に誰かから融資を受けるわけではないのだが、これを自己金融ともいう。

　負債には銀行からの借入だけでなく、会社が直接、発行する様々な社債という形式もある。社債のうち1年未満のものを特にコマーシャル・ペーパーという。負債や社債は返済が必要なデット・ファイナンス（debt finance）であり、これを発行することにより貸借対照表上の負債が増加する。それに対して、株式発行はエクイティ・ファイナンス（equity finance）といい、これにより返済の必要のない自己資本が増えることになる。

　また、負債には元本を返済する義務とともに通常、会社の業績や返済能力の大小に関わらず、定額の利子の支払いが義務づけられている。それに対して、株は株主に対する返済の必要がないし、余裕がなければ利益配当金を支払わないこともある。

資金調達の方法が及ぼす会社経営への影響

　さて、融資を行った銀行は、定額の利子の支払いを常に求め、最終的には貸し付けた全額を回収することを前提にしているために、これらが回収できなくなる事態を心配して様々な口出しをすることになる。例えば、安定経営や安全な投資を求めたり、詳細な事業計画書を定期的に提出させて説明を求めたり、貸付先の会社に役員を派遣して経営を監視したりする場合もある。どちらかと

いうと冒険的な事業展開を嫌うことになる。

　それに対して、株主は、投資先の会社の利益が大きければ、配当金が大きくなるので積極的な経営を求める場合が多い。また、会社が大きな利益を出したり事業が拡大して株価が上昇すれば、株主は所有している株を高額で転売できる。そのためにも、株価上昇を期待してより積極的で投機的な経営施策を求めたくなる。

　資本構成（負債と自己資本の比率）は、その会社が安定的経営かそれとも積極的経営かを選択する際の圧力として作用する。会社が誰からも口出しされずに自由に事業を展開したいのであれば、極力、内部資金調達を利用することになる。ただし、自身の経営判断を安全性という側面から客観的にチェックしてもらいたいがために本来は借金が必要ではない場合にもメインバンクとなる銀行の融資を受け、事業計画について意見を求めたいという経営者もいる。

利子と配当

　お金を借りる際に、通常は利子を支払う約束で資金を調達する。その際に、貸す側が、リスクが高い融資だと認識していれば、万一に備えてできるだけ早めに多くの資金を回収しておきたいと考え、利子率を高く設定することになる。利子を支払うよりも多くの利益を上げる事業を運営しないと、借金をすればするだけ会社は赤字になっていくことになる。

　株式の配当金についてはどうだろうか。会社が利益を上げた場合にはその利益に応じて出資者である株主に利益配当金を支払う。そういう位置づけであるから、配当金を支払うこともあるし支払わないこともある。当然、配当は利益の大きさによって変わる。ただし、配当金の決定は通常、株主総会での決議が必要なので、株主の意向も影響する。一度上げた配当金が下がると株を売られてしまうかも知れないので、経営者は配当額を上げることに慎重になりがちである。しかし、配当額を上げることにもメリットがある。配当利回りの大きい会社の株は買い手にとって魅力的なので、例えば事業拡張の資金を得るために新たに株式を発行する際に、株価が高くなり、資金を大量に集めやすくなる。会社が配当金額を意図的にコントロールすることを配当政策という。

　会社が利益を得た結果を、配当に回すのか、それとも配当せずに内部留保して社内に蓄積するのとどちらがよいだろうか。理論的には将来に渡って取得できるすべての配当の総額が現在の株価に等しいとされるので、同じという答え

になる。現在、配当として株主に支払っても、それを支払わずに社内に留保し、有望な事業に資金を投入し、将来により大きな利益を得ることができ、そこからより大きな配当を支払っても、株主が長期的に受け取る配当の総額は同じだとされる。これは理論的な話であって、実際の株価形成は、将来性やトレンド、世の中の景気などで決まっていく。

　株価が割安だと考えられると、その会社には買収のリスクが高まる。株が安ければ、その株を買い占めて、会社経営を支配し、経営陣を入れ替えたりリストラを行ったりしてその会社の価値を高くしてから株を売却するということも可能である。市場に出回る一般株の場合、所有する株数に応じて株主としての議決権が与えられるので、大量に株式を所有すれば、会社を支配することが可能になる。

　そこで、株価がその会社の実態よりも安い場合には、会社は自己防衛のために自社株買いを行うことがある。株式市場に出回っている自社の株を買い取り、償却してしまう（消してしまう）のである。そうすることによって、市場に出回る株数が減る。株数が減ると、その会社が上げる利益に比して、配当すべき株数が減るので、一株当たりの配当金額が高くなることが期待できる。その期待で株価が上昇することになる。

株価から推測する会社の価値

　株価は現実には様々な要因で上下する。しかし、株価が高いということは全体としてその会社の実績や期待が大きいということであり、その会社に対する評価であると考えることができる。企業価値の算出には様々な方法があるが、株価×発行済み株式数から計算される株式時価総額で評価することがある。

　ただし、これだけでは、株主資本の価値だけしか評価していないことになる。会社が価値を生み出す元になっているのは株主資本だけではない。負債も使って価値を創出している。どれだけ価値を創出し続けていくのかが、その会社の価値であると考えることができる。

　そこで、株式時価総額＋負債の価値が企業価値であるとも考えられる。負債の価値は、元本＋将来の利子の総額ということになる。

借入金が過度に大きいことはリスクになる

　会社は、借入金が大きい場合には、事業活動にともなう営業リスク（オペレ

ーティング・リスク）だけでなく、財務リスクも負うことになる。借入金があると、その会社が上げられる利益の大小に関わらず支払うべき利子が定額で発生するので、利益が出せない場合にリスクになってしまうのである。

　負債に対する利子の支払いは、株主への配当金の支払いに優先するので、負債が大きい場合には、株主は配当金が支払われないというリスクが大きくなる。配当を行う場合には、通常は、負債に対する支払利子の割合（利子率）よりも、株価に対する配当金の割合（配当利回り）の方が高くなる。それは、上述のようなリスクがあるのでそれを補償するためである。これをリスク・プレミアムという。

　会社が支払不能になり事業の継続ができなくなった状態を倒産という。"倒産" は会社経営が行き詰まり、債務が弁済できなくなった状態を指し、具体的には、1. 銀行取引停止処分を受ける、2. 内整理する（代表が倒産を認める時）、3. 裁判所に会社更生手続開始を申請する、4. 裁判所に民事再生手続開始を申請する、5. 裁判所に破産手続開始を申請する、6. 裁判所に特別清算開始を申請する、の6つのケースがある[1]。

8-4.　投資の判断基準

資金をどこに投入すべきか計算する

　せっかく集めた資金をどこに投入するのかについては慎重に判断する必要がある。お金を投入したいすべての物事にお金を使うということは現実には不可能である。

　ある投資先にお金を投入して利益を得たとしても、そのために資金が尽きてしまい、その結果としてもっと大きな利益が得られるはずのところに投資する機会を失えば、より大きな利益を得ることへの機会損失になる。また費やした金額よりも大きな金額が入ってこなければ、そのうち倒産してしまう。そこで、投資をした際にどれだけの収入が得られるのかを、投資先ごとに比較することが必要になる。投資金額に対してどれだけの収益が上がるかの割合を、投資収益率（ROI: return on investment）という。

投資案件を比較するための基本

　例えば、戦略的に重要な政策を実行するために、利益率の高い製品の工場を

作ることを犠牲にしてでも利益率の低い製品の工場を増設しなければならない場合がある。そんな場合でも、他の製品製造のために得られたはずの利益と比較しておくことは重要である。どのような部門に投資した場合に自社の利益額が将来にわたってどのくらいの大きさになるのか、また、他の選択をした場合にはどうなるのかをシミュレーションする必要がある。そのために複数の投資案を比較することが重要になる。

現在と将来を比較する

　その時に重要になるのが、果たしてその投資をした際に、どれだけの金額がいつまで収入として得られるのかということである。例えば、今年1,000万円するAという製造設備に投資した場合に、翌年から100万円ずつ10年間の利益が得られるとする。別の製品を製造するBという設備は1,500万円するが、これは毎年100万円の利益を15年間にわたって生み出すとする。さて、設備Aと設備Bのどちらに投資すればよいだろうか？　また、投資額とこれらの設備への投資は本当に回収できるのだろうか？

　実は、お金の価値は将来になればなるほど、少なくなる。これにはいくつかの理由がある。第一に、お金をそのまま寝かしておくのではなく、運用していれば、最初の金額は複利で大きくなっていくはずである。会社は事業活動を行って価値を創造し、投入した価値よりも大きな価値を生み出し続けていくことが原則になっている。そこで得られた（最初よりも大きくなった）価値を、さらに再投入して会社は成長していく。そうしたことから、今あるお金の価値は、将来には大きくなっていなければならず、将来、同じ金額であるということは、現在に割り戻せば、小さい金額になるということである。また、より直感的な説明も可能である。来年、1,000円をもらえるのと、10年後、1,000円をもらえるのとでは、来年、1,000円をもらった方が価値があると感じるであろう。そうであれば、10年後の1,000円の現在の価値は小さい。

　以上の理由から1,000万円の投資で10年かけて100万円ずつ利益を得るよりも、1,500万円の投資で15年かけて100万円ずつ利益を得る方が価値が小さい。このように、将来の金額の価値を現在価値に割り戻して、投資案件を比較する。さらに、これらAとBのどちらも一見、投資金額を回収できるように見えるが、実は、どちらの投資も投入した資金を回収できていない。支出した金額と収入の総額を比較すると同額であるように見えるが、前述のように将来

の収入の価値は小さいからである。

正味現在価値

　このような考え方で、現在の投資額と将来に渡って得られ続ける利益額をすべて現在の価値（現在価値）に割り戻した値を正味現在価値（NPV: net present value）という。それでは、どのような割合で現在の金銭的な価値が将来に渡って減少していくのだろうか。この比率を割引率という。割引率として、普通、資本コストが使われる。資本コストは、その会社が利用する資金の元手を得るための費用である。利子も含めた借入金にかかる費用が負債のコストであり、株式発行による資本のコストは発行に関わる費用と将来に渡って払い続けると予測される配当金である。

　つまり、会社の資本コストは、負債により資金を調達するコスト＋株式により資金を調達するコストである。会社全体の資本コストはこれら2種類のコストを加重平均した平均資本コストになる。どんなに魅力的に見えても、平均資本コストよりも下回る投資収益率しか上げられない投資案件には資金をつぎ込んではいけないことになる。

埋没費用

　さて、投資案件を比較する道具として正味現在価値法による計算について考えてきた。しかし、投資の結果、思い通りの収益が得られるとは限らない。日本の家電メーカーはこぞって薄型テレビの製造に巨額の投資をし続けたが、2004 ～ 5 年頃から事業の縮小・撤退を余儀なくされ、2008 年以降 2015 ～ 6 年頃まで全面的敗北の状態に至る[2]。パナソニックやシャープといった名門企業の場合でも、成功の見込みがほとんどない状態になっても撤退に踏み切れずにいたように見える。部門間のメンツや起死回生への期待、技術的方向や生産体制の効率などの読み違いにより、いったん投資した事業からの撤退や縮小は難しい。

　どうしても人間心理として、ここまでやったのだからもう少しやってみようとか、これだけの努力や金銭を投入したのだから、ここで撤退したら損だとか、そういった心情が働きがちである。ギャンブル中毒の人は、賭けが外れて負けが込めば込むほど、費やした金額を取り戻したくなり、さらに金額をぶち込むようなことをする。しかし、時間を巻き戻すことができない以上、すでに投入

してしまった金額は戻らない。すでに費やしてしまった費用のことを埋没費用（サンクコスト：sunk cost）という。投資判断では、この埋没費用の見極めが重要になる。

――――――――――――――――――――――――――――背景や人間的側面編

【お金の側面からみた会社の仕組み】

8-5.　会社はなぜ儲け続けなければならないのか？

お金に対する感情と態度――なぜ"お金"を中心に考えたくないのか

　お金を中心にすべてを考えることは卑しいことだと考える人がいる。20世紀初頭に精神分析療法を開発したウィーン在住の医師フロイトは、無意識の元で金銭と糞便が非常に密接に関連しているとさえ述べており、幼児期に便を我慢して溜めておくと排泄の際の快感が大きくなることを好む子どもは、成人してから金銭に執着する傾向があることを報告している。その中でフロイトは「悪魔が情婦に贈った黄金は、悪魔が立ち去った後では糞に変わる」というよく知られた説話を引用している[3]。このようなことからお金を貯めこむ人の性格を「肛門期的性格」と呼ぶこともある。お金をひたすら集めたり溜め込んだりすることは、何か卑しいことのように思われたり、倒錯的だと考えられる理由も上の心理学的な説明から可能である。また、日本でも、"国民文学"とさえいわれた吉川英治（1935-1939, 朝日新聞連載）の「宮本武蔵」では、主人公が諸国を巡りながら剣の道を究めていく峻厳な姿と人間的完成への道が描かれているが、命がけの決闘を続けながらどのようにして生活の糧を得ていたのかは全く描かれていない[4]。小説の価値観は自己修錬と人間的完成であって金銭的な描写は不要なものであり、金銭や復讐心などに囚われていくのは主人公と対比されるべき敵役が担う役割である。このように人々の心を支え続けた国民文学では、人間的完成や道を究める人生修行のうえで金銭は不要なもの、卑しい者が求めるものなのであった。

　確かにそのとおりかも知れない。お金そのものは、物やサービスの代わりであり、貴金属や貨幣、現在ではクレジットカードやビット・コインなど現物としての実態のないものに変化を続けている。それを集めることそのものが目的

になって、人間の大切さや価値をおろそかにしてしまえば、人も企業も幸せとはいえないだろう。

自立のための最低限のルール──なぜ "お金" を中心に考えなければいけないのか

しかし、お金そのものに対してどんな感情を抱いていたとしても、お金が足りなければ生きていくことは難しい。人や家庭、企業や公共団体であっても、以下の基本公式が成り立たなければ自立して存在することはできない。

〈基本公式〉　支出 ≦ 収入 ＋ 借入金

何かを買ったりサービスを受けたりする際にお金を支払う（支出する）ためには、お金を持っていなければならない。支払うだけの収入がなければ、どこかからお金を借りなければならない（借入金）。これは個人でも家庭でも企業でも同じである。もし、支出するためのお金が足りず、それを補填するための借金もできなければ、欲しいものは手に入らない。その欲しいものが、日々食べるものであったり住むところであるならば、食料は手に入らないし住居もない状態になる。借金を返せるあてがなければお金を貸してくれる人はいなくなるので、お金や現物を人の好意をあてにして恵んでもらうしかなくなる。以上の話は学生や大企業の新入社員には極端な話にみえるかも知れない。しかし、しばらくどこかの社員として、または事業主として働いたことのある人には切実に感じられるだろう。

つい忘れてしまいがちだが、ホモ・サピエンスとして何十万年前からヒト科として独立する前も後も、人間は哺乳類として進化してきた。哺乳類が食料を手に入れて安心して暮らしていくのは大変である。草食動物はあまりおいしくなさそうな草を食べているが、冬や乾期になると食べられる草がなくなる。そのために冬眠や穴ごもりをして過ごすしかない動物もある。また、草が茂っていても絶えず肉食動物に狙われ、襲われる危険がある。体が弱れば肉食獣の餌食になる。いっぽうの肉食獣は、草食動物を何日も追い回しても獲物がなかなか獲れず、頑張って狩りを続けてやっと家族が食べられるだけの肉を得ることができる。人間社会も文明が発達し、今のように大量に農作物や畜産品の栽培・飼育が可能になるまでは、ほとんどの人がひもじい思いをしていたし、食べ物を得られないぐらいに弱れば死んでしまっていた。また、働き手が足りな

ければ家族は離散するしかなかった。

　この章でみているのは、そういった動物的な悲惨な状況を避けるために現代の人間が開発した社会的な仕組みの基本である。技術の発展と社会的な仕組みの発展は切り離せない車の両輪である。社会的な仕組みは“ルール”として維持されている。上に示した公式はそのルールの１つである。このルールを破ってしまっては、現代社会では自立して生きられない。支出に必要なお金を支払うことができなくなれば、破産手続をして会社を解散するか、または悪質なものであれば罰せられることもある。会社はこのルールに縛られている。

なぜ大抵の会社に借金があるのか

　収入が支出に満たなければ借入金が必要となり、金融機関から融資を受けなければならなくなる。しかし、そもそも支出に必要な収入が得られないような会社にお金を貸しても、そのお金は返してもらえるのだろうか。貸す方はとても心配である。だから、貸している間に、少しずつそのお金を回収するために、お金を貸している間に定期的に利子を取っていこうとする。さらに、お金を返すことが難しそうな相手に対しては、利子を高く設定して、できるだけ多くの金額を回収しようとする。そうすると益々、元金と利子を合計した金額を返すことが難しくなる。

ふつうは支出が先に生じて収入は後から発生する

　会社の場合、自己資金（自分が持っているお金）だけで事業を運営できれば問題ないが、通常は、商品を仕入れたり部品を買うのでお金の支出が発生する。それを売るときにやっとお金が入ってくるので、仕入れと販売との間に資金のマイナスが発生することになり、どうしても借金に頼らなければならない場合が発生しやすい。これは、うらぶれた商店で、商品を仕入れてもなかなか物が売れずに収入が得られない場合には深刻である。同様に深刻なのが、会社がどんどん成長していったり、それに合わせて新しい店舗や工場を設置する場合である。成長を見込んで仕入れを増やしたり、店舗や工場を設置するためにはこれまでよりも大きなお金が必要になる。しかし、それらを元にした商品が売れるまでには時間がかかるので、支出は増えるが同時には収入は増えない。収入は後から増えるので、その間のつなぎに金融機関からお金を借りなければならなくなる。

　このような危うい綱渡りのうえに、現代の会社は存続している。しかしその危うさは動物や原始時代よりもずっと小さい。商品を納めたのに相手の会社が潰れてしまって対価を支払ってもらえなくなってしまったなどの非常時でもなければ、ある程度は計画や管理が可能である。

8-6.　会社が儲け続けているかどうかを示す方法

尺度としての"お金"——価値を測る正確な尺度はない

　何かを測るためには尺度が必要である。長さを測るときには物差しが必要であり、重さを測るときには重量計が必要である。企業活動を評価する方法としては、必要なものを手に入れ、何かを他人に渡すときに価値を測定するための抽象的な測定基準である"お金"が使われている。取引を行うそれぞれが思い描く抽象的な価値を表したものに過ぎないので、"お金"という基準は長さや重さのような具体的な実態に比べて尺度としての完成度は低い。しかし抽象的な価値を測定するためには、とりあえずは便利である。そういう尺度をもとに、さまざまな判断を行うことが現代社会のルールになっている。

　人の働きというものがどのくらいであったか？　土地や建物の価値はどのくらいであるのか？　食べ物や衣類、嗜好品の価値はどのくらいのものであるのか？　それらを交換するとしたら、相互に異なる価値のものをどのように比較するのか？　それらさまざまなものをとりあえず統一的に評価しようとするのが"お金"という尺度である。

尺度を使う——出と入りの管理（複式簿記の原理）

　それでは、"お金"という尺度を使って、現代の会社はどのようにして収入と支出、借入金の管理をしているのだろうか。

　貸借対照表（バランスシート）と損益計算書の2つで企業活動の実態を把握するための"複式簿記"という方法は中世のイタリアで開発されたといわれている[5]。一説には、資金を集め、船団を組んで、あるいは陸路ラクダに乗って海外と取引をし、その利益を配分するための仕組みだといい、もし船が難破したり隊商が盗賊に襲われたりしたときに残ったわずかばかりのものをどう配分するかの工夫のために生まれたとされている。中世後期（特に13世紀から15世紀）イタリアの自由都市の冒険商人の間で行われた利益計算は今日の方法の

原型である。彼らは一航海ごとに資本を募り、商品と船舶などを仕入れ、地中海や中近東で交易し、交易完了後はそれらの船舶などを処分し、清算を行い、回収した貨幣総額を出資者に分配することによって企業活動は終了した[6]。

会社を創業することは冒険である

　想像してほしい。イタリアの冒険的な商人がラクダの隊商を組んでアラビアやアフリカから珍しい商品を仕入れたり、ヨーロッパの織物などを売りに行くにせよ、あるいは船団を組んで異国と取引をするにせよ、仕入れのための資金や隊商、船団を組むための資金が必要である。その時に、2種類のお金の集め方がある。お金を借りる方法と、出資させて後で出資したお金に応じて利益を配分する方法である。

　銀行家はお金を貸してくれるかも知れないが、貸している期間に応じて利子の支払いを求めてくるだろう。ただし、その冒険が成算のあるもので、隊商自体が壊滅したり売ろうとしていたものが売れなくなって冒険家がお金を返せないという恐れがほとんどないという確信が持てたうえでのことである。一方の投資家（出資者）はもっと冒険家に大きな期待を寄せているかも知れない。冒険的な商売である以上、失敗したら、出したお金は返って来ないかも知れない。それを覚悟のうえで仲間としてお金を出すのだから、冒険家が利益を出したら、その利益の応分の分け前をもらおうじゃないか。そういうお金の出し方をする。冒険家としては、とにかくあらゆる方法で資金を集めたいので、両方のタイプの人たち（銀行家と出資者）からお金を預かって、売るべき商品を買い集め、準備を整えて冒険に出発するであろう。

　しかし、冒険は失敗するかも知れない。隊商は砂漠で道を誤り、さまよったあげく全滅してしまうかも知れない。あるいは船団が嵐に遭い、商品や乗組員ごと座礁したり沈没したりしてしまうかも知れない。それでも銀行家は約束どおり貸したお金の返済を求めるし、期間中の利子は回収しようとする。一方の出資者は、隊商や船団が帰って来なかったりほとんど壊滅してしまえば、全額を回収することはできない。冒険から帰った際の数少ないラクダやもはや廃船同様の船を処分した後に出資比率に応じてわずかな残金を配分する。

　こうしたことをあらかじめ取り決めておかなければならない。つまり、現物としての資産（ラクダ、船、商品、金貨など）の合計金額と、それぞれの人がそれぞれの立場から支払った貸付金と出資金を対照できるように並べ、借金は約

束通り全額返済するとしても、出資してくれた仲間や賛同者は、冒険の結果として
しての資産の増減に応じて、どれだけ配分をもらえるのか、またはどんな場合
に出資がすべて無駄になってしまうのかのルールを決めておかなければならな
い。そのための仕組みが現代につながる企業活動の報告書の原型である。

　昔のイタリアの商人の世界であっても、現代の企業競争の世界でも、事業と
いうものは冒険的に難しい。国策会社で絶対に潰れないと思われていた日本航
空も 2010 年に会社更生法を裁判所に申請して倒産、上場廃止になり企業再生
支援機構の支援で再生している。また、戦後の日本の名門家電メーカーであっ
た三洋電機株式会社は 2011 年に上場廃止となりブランドごと消滅してしまっ
たし、明治時代から日本を代表する圧倒的巨大企業であった鐘淵紡績株式会社
も 2007 年に解散してしまった。

　商売や事業が成功した場合にも失敗した場合にも、それを金銭として把握し、
その時点での状況を報告したり、事業の結果を公正に配分するための工夫が現
在でも必要である。まず、会社のすべてを尺度としての"金銭"の大きさに換
算すると、企業活動に必要な固定的な資産（土地や建物、工場や生産設備など）
や流動的な資産（仕入れた材料や生産のための部品、組み立て中の製品としての仕
掛品、完成した商品）がどれだけあるのかを把握することができる。土地も資
産設備も商品も、価値としてはバラバラである。これらすべてをいったん、金
銭という尺度で統一的に測定するのである。そうすると、会社全体の価値がど
のくらいあるのかを評価することが、とりあえずできることになる。ここでと
りあえずというのは、完全に把握するにはほど遠い状態であるからである。

8-7.　企業の内容と活動をお金の面から理解する方法

　それでは、どのようにしてより正確に企業の活動を把握するのか。会社に限
らず、物事を把握するためには 3 つの方法がある。第一は、内部の構造の比
較・分析である。第二は、時間的な変化による比較である。会社の活動の傾向
を理解するためには、昨年度、一昨年度、その前年からどういう推移があった
のか比較を行う。第三は、他の物との比較である。会社の価値を比較するため
には、同様の事業を行っている他社との比較を行う。

　これは、企業活動を理解するだけでなく、世の中のさまざまなものを理解す
る方法である。当然、学生が書く論文もこの 3 つのいずれかまたは全部の視点

から書かれていないといけない。科学的な手法としての "比較" には3つの方法があるということである。

全体を分類し内部の構造内の各要素を比較・分析する

　会社の建物や設備などの固定的な資産（固定資産）が増えれば、一般的には会社の実態が大きくなってきていることが推測され得る。また、逆に、固定資産が膨大になってしまうと、万一、市場が縮小して売り上げが下がったときに身動きが取りにくいとも考えられる。工場の土地や設備は急に売ることができないからである。それに対して、固定資産が小さく、現金・預金や製造のための原材料などの流動的な資産（流動資産）が大きければ、急に業績が悪化したときには、流動資産はすぐに売りやすいので、即座の危機をしのぎやすい。

　特に、流動資産には "現金・預金" も含まれるので、いざというときに即座に支払いに充てることができる。そのようにして会社の内部の構造を分析する。ただし、ひとくちに流動資産といっても、すぐに売れるものと売れないものがある。買ったばかりでまだ手をつけていない新品の部品はすぐに売れるかも知れないが、作りかけの半製品や売れなくなってしまった完成品は買い手がつかないか、ただ同然で売るしかなくなり、危機をしのぐ役に立たないかも知れない。さらに、短期的な債権（売掛金など）も流動資産である。これは、相手に物を売った後、後払いでいいよという契約で商品だけ先に渡した場合に発生する権利である。これは、後で（流動資産の場合には通常一年以内に）お金が入ってくる約束であるので、まあ確実に入ってくるものとして資産として計上してあるものである。しかし実際には相手が倒産した場合や詐欺にあった場合には入ってこないし、約束の支払期限より前に自社にとって急にお金が必要になったとしても、期限前にはお金は入ってこない。債権という "お金を払ってもらえる権利" として第三者に売ることもある。その場合には、本来の金額よりも安い金額でしか引き取ってもらえない。債権を売る側のこちらにも弱みがあるし、債券はお金そのものではないので、確実に入ってくる保障はないからである。

　このように、会社の分析は "お金" という尺度に換算しただけの分析では不完全である。そこから、おおまかな分類で内容の吟味を行い、さらにその内容を詳細に吟味していかなければならない。例えば、自己資本比率（自己資本／総資本）が高ければ、借金が少なく自己資本が多いということになるので、借

金への依存度が少ない会社であると考えられる。さらに細かく見ると、一般的には、流動資産の金額が流動負債よりも大きければ、いざという時に流動資産を処分して流動負債を返済することができると考えられる。また、固定資産の金額が自己資本よりも小さい場合には、借金ではなく自己資本で固定資産を買っていると考えられるので、固定資産を借金のカタに差し押さえられる可能性が少ないことが推測される。このように、貸借対照表の上だけでも、内部の構造を分解して見ると、さまざまなことが分かる。

時間の変化による比較

さて、会社の内容は時々刻々と変化していく。不規則な偶然ではなく、変化には必ず原因があり、ある傾向がみられる場合が多い。現金や預金がこの10年間、順調に伸び続けているとか、建物や機械設備を増やし続けている、などである。売上や利益の伸びに比べて仕掛品の比率が異様に高くなってきているなどという場合には、生産拡張がうまくいっておらず、効率的な生産が滞ってしまっているという可能性もある。また、現金・預金が過去から積もり積もって大きくなり過ぎる場合にも、慎重になり過ぎて設備投資など成長に向けた資源配分ができていない可能性もある。

このようにその会社の過去と現在を時系列で比べていくことによって、その会社の現在の特徴が浮き彫りになりやすい。

同業他社と比較する

ある会社独自の特徴を知りたい場合には、同業他社との比較を行う。例えば、同じものを作っている同規模の他社に比べて保有している原材料や仕掛品、製品の保有量が少ないのに売上が大きい場合には、原材料をすぐに加工して販売して利益を得ているので社内にあまり残っていないのだと推測できる。反対に売上が少ないのに仕掛品が多い場合には、製造工程に不効率な部分があったり、市場が求めるものを適切につかんで生産できていないため、仕掛品が溜まってしまっている場合もある。完成し、売る前の製品が在庫として大量に残っている場合も同様である。売上高に対する、社内に余った製品や仕掛品の標準的な量は、業界によって異なるので、同業の他社と比べてみて初めて、多すぎるのか、それとも少ないのかが分かる。

企業分析では、大まかな比較から詳細へと視点を移していく。

8-8.　お金からみた会社の仕組み

　それでは、会社について、お金の側面から、①内部構造の比較・分析、②時間的変化の比較、③他社との比較を行うための道具立ての基本を考えてみよう。

どのようにして企業活動に必要なものをそろえるのか

　会社に入ると、部屋や机、顧客に売る商品も含めて、流動資産と固定資産に囲まれて過ごすことになる。当たり前のようにあるこれらの資産はどのようにしてそろえるのか。支出 ≦ 収入 + 借入金という〈基本公式〉を思い出していただききたい。

　会社を設立したということを公に認めてもらう登記をするためには、まず、部屋や机、売るべき材料などの資産を買う必要がある。図8-2は図の右側に資金の調達元を示し、左側に調達した資金の使途を示している。すべての資本金と借入金という図の右側の抽象的な金銭的価値はそのまま全額、図の左側の実態としての資産になる。なぜかというと、資本金としてもらったお金や借りたお金が物になればそのまま物として左側の図の中に細かい項目として金額とともに表示し、物に変換せずに、お金のまま残れば、それは実態としての現金や預金という物として残り、図の左側に組み入れられるからである。たとえそれが現金であったとしてもそれは現物としての資産なので、資産 = 資本金 + 借入金という等式に変化はない。右側はどこからどれだけの金額を調達したのかを示し、それがそのまま図の左側の現金や設備、仕入れた物などの実体に化けたものとも考えられる。だから図8-2の右側と左側の合計金額は必ず一致するように作成する。

　時間が経つと、仕入れをしたり、現金が入っても流動資産は増える。工場を増設して固定資産が増えることもある。会社を作るときに拠出してもらった資本金や借入金が余ったらどうなるだろうか。図8-2では、現物（左側）= 収入（もともとあった資本金を含む）+ 借入金（貸借対照表のこれら右側部分）を対照するようになっていて、左右のバランスが取れるように振り分けられる。

　このような図（実際には数字を記載した表になる）は、貸借対照表と呼ばれるが、左右がバランスしているので、バランスシートとも呼ばれる。

8-9.　基本的な出発点──事業を継続している会社の"今"を分類する

貸借対照表の基本──事業を継続している会社の一時点の状況を表現する手法

　会社が活動していき、うまくいけば利益が出る。利益が出れば収入が増える。収入が増えれば、それは企業活動の原資になるので、図8-2の右側に利益を足していくことになる。そしてそれは、預金されたり、生産設備や原料を買ったりすることになるので、図の左側もそのぶん大きくなる。実際には図8-3のように、図8-2に比べて右側も左側も増える。それは「利益剰余金」として表示されている。利益が増え続ければ、右側の利益剰余金が増え、その分、左側の資産が増えていく。

　これは、何年の何月何日の会社の状態はこのようであったという、ある時点の会社の状態を示したものである。翌日には物が売れて右側の利益剰余金が増え、同時に左側の流動資産に現金が増えるかも知れない。だから、いちいち毎日作成することはない。定点観測で済ませることになる。

貸借対照表の基本的な見方

　通常は決算報告のために、期末の貸借対照表を公開する。4月1日に新しい期が始まったとしたら、その期の最終日である翌年の3月31日の貸借対照表を作成して、前年度の貸借対照表と今年度の貸借対照表の変化をみる。利益ではなく赤字が出ると利益剰余金が減っていくことになる。図の右側の利益剰余金が減るということはお金が足りなくなってくるということだから、図の左側の流動資産の現金や預金が減っていく。設備や土地などの固定資産を売らなければならない事態が生じるかも知れない。このようにして図の右側が減れば、左側も減っていく。

　図の右側に注目していけば、この会社が一体どれだけの元手（資本金）で事業を行っており、銀行などからどれだけお金を借りているか、また、これまでの儲けの蓄積がどのくらいあるのかが分かる。借入金は返さなければいけないのと、普通は利子がつくので、借入金が多すぎると会社の安定度が心配になってくる。また、お金を貸している方は、お金を返せないほど会社が苦しくならないように、口出しをして、経営に介入することがある。借入金が増えれば増

図8-3　運営中の会社の実態とその拠出金の対照

えるほど、銀行などの貸主が経営に口を出し、銀行から社長や役員を派遣することもある。

　会社が赤字を出し続けて利益剰余金が全くなくなってしまったらどうなるのか？　図の左側の会社の実態としての資産を手放していくしかない。さらに、赤字が続き、もうこれ以上手放す資産がないという場合には、借入金をどんどん増やして必要な資産を維持する、あるいはこの会社の存続をどうしても望む誰かから新たな資本金を出資してもらい、資本金を増やすしかない。

　従業員への給与を含めて、払うものさえ払い続けていれば、事業は継続できる。その会社が支払いを滞らせることなく続けることができれば事業を存続することができる。しかし、支払うべき金額を相手に支払わないと、それは契約違反であり、その会社の信頼は一挙に低下する。例えば借入金の利子が支払えないというだけで銀行は融資を引き揚げてしまうことがある。会社にとっては借入金の部分（負債）がごっそりなくなってしまい、銀行がこのような場合に備えて押さえている担保はそのまま銀行の手に移ってしまう。担保は土地や建物などの現物なので図8-3の左側の実態であり、引きあげられた負債の分だけ図8-3の資産が減少し、貸借対照表のバランスは取れた状態になる。銀行だけでなく、料金の支払いが得られなかった取引先が原材料や販売するはずの商品を回収してしまうこともある。支払いが前提で売買契約がなされているのに、その会社が支払えずに一方的に契約を破棄したことになるからである。

　取引先企業は銀行融資が引き上げられるという情報を入手した場合には、前

の晩から相手企業の倉庫の前にトラックをひそかに乗り付けて、融資引き上げと同時に倉庫に入って材料などを差し押さえる。取引先は普通、1社だけではないので、複数企業の間で回収品の奪い合いになることもある。私自身は経験がないが、職場の先輩は何回かそうした回収を経験したと言っていた。それでも提供した材料をすべて回収することはまず不可能なので、ほとんどの場合は経理上の損失を計上することになる。

貸借対照表のバランスが崩れると──会社の危機は数字のうえでどう生じるか

　赤字が大きすぎたり、利益剰余金が減り過ぎてマイナスになると、左右のバランスが崩れやすくなる。そうなると、図の右側の資本金の部分を利益剰余金の減少金額のぶんだけ減らしていくしかない。つまり、株主が払った資本金の価値が減っており、株主が払った資本金を取り返そうとしても払っただけのお金を取り返すことができなくなることがある。

　借金は全額返すことが約束になっているので、お金を貸した人が借金を帳消し（債権者による債権放棄）をしない限り、貸借対照表のバランスが崩れたままになってしまう。または、新たな資本金を注入するしかなくなる。総資産が負債額を下回るこの状態を債務超過という。借金が返せない状態である。債務超過になると、資本金や借入金を出してくれた人たちは不安になる。経営者は、頑張って利益を上げて、貸借対照表の左側がマイナスにならないように努力すると言うかも知れないが、信用してもらえることは少ない。特に借入金の元を出してくれている金融機関は貸し出したお金（会社にとっては借入金）を全額返すように要求することが多い。こうなると会社は現物を全部売り払って借入金を返しても足りなくなるので、事業を継続できずに倒産することになる。また、それが怖いので、債務超過になりそうな会社と取引しようとする企業が激減し、それが倒産を早める。

会社が倒産するとき──債務超過だけでは倒産しない

　お金が足りなくなって、銀行決済の支払手形の支払いが期日までにできないというようなことが2回起こると、銀行はその会社との取引を即座に停止し、支出に必要なお金を貸してくれなくなるだけでなく、すでに借り入れているお金の返済も迫ってくることになり、その会社は倒産する。このことは、その会

社の利益が赤字になっていない場合にも起こり得る。

　例えば、原材料や仕入れの支払い期日が短く、逆にその会社が販売した売上金額が後払いや分割払いなどで実際に現金として会社に入ってくるのが遅ければ、そのようなことはあり得る。黒字倒産である。

8-10.　事業を継続している会社の"一定期間の活動"を測る

損益計算書——一定期間のあいだの会社の活動の報告

　これまで、貸借対照表を簡略化した図を示してきた。この図はある一時点を切り取って会社の状態を示した図である。それでは、物を売ったり原料や仕入れるものを買ったりする動きはどのように表現されるのだろうか。図8-3の右側に一定期間の会社の活動を示す図（損益計算書を簡略化した図）を付したものを図8-4として示す。なお、貸借対照表（バランスシート: Balance Sheet）はB/Sと省略され、損益計算書（Profit and Loss statement）はP/Lと省略されることがある。

　損益計算書は、例えば4月1日から翌年の3月31日までにどれだけ累積でものが売れ、そのために同一期間内にどれだけの費用をかけ、その残りとしての利益がどれだけ上がったのかを表したものである。貸借対照表は一時点を表したものであり、損益計算は一定期間の活動を表したものといえる。図8-4の右側の損益計算書で3月31日までの1年間の活動を計算し、その結果上がった当期純利益が、左側の3月31日の貸借対照表の右側にある利益剰余金に反映される。当然、貸借対照表は左右がバランスしているので、その分、実質的に左側の流動資産のなかに現金が増えたり、様々な変化が起こっている。このようにして1年間の会社の全体像を期末に把握し、借対照表と損益計算書を用いて、期末の一時点の状態と一定期間中の活動がどのような結果であったのかを株主や世間に向けて公開することが、株式を市場で売買できる公開企業の義務になっている。

　図8-4の右側は「売上（収益）」「費用」などからできている。売上と費用との差額が「税引前当期利益」になる。まず、商店や流通業であれば売るべきものを仕入れたり、工場であれば原材料を仕入れる。また、ものを売るために加工する人に賃金を払わなければならない。こうした支払いは原則として"会社の所有物"としては残らない。支払いである。このようなものが費用として計

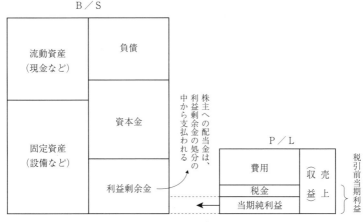

図 8-4　貸借対照表（左）と損益計算書（右）を簡略化して図にしたもの

上される。そして、そこに利益を上乗せして販売する。アパレルの販売店など
では、売れ行きが悪かったり季節の後半になるとセールを行う場合がある。そ
うなると、かかった費用に利益を上乗せするどころか、費用よりも安く売らな
ければならなくなり、損が出る。これが続けば、先ほど述べた債務超過につな
がっていく。

8-11.　貸借対照表のバランスを維持する工夫──減価償却費

減価償却費という費用を想定して貸借対照表の資産の目減りを調整する

　さて、細かい話のように見えるかも知れないが、損益計算書を作成する過程
で、費用として減価償却費というものが計上されることがある。これは、施設
や設備が年々、古くなり、価値が減っていくことに対応している。例えば、値
段の高い最新の設備を購入しても使い込むうちにそれは中古品になり、すり減
ったりキズついたり、あるいはより性能の良い製品が世の中に出てきて次第に
価値が下がってきて、買ったときの値段で売れなくなる。ほとんどの施設や設
備は評価額が下がるのが普通である。使える年数を"耐用年数"といい、耐用
年数を過ぎると価値はゼロになる。しかし、すぐに売るわけでもない施設や設
備・機械などを全部、正確に評価し直すのは手間がかかり過ぎるし無駄なので、

一定のルールで評価額を減らしていくことになる。貸借対照表全体でみると左側の実態部分の金額が減ってくる。そうなると、貸借対照表の右側の合計も金額を合わせなければならないことが会計上のルールなので、貸借対照表の右側の金額も減らさなければならない。しかしすでに確定している負債や資本金を勝手に変えることはできない。借金である負債が減ったことにすることはできないし、事業を行うために集めた資本金が次第に減っていけば、株式の額面金額が減っていくことになるので、会社を清算しなければならなくなったときや、株主が株を売ろうとしたときの価値が下がってしまうことになる。だから、資本金を勝手に減らすこともできない。そうなると、まだ、誰のものにもなっていない利益剰余金の部分で調整するしかない。

　そこで、実際には何の支払いも発生していないのに、"減価償却費"という架空の費用を想定して、費用がかかったことにして損益計算書の段階で実際よりも利益を減らしておく必要が生じる。そのようにして毎年、利益剰余金を削って、貸借対照表の右側と左側の合計金額を合わせていく。

　この際、恣意的に減価償却費を上げたり下げたりすることは利益操作にあたるので、設備ごとに価値がゼロ（税法上は1円）になる年限が法律で定められている。また、減価償却の方法として定額法を取らずに、定率法や生産高比例法などの方法を用いる場合にはあらかじめ税務署に届け出るなど厳密なルールがある。製造に関わる設備などの減価償却費は損益計算書の中では売上原価に含まれている。販売店や本社社屋、その中の設備などの場合は販売費および一般管理費に含まれている。

8-12.　貸借対照表と損益計算書から分かること

決算書類を精査するメリット──問題の発見

　貸借対照表や損益計算書を精査することを経営効率の向上や合理的な経営に結びつけることができることもある。あるトイレタリー関連の大企業では、卸売会社からの返品のルールを定めておらず、"販売費および一般管理費"の中の輸送費が膨大な負担になっていた。卸店への輸送費も返品の輸送費もメーカーが負担していた。これを、個々の卸店と条件を精査し、それぞれ返品の原因になった側が輸送費を負担することにした。すると、卸店側からの無駄な注文が減り、より適正な生産量を確定しやすくなり全社利益の向上に貢献すること

となった。

　さて、次は売上である。普通は費用と利益を足して販売するので、その合計がその会社の売上（収益）になる。そうして、売上（収益）から費用を差し引いた部分が利益として会社に蓄積される。図8-4でいえば、これまで蓄積してきた利益剰余金に加算される。それは貸借対照表の左側としては、現金収入であったり、クレジットカード払いなどの後払い契約で売ったために後でお金として入ってくる予定の債権、または預貯金として計上されるか、あるいはそのお金で増産のための新しい設備を買ったり、原料を買ったりする。それらは現物として貸借対照表の左側に計上される。つまり、利益（損益）は貸借対照表の左側の実態にも右側の実態の元となる原資にも両方加算され、左右のバランスは維持されるのである。

会社が生き残り続けること

　経営者は常にこの貸借対照表（バランスシート：B/S）と損益計算書（P/L）の状態を気にしている必要がある。貸借対照表と損益計算書が危険な状態（債務超過など）にならないように、あるいはより安定や成長に適した状態になるようにするためには大変な労力を要する。そのために、社長は各役員や責任者に改善のための目標や指令を与えるし、それを与えられた上層部は中間管理職層に全体目標の一部としての各々の目標を果たすことを要求する。またその下の平社員はやるべきことを与えられ、それを実施する義務が与えられる。

　これによって、〈基本公式〉支出 ≦ 収入 + 借入金が維持され、安定して社員が勤め続け、給料を支払われ、将来に不安がない状態を作らなければいけない。しかし、それは困難であり、会社が思うとおりに顧客は動いてくれないし、市場全体も動いてくれない場合が多い。

　会社が存続を続けること自体が、社員全体の努力の賜物である。そうでない場合には、何らかの不正やそれに近いことをして存続を続ける圧力が会社にかかる。不正への誘惑は大きいが、不正はいつか破たんし、より大きな破滅的な状況を招く。会社の取引先をはじめとする利害関係者や従業員を守るために不正を排除しながら正しく会社を存続し続け、さらには関係者や従業員の富や幸福を向上させることが経営者の義務になる。激しい企業間競争のなかで、それは簡単に実現できることではない。

注

1）帝国データバンク（2022 年 9 月 1 日閲覧）ホームページ「倒産の定義」『倒産情報』https://www.tdb.co.jp/tosan/teigi.html

2）河合忠彦 2019.『日本企業における失敗の研究　―ダイナミック戦略論による薄型 TV ウォーズの敗因分析』有斐閣.

3）Freud, G. 1908.「性格と肛門愛」『エロス論集』Charakter und Analerotik. *Psychiat. –neurol, Wschr*, 9(52): 465-467.（中山元編訳（1997）筑摩書房 ちくま学芸文庫.）

4）吉川英治（1935-1939, 朝日新聞連載）『宮本武蔵（一）～（八）』（1989-1990）講談社 吉川英治歴史時代文庫.

5）Soll, J. 2014.『帳簿の世界史』*The Reckoning: Financial Accountability and the Rise and Fall of Nations*. Basic Books. Boston, Massachusetts: Perseus Books Group.（村井章子訳（2018）文藝春秋.）

6）高橋吉之助 1983.『管理のための財務諸表〔改訂版〕』中央経済社.

第09章　戦略の考え方
——なぜ戦略が必要か

【企業戦略を見る視点】

9-1. 経営戦略とは何か？

戦略という言葉は不思議な魅力を持つ言葉である。企業にとっての戦略はいわば頭脳の働きであり、組織の他の部分が手足となって具体的に実施するというイメージがあるのかも知れない。手足の動きよりも頭脳の働きの方が何やら高級そうであるし、言われたとおりに動くよりも言ったとおりに動かす側の方が何やら偉そうである。

ある企業で営業の部長クラスの人たちとエレベーターに乗り合わせたところ、彼らは「新製品戦略を中心とした事業再構築戦略を役員にご理解いただくための戦略（案）」という表紙の冊子を手に手に役員フロアで降りて行った。おそらく営業担当役員に対する説明の資料であるようだったが、資料のタイトルに"戦略"という言葉が3か所も使われていた。"戦略"という言葉には勇ましそうな魅力があるようである。

経営戦略とは何であろうか。多様な経営戦略の概念は3つの共通項に集約できる[1]。共通項の第1は、企業の将来の方向あるいはあり方に一定の指針を与える構想である点である。第2の共通項は、企業と環境とのかかわり方に関するものである点である。企業戦略の下位概念である「事業レベルの戦略では、個々の市場においてどのような形で競争優位を確立するかを中心に企業と環境とのかかわり方が示される。一般的にいえば、企業は他の組織と競争しながら環境との間に、財、サービス、エネルギー、情報の交換関係を持つことによって存続しているオープンシステムである」[2]。全社的にそれをまとめている。

第3の共通項は、意思決定の指針あるいは決定ルールとしての役割を果たしているという点である。

　その企業が扱う製品は重要事項であるので、製品戦略についても考慮が必要である。また、特定の事業領域に関する事業戦略や、市場戦略、製品戦略など対象を限った戦略もあるし、財務戦略や人事戦略などといった企業の中の特定の機能に関する機能別戦略もある。市場のなかでの競争に焦点を当てた競争戦略もある。本章では、主に全社的な企業戦略を扱う。

経営戦略についての分類──ミンツバーグらによる戦略論の全体像

　ミンツバーグとアルストランド、ランペル[3]は企業戦略を理解するための視点を分類している。戦略論という理論的な分野から見た視点として、さまざまな視点があり、それを分析する際の多角的な視点を提供する。

　本書では、"戦略策定に関連する視点"、"戦略形成に関連する視点"、"ポジショニング・スクール（positioning school）に関連する視点"、"リソースベースト・ビュー（resource based view）に関連する視点"、"その他の視点"の5つに整理し直して提示することとする。本書で提示する理論の内容は日本の事情に合わせている。それというのも戦略論の発展の経緯を振り返ると、1980年代中盤以降、しばらくは日本独自の理論的な発展がみられたからである。それは、1つには1980年代になって高く評価された日本的経営やその根底にある集団主義によってもたらされるミドルアップダウン[4]（経営者の意思決定の通りに社内が動くトップダウンではなく、社内の上下の情報を掌握する中間管理職層が上層部に具申したり、部下を動かすことにより社内を動かしていく方法）という他国とは異なるとされる意思決定システムが実質的にも理論的にも重視されたからである。

　また、日本企業の現実に照らして当てはまりの良い理論が、戦略論の中心である米国とは違っているからである。財閥を中心とした企業系列が明確であり、それが安定した企業グループとして機能していた日本の企業社会と、戦略論の中心である米国の企業社会とは企業行動の特徴が異なっていた。米国流の企業買収や一部事業の売却を戦略的な選択肢として活用する戦略とは異なる競争力の磨き方を、当時の日本企業は進めていた。具体的には製造業での工場の生産効率の向上や全社的改善を企業ぐるみや系列ぐるみで進めていた。いわば、戦略の前提が違うのである。

9-2.　戦略策定に関する視点

戦略立案主導

　戦略立案とは事業運営のアイデアを実現していくプロセスに他ならない。ミンツバーグらは、ここに焦点を当てる戦略論はアメリカのハーバード・ビジネス・スクールを中心とした流れであるとしている。現在でも、戦略立案のキーコンセプトとして SWOT 分析が至るところで用いられている。SWOT 分析とは、現在の環境に対するその企業の強み（strengths）と弱み（weaknesses）、また来るべき環境がもたらすその企業にとっての機会（opportunities）と脅威（threats）の 4 つの象限に該当する事象とそれに対する施策を考える手法であり、特に発案者は明確ではないまま幅広く使われている。

　コンセプトの構想を取り上げたごく初期には *"Business Policy: Text and Cases"*[5]という書物のタイトルが示すように、この分野の授業は戦略論ではなくビジネス・ポリシーと呼ばれることが多かった。日本でも 1980 年代半ば過ぎまではビジネススクールで「経営政策」という科目名で授業が行われていた。環境に合致する戦略を立案することを扱う。歴史学者であるチャンドラー[6]の有名な「組織は戦略に従う」という言葉もこのデザイン・スクールの基本になった考え方であるとされる。しかし、日本語訳の書名の『組織は戦略に従う』の原題は Strategy and Structure であり、しかも著者は元々、タイトルを「組織と戦略」にしようと考えていたが、出版社の意向で "組織" と "戦略" の順番を入れ替えたのだという。ここでいう "戦略" は主に事業拡大を指す。具体的にはアメリカ企業 4 社が環境変化に合わせて成長とともに職能別組織から分権的な事業部制組織に変化していく環境適合のプロセスを詳細に記載した内容である。

　現代的な意味で企業戦略の立案について扱っているものにアンゾフの戦略論[7]がある。外部環境を分析し適切な戦略を策定し、それを実行していくプロセスを踏んでいく手順を示している。戦略策定のプロセスが中心課題になっており、部門間の利害関係の綱引きに影響されるような日常業務とのつながりから切り離したところで、経営者はコンセプトを構想するべきである、ということが前提になっている。日本では『企業参謀―戦略的思考とはなにか』という事業運営のアイデア集のような本がこの分野の本格的な先駆けとなった[8]。

1980年代中盤には、ある総合電機メーカーでは文科系の新入社員に研修中に
この本を読むように勧めていた。

形式的策定プロセス

　企業戦略について考える際に、戦略部門による戦略策定の手順に焦点を合わ
せることもできる。企業の規模が大きければ大きいほど、そして戦略策定の手
順が詳細であればあるほど、戦略策定期間とそれを実施するタイミングは時間
的に離れてしまうことになる。ミンツバーグら[9]は、この分野の出発点として
の強い影響力を持つ書物としてアンゾフ[10]の『企業戦略論』を挙げている。
その後アンゾフ[11]は、チャンドラー[12]が前提とした20世紀前半と異なり、環
境の乱気流度が増加しているために、企業の能力を環境に適応させるのではな
く、まず組織が環境変化に適応できる能力を身につけることが必要であると考
えるようになった。そのためにアンゾフ[13]は環境に貢献する組織（ESO:
environment-serving organization）という概念を提唱している。訳語としては、
"環境に貢献する組織"が一般的に用いられているが、むしろ"環境を提供す
る組織"であり、自らが自社に適した環境を自社の周りに作っていく組織とい
うニュアンスになる。ESOとは、営利企業と公共機関を問わず、柔軟性と対
応性に富む状態の組織（この場合の組織とは、企業そのもの、または企業の主体）
である。環境が乱気流的に変化する場合には、ESOが先導するかたちでそれ
に対応する能力を身につけ、それに従って戦略が策定されるということから、
「戦略は組織構造に従う」ようになる。環境が激変する場合には、急速に変化
する脅威と機会を十分に目に見えるかたちで把握することが難しくなり、それ
を把握してから「戦略」に基づいた計画的な対応が可能になるので、それまで
は「戦略」は延期されざるを得ない。しかし、それでは遅くなってしまい、対
応のための手持ち時間が短い時には、ESOはすぐに危機への対応を行わざる
をえなくなり、その対応はその企業の組織能力に応じたものになる。要するに
安定的な環境では戦略を環境に合わせやすいが、環境が不安定な場合には先に
環境に適応できる能力を組織が獲得していなければならず、その組織の能力に
よって実現できる戦略は制約を受けることになる。

9-3.　戦略形成に関する視点

認知プロセス

　集合体としての組織構成員、経営者や戦略家の "認知"（世界をどう見るのか）に焦点を当てて戦略について考えることもできる。実際の戦略策定では様々な視点のひずみが生じる。

　1980 年代に世界市場で日本の総合電機メーカーが熾烈な半導体メモリのシェア争いをしていた時に、ある役員は、何十年も前の自分の入社時を振り返って、ライバル企業の作る電球の性能が自社よりも低かったのに、半導体の集積回路の品質が自社よりも高いなどということはあり得ないといって品質格差を信じようとしなかった。また、ある家庭用電器メーカーでは、かつて社内の花形部門であったテレビ受像機製造部門が、落ち込んだ世界シェアを取り戻すと主張するのを他部門が止めることができずに、さらに資金をつぎ込んで壊滅的な状態を招いた。あの部門、またはあの人が大丈夫と言ったなら、必ず業績を取り戻してくれるだろうと信じてしまう。または信じていなくても異論をはさむ余地が社内になく、言いなりになって投資配分を決めてしまうような圧力が生じる。必ず勝つと主張している部門には状況が冷静に見えなくなっていることが多い。

　人間はすべての情報を正確に処理することはできないので、どうしても完全に合理的な行動ができない。サイモン[14] は人間の情報処理能力には限界があり、限定合理性（bounded rationality）しか発揮できないと考えた。そうだとすると、意思決定には様々なバイアス（偏向）がかかり、そのバイアスの下で情報処理が行われることになる。戦略策定者がどのような視点で問題を捉え、どのようなバイアスに影響されているのかを情報処理の段階でチェックしていくことが大切になる。人間は判断を行う際にこれまでの経験や傾向から判断を行ってしまう。認知心理学ではこれをヒューリスティック（heuristic）という。

　戦略策定時にも思考にバイアスがかかる。どのようなバイアスによって戦略が合理的な判断と比較してズレてしまうのかを考えることが重要になる（表9-1）。

ビジョン創造プロセス

　創発的なリーダーの直感、判断、知恵、経験、洞察など、人間の知的活動に

表 9-1　戦略策定時に発生しやすいバイアスの原因[15]

思考や行動のぐらつき
• 変わらないものよりも目先の新しい情報に影響される
• 思い出しやすい情報に依存する
変化を嫌う保守的な性質
• 初めの予測に固着して新しい情報を取り入れない
• なじみの情報を重視して他の情報を認識しない
• 自身が好む内容を裏づける証拠を求める
思慮の浅さ
• 実際には因果関係の薄い事柄を短絡的に関連づける
• わからないことが起こると、自然と元の状態に戻ると信じる
• 成功を自分や自社の能力や努力のせいだと考え、失敗を偶然や一時的な環境変化のせいだと考える
• 根拠なくこれまでの成功が続くと思う
• 変化の原因や不確実性を過小評価する

特有な要素を強調した考え方[16]である。実際の起業家そのものや起業家精神に焦点を当て、彼らが持つビジョンの実現に焦点を当てる。

　本田技研の社長であった本田宗一郎や、パナソニックの創業者の松下幸之助、京セラや KDDI を設立、いちど破綻した日本航空の再建に尽力した稲盛和夫などの創造的な起業家のリーダーの直感、判断、知恵、経験、洞察など、人間の知的活動に特有な要素を強調した考え方[17]に注目するとそれぞれの企業の特色がみえる。

9-4.　ポジショニング・スクールに関連する視点

ポジショニング・スクール（Positioning School）

　市場そのものの特性や特定の市場の中での自社のポジションなど戦略そのものを重視する考え方である。後述の 9-7 節で紹介するポーターの考え方や本章の後半で紹介する BCG マトリックスの考え方がその中心である。

環境への反応

　この分野に分類される戦略論の典型は、条件適応理論（コンテンジェンシー理論）である。イギリス国内のエレクトロニクス企業の分析から、安定した環境には機械的組織が好ましく、不安定な環境には有機的組織の採用が好ましい

ことを示したバーンズとストーカー[18]がその嚆矢である。また、安定した環境下では階層による統合が高いのに対して、外部環境が多様で不安定であれば組織は分権化する必要があり、さらに、多様化に対応して組織が大きくなればそれだけ組織の統合が困難になり、統合のための仕組みが必要になる。このことをローレンスとローシュ[19]がプラスチック産業、容器製造産業、包装食品加工業から合計 10 種類の組織を分析することによって示した。すなわち、企業内の組織はそれぞれ異なる環境に対応する必要があり、"特定の目標に対する指向"も"時間指向"も"対人指向"も異なる。こうしたことから、各部門間で"構造の公式性"が異なってくる。企業は様々な統合手段を用いることになり、統合手段の適切さが重要になる。バーンズとストーカー、ローレンスとローシュの理論は、環境に合った組織的な対応を求めるものであったが、環境に合わせた分化と、それを有効に機能させるための組織の統合を重視する考え方はピーターズとウォーターマン[20]の戦略論の中にも優良企業の条件として引き継がれている。

　ミンツバーグらの記述に話を戻すと、組織は最終的に、優れた生態学的類型のニッチに集まり、資源が乏しくなるか、もしくは条件が厳しくなるまでそこにとどまり、そして死滅する。要するに、結果として適応できた者だけが市場に残るという組織エコロジーの見解もあるという。生態系[21]や群集団[22]の生存競争の中で組織は淘汰されていくとして生物進化に類似した淘汰が起こる[23]と考える立場もある。ただし、そうした考え方は、適切な戦略を立案して企業が存続・発展を図るという視点ではなく、結果論として淘汰されずに残った企業が存続していることを記述する、いわば経営の主体を突き放した眼で見つめる観察者としての視点である。

9-5.　リソースベースト・ビューに関連する視点

リソースベースト・ビュー（Resource Based View）

　ポジショニング・スクールが外部環境を基点としてその環境のなかでの自社の位置づけを戦略的に決めようとするのに対して、リソースベースト・ビューは社内の能力を活かすために戦略を策定する、という考え方に依って立つ。このリソースベースト・ビューに関連する視点をみていこう。

創発的学習

　後述の 9-7 節で詳しく扱うが、的確な情報があれば、全体の戦略は組織の様々な部分から沸き上がり、進化論的に漸進的に形成されていくという考え方であり、学習と経験によって的確な情報がどのように生成されるのか[24), 25)]を扱う考え方である。情報や知識は仕事の現場での学習によって得られる。"学習" は経験やそれにともなう試行錯誤によって得られたり整えられたりする。それが個人だけでなく組織の中に集団的に蓄積されていく。これが企業にとっての見えざる資産（invisible assets）として活用される。この組織的学習は日本企業の戦略形成を念頭に置いて考えられたものである。

　こうした考え方に基づくと、戦略は、組織のリーダーから下されてくるというよりは、基本的活動を行う組織内のサブ・システムの相互作用によって実質的に生成される。現場にとって戦略は上から降って来るというよりは、組織の内部の知識がもとになって生成されたり、組織内の企業内起業家が組織内の権限や資源を得て、その動きから戦略が形成されていくという側面が浮かび上がってくる。また、こうした小さな試みを大切に育てていくための経営者による支援の重要性が強調される。視点として重要なのは創発的な学習であり、ミンツバーグ[26)]がこの考え方を支持する代表者だといえる。

集合的プロセス

　企業にはそれぞれ独自の文化がある。戦略形成は一定の文化に影響を受ける社会的な相互プロセスであり、共有された理念や信念が重要な役割を果たす。もしその文化が優れたものであれば、それは組織に埋め込まれた能力として競争優位の維持に活用されるものとなり、持続的競争優位の源泉になり得る。しかし、組織文化は大胆な戦略的変革への身動きの取れない抵抗力として作用することもあり得る。文化はメンバーにとっては空気のようなもので見えにくいが、ピーターズとウォーターマン[27)]はコンサルティング企業であるマッキンゼーによる 7-S を示している。すなわち、上位目標（superordinate goal）、戦略（strategy）、組織構造（structure）、システム（system）、スタイル（style）、スタッフ（staff）、スキル（skill）の適合こそが企業のカルチャー（文化）を示すものであるとの主張である。しかし、元々、見えないものを組み合わせても見えないものは見えない。ピーターズとウォーターマンが例に挙げている実例の多くは、当時、日本で無名であったとしても、その多くは現在も超優良企業

として存続を続けている企業である。

9-6.　その他の視点

変革プロセス

　ミンツバーグらによると、これまでのすべてを包括するのがこの分野に分類される戦略論である。戦略とは変革でもあり継続でもある。創業したばかりの新興企業の場合には、単純な組織構造のままの状態で、起業家的リーダーや、実行可能な先見性のある戦略に依存する傾向がある。かつての新興企業は、年を経て成熟化するとプロフェショナル・マネジャーと言われる人々の下で、創業の段階よりも形式化した組織構造へとシフトしていくようになる[28]。

　組織構造や変革プロセスや変革の方法にはさまざまなものがあるが組織の発展段階は以下のように考えることができる[29]。この発展段階の移行期が戦略的に重要な転換点になる。

- 発展段階（人材リクルート、システム構築、戦略的ポジションの基礎強化、等）
- 安定段階（戦略と組織構造の微調整、等）
- 適応段階（組織構造と戦略的ポジションの最低限の変更）
- 探索段階（混乱、絶え間ない変化、または実験によって新たな方向性を探索）
- 革命段階（多くの特性が同時に変化する急速なトランスフォーメーション）

　組織の変革はクーン[30]によるパラダイム・シフト（paradigm shift）になぞらえることができる。クーンによれば、科学理論は通常は漸進的に進化していき、通常理論では説明できない事象が生じると断続的な理論的革命が生じる。企業も通常運営の状態では対応できない事態が生じると、変革の状態に入る。

力の行使やそれに基づく交渉プロセス

　戦略は理想論だけではなく、組織内部や外部との利害関係の影響を受ける。実務家にとってはなじみ深いものであるが、組織の意思決定には社内政治が強く影響する。他社の吸収・合併や、また、全社戦略にとって重要な戦略的アラ

イアンスやジョイント・ベンチャーの駆け引きや企業連合の形成、競争相手への攻撃などは、力関係や政治力の行使でもある。1979 年から 1983 年にかけての二輪車におけるホンダ・ヤマハ戦争も、生産競争や値引き競争、販売店の自社陣営への引き込みなどの泥沼化を経て、両社とも大きな痛手を負いながら終結した。また、1980 年代の日本企業（日立製作所・日本電気・東芝など）による経験曲線の影響が大きい半導体メモリ（D-RAM）の生産競争は、1986 年に日本企業だけで世界の D-RAM 市場の 80% を占めるなど、熾烈を極めた。作れば作るほど経験曲線を辿って他社よりも低コストで生産できるという法則がそのまま通用していたことから互いの戦略を読み切れず、莫大な投資競争を続けていた。また、半導体メモリ独自の特徴として、Intel 社の創業者の 1 人であるムーア（Gordon E. Moore）が唱えていた集積回路の 1 チップの記憶容量は 3 年で 4 倍の割合で増えていくというムーアの法則[31], [32]が現実に当てはまっていた。そのために、経験曲線で後れを取った企業は、次世代の記憶容量 4 倍の集積回路の開発に早めに着手し、そのために膨大な投資を行っていた。現世代の集積回路にどの会社がどれだけの投資を続けるのか。また、どの会社が次世代の集積回路の開発に資源を集中しようとするのか。お互いに探り合いながら競争を続けていた。

　当時、筆者はその半導体事業部で営業を担当していたが、営業担当者のあいだでも、どこが倒れ、どこが生き残るのかを真剣に心配していた記憶がある。

　以上にミンツバーグとアルストランド、ランペル[33]を極めて簡略化し、現在の視点から多少の補強を加えながら戦略論について概観した。分類をより単純化して代表的な戦略論としての 2 つの視点をピック・アップしてより詳しくみていきたい。

9-7.　経営戦略への 2 つの方向からの視点

　戦略論には、今日 2 つの潮流がある。1 つが、市場構造の枠組みに拠った産業組織論の流れを汲むポーター流の戦略論であり、「構造 − 行動 − 業績」に基づく見方（ポジショニング・スクール）とよばれ、2 つ目が未来志向のコアコンピタンス（企業の中核能力：core competence）の構築を提唱するハメルとプラハラド[34]やケイパビリティ（capability）を提唱するバーニー[35]らの戦略論で、

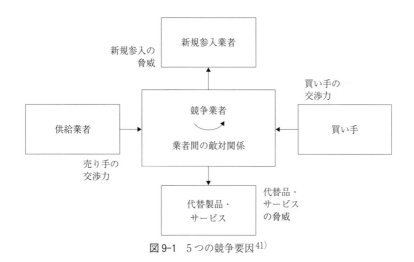

図 9-1　5つの競争要因[41]

「経営資源に基づく見方（リソースベースト・ビュー）」とよばれている[36]。

ポジショニング・スクールの基本的発想

　バーナード[37]をはじめとするこれまでの経営学が協働の体系としての組織をいかに有効に管理するのかという問題や、個々の企業が利益を向上することに焦点を合わせていたのに対し、ポジショニング・スクールを代表するポーター[38],[39]の基本的考え方は、利益率は企業ごとの違いよりもそれぞれの企業が所属する業界ごとに異なり、標準的な利益率は業界ごとに異なると考えた点で画期的であった。なぜ業界によって利益率が異なるのか、また、利益率を守る仕組み（参入障壁など）をどのように構築するのかが重要であり、それぞれの業界のなかで競争上優位な地位をそれぞれの企業が独自に築くために社内の仕組みを整えていく必要がある。

　ポーター[40]はまず業界分析から始める。その基本的アイデアは5つの競争要因（5 forces）モデルとして知られる（図9-1）。競争業者との関係だけでなく、買い手や供給業者などとの力関係もまた、広い意味での競争環境として捉えているのが特徴である。さらに、業界内への新規参入のしやすさや、既存の製品・サービスの代替品の可能性についても分析すべき競争環境として考慮することが戦略策定の出発点になる。

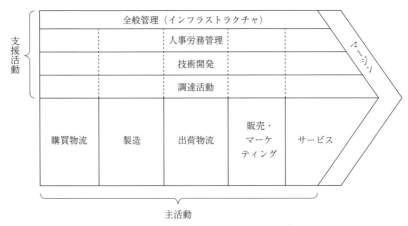

図 9-2　バリューチェーンの基本形[43]

　この図は、社会人向けの手軽に読める戦略入門書などで眼にすることが多い
が、実際には、この環境分析とその対応は詳細なものであり、邦訳書の本文約
460頁の大半が費やされている。さらに、業界分析から自社分析に戦略策定の
手順は進んでいく。図を見て戦略が分かった気になってしまうことは実務上は
危険なことであると考えられる。

　ポーター[42]の戦略論には同様に社会人向け戦略入門書などで有名な分析枠
組がある。図9-2は企業のバリューチェーンの分析の全体像を示したものであ
る。個々の活動を細かく分類し、邦訳書の本文630頁以上のほとんどすべてが
それぞれの活動についての価値活動（その企業独自の価値を生み出すための活動）
や、コスト推進要因（その企業がコストを低減するための活動の余地）の分析方
法に費やされており、これもまた全体像としての図9-2を見ただけでは戦略実
施の道具としては不完全である。なお、この場合には社内のバリューチェーン
を示しているが、いち企業を超えてバリューチェーンはつながっている。バリ
ューチェーンは、業務プロセスのなかで、原材料から顧客に提供するまでの間
に付加価値が次々と付与されていく繋がりのことである。このようにバリュー
チェーンの全体像をみようとすると、いくつもの企業をまたいで続く連鎖にな
る。競争戦略上、自社がその一部をなしているバリューチェーンと競合する他
のバリューチェーンの全体像を比較することも重要である。

　以上に見てきたように、ポジショニング・スクールの戦略論にとって、環境分析は重要であるが、企業内部での戦略的対応も重要な役割を占めることになる。

リソースベースト・ビューの基本的発想

　リソースベースト・ビューを代表するプラハラドとハメル[44]は、その企業独自の技術やノウハウの集合体であるコアコンピタンス（core competence）という概念に注目した。企業は自社独自のコアコンピタンスを用いて市場での優位を築くべきであり、自社の独自能力からスタートするべきであるという発想である。リソースベースト・ビューの基本的考え方は、日本的経営華やかなりし頃の日本発の野中らの暗黙知に関する理論[45], [46]と密接に関連している。野中らの最大の発見は、マニュアルや手順書などの明示された形式知は他社からの模倣が容易であり、それよりも形式化が困難な暗黙知がそれぞれの企業の持続的な競争優位の原因になっているという発見である。暗黙知は個人が所有するだけではなく、それを体験などによって共有化（socializaiton）し、さらに対話や文書化、試行錯誤や仮説検証的な作業などを経て明示的に表出化（externalization）を行い、形式知として共有可能な状態に発展させ、そのうえで形式知として明らかになったかつての暗黙知同士をさらに連結化（combination）することによって体系的な知として社内で共有される。そのうえで、さらにそれを内面化（internalization）することによってより深い暗黙知を生成するというサイクルを回していく、という考え方である（図9-3）。

　このようにリソースベースト・ビューの視点からは社内資源を活用するためのプロセスが重要である。ハメルとプラハラド[48]は、対象市場の定義→収益とマージンの構造→スキルと資産の配置→柔軟性と適応性、という分析の順序を示しており、リソースベースト・ビューに依って立つ場合にも業界や市場の分析は必要になる。同様にバーニー[49]は、企業全体の組織能力としての技術力やブランド力なども含めたその企業特有の強みを発揮するための、目に見えない無形の経営資源やケイパビィリティ（intangible resources and capabilities）を重視している。企業の戦略を「各企業が持つ、競争優位を生み出すためのセオリー」と定義しており、競争優位をもたらす戦略は「外部環境における脅威を無力化し、外部環境における機会と自社の強みを活用すると同時に、自社の組織が持つ弱みを回避もしくは克服できる」戦略でなければならないと規定し

図 9-3　4 つの知識変換モード[47)]

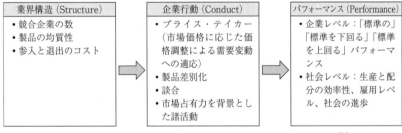

図 9-4　業界構造—企業行動—パフォーマンス（SCP）・モデル[51)]

ている。さらに、バーニー[50)]は、競争優位をもたらすためには外部環境の分析が重要であるとして、SCP（structure, conduct, performance）モデルを提唱している（図 9-4）。SCP モデルには個別企業のパフォーマンスという意味と業界全体としてのパフォーマンスの両方の意味がある。

　さらに、バーニーは引き続き、脅威を分析するモデルとしてポーター[52)]の 5 つの競争要因モデルを引用し、そうしたなかでの企業の強みと弱みを分析する視点として、バリューチェーン分析を重視しながら、経営資源、ケイパビリティ、コンピタンスを分析するよう勧めている。ここで、リソースベースト・ビュー独自の視点として、企業の強みと弱みの分析フレームワークとしての VRIO フレームワーク（VRIO framework）を提示している。これは、企業が従

表 9-2　企業内部の資源に基いて強み・弱みを分析するための問い[54]

1. **経済価値（value）に関する問い**
   その企業の保有する経済資源やケイパビリティは、その企業が外部環境における脅威や機会に適応することを可能にするか。
2. **希少性（rarity）に関する問い**
   その経営資源を現在コントロールしているのは、ごく少数の強豪企業だろうか。
3. **模倣困難性（immitability）に関する問い**
   その経営資源を保有していない企業は、その経営資源を獲得あるいは開発する際にコスト以上の不利に直面するだろうか。
4. **組織（organization）に関する問い**
   企業が保有する、価値があり希少で模倣コストの大きい経営資源を活用するために、組織的な方針や手続きが整っているだろうか。

事する活動に関して発すべき 4 つの問いによって構成されている[53]（表 9-2）。

　ポジショニング・スクールの戦略論においても、リソースベースト・ビューの戦略論においても、同様に経営環境や市場の分析と社内の仕組みや能力の分析と改善の両方を必要としている。

――――――――――――――――――――――――――――背景や人間的側面編

【戦略立案から実施までの問題】

9-8.　なぜ戦略を正しく実施することが難しいのか
――構造的・心理的な理由

長期計画・中期計画

　多くの企業は毎年、年度計画を立て、現場に実行を求める。しかし、こうした短期計画を毎年、立て直すだけでは、長期的な問題に取り組むことは難しくなる。今年度中に何をどれだけやればいいのかだけに終始してしまい、できればほっとしたり喜んだりし、計画が達成できなければ思った通りの業績が出ないために辛い思いをしたり、思わぬ環境変化のせいにして、すぐに次の年度計画の実現に向けて実行が始まることになる。このような毎年の計画の繰り返しあるいは単なる積み上げは、企業の進むべき方向を示すものではなく、過去の

継続を短期的な視点から求めるだけになりがちである。

　そこで、特に大企業では長期計画や中期計画を立て、途中で見直しや修正を加えながら実施していく。そこには戦略的視点が必要になる。長期計画は通常、長いもので 10 年などに設定し、中期計画は 5 年や 3 年を設定する場合が多い。現在では経営環境の変化が激しい場合が多いので、多くの企業で長期計画を立てずに 3 年程度の中期計画を立て、それを元に年度計画を作成することが増えている。また、中期計画を 3 年ごとに立てるのではなく、3 年先までの計画を立てながら修正を続けるという場合もある。毎年、3 年先までの戦略を立て直しながら回していく（ローリングしていく）という戦略もあり得る。

企業戦略は立案しただけでは終わらない

　企業や組織で実務に携わる読者には容易に想像がつくものと思われるが、戦略の立案から実行へのプロセスは単なる一方通行ではうまくいかないことが多い。毎年、環境分析・市場分析と社内の能力の確認や構築を相互作用として行っていかざるを得ない。大企業では経営トップだけでなく、それをサポートする戦略スタッフが現場と綿密にすり合わせながら戦略を形成していく。しかし、戦略スタッフが現場から無能だと思われていたり、現場の本当の状況を理解していないと思われたり、または、提示される戦略が非現実的で実現不可能なものであると思われたり、変わりゆく現状を反映したものになっていないと思われるような場合には、組織の現場では戦略実施への意欲は低下する。

戦略立案者と実施者との間で起こりがちなこと

　当然、長期間の間には経営環境や競争状況は変化する。戦略を立案しても計画どおりに進まないことが多い。しかし、戦略立案部門にとっては、戦略が実行されなければ部門自体の存在意義がなくなってしまう。したがって、経営者を含めて戦略立案部門は現場の"工夫"や目標への積極的な"コミットメント"、あるいは主体的な"チャレンジ"を強く求めることになる。しかし、営業や生産、または開発の現場にとって環境は変化しており、特に景気が落ち込んだときには、全社的な都合から戦略実施を求められ続けても実施は困難であると感じられることも多い。

　問題は、環境変化だけでなく戦略上求められる施策や成果が現実を反映したものだと現場が感じでおらず、元々、達成不可能なものだと感じられてしまう

場合である。戦略部門がそのような要求をしたり無用な戦略を立案しないために、各事業や職能部門から選りすぐりの人材を吸い上げて戦略部門に在籍させ、自らの経験や感覚、現場の責任者や場合によっては個人ルートから細かい状況や情報を収集して現実の深い問題を検討し、より実現可能な戦略を立案できるようにしようとする。ただし、そこにも問題がある。現場の有力な人材を全社戦略スタッフに入れれば入れるほど、全社戦略検討の場面が、それぞれの現場の利益代表者の主張のための戦場になり兼ねない。現場には現場の論理があり、全社には全社の論理がある。会社は全体の利益向上や存続、あるいは株主などのステークホルダーの利益を最終的な目的としている以上、すべての現場を満足させる施策を出し得ない。現場にとっては環境の変化や状況への対応変更の必要性を具申しても、いつの間にか異なったかたちで、上から現場の実情を考慮しない計画が降りてくるということになりがちである。

人間は自分が信じていることと異なることを命じられてもなかなか従えない

　戦略立案のプロセスの中でやりとりを続けるうちに、また、全社的な調整のなかで、現場が最初に思っていたのとは違う目標が全社戦略として降りてくることがある。全社戦略を立案するプロセスにおいて、個々の現場の現実を反映させようとすればするほど、また、同時に会社全体としての方向性や資源配分を重視しようとすればするほど、戦略の立案や調整のプロセスは複雑化せざるを得ず、最初の現場からの要求は次第に変形され、それとはまったく異なった要求が経営者から方針や目標として降りてくることになる。せっかく現場の意向を吸い上げたとしても、全社的な戦略的資源配分の意思決定のなかで、それぞれの現場がいちばんやりやすいような全社戦略が立案されることはない。信念を持って現場から上申した策が無残に変形されたと感じると拒否感が生じる。

全社戦略と実施部門とをどう調整するか

　こうしたことから、大企業においても、全社戦略は主力事業の設定と全体としての資源配分に集中し、各事業の計画はそれぞれの事業部門の権限として委譲するために、カンパニー制を敷いたり、分社化という手法で、経営施策そのものは現場の権限として分離する動きもある。

　ただ、多くの大企業では、カンパニー制を敷くにせよ、やはり中・長期的計

画を立て、戦略的な成長や存続を図っている。特に上場企業であれば、連結決算の開示義務もあり、株主への説明責任もあるため、中・長期計画を立て、全体としての企業の方向を説明する責任を持つ。中・長期計画を立案しそれを実行する必要性は従来よりも大きくなっている。

　ステイナー[55]は、戦略策定のタイプを、①トップダウン方式、②ボトムアップ方式、③トップダウンとボトムアップの混合方式、④小規模な中央集権的企業で行うことができる社長とライン長のチームによる策定方式、の4つに分類した。大企業に対しては、トップダウンとボトムアップの混合方式を推奨しているが、その典型は図9-5の通りである。長期計画を見直しながら年度ごとの戦略を策定していく。これには様々なバリエーションがあり、経営者の意向を強く反映したものからスタートし、全社計画部門内の調整を経て各部門戦略を降ろしていくことに力点を置くやり方や、逆に各部門の原案を経営者や全社戦略部門が検討して全社的観点から修正していくことに力点を置く場合もある。いずれにせよ、たいていの場合には、図示した公式のプロセスの流れだけでなく、事前の根回しやすり合わせが非公式に行われ、計画の精度を上げるようにする。

　経営環境や技術変化のスピードが速いため、より短期的な視点で見直しを行う中期計画を戦略の柱にしている企業もある。その場合でも毎年の見直しのプロセスは同じである。いずれにせよ、大企業であれば、専門の計画部門を持ち、専門スタッフが環境分析や資源配分に関する戦略ツールを用いながら、経営陣や各事業部門とすり合わせを行いながら戦略を立案し、年度ごとの修正を行っていく。

　図9-5のやり取りをみて推測できるとおり、全社戦略の見直しは、各事業部門にとって必ずしも納得できるものではないであろう。

　ミンツバーグとアルストランド、ランペル[57]は、組織が制度的な環境（この場合には戦略立案者からの現場への指示）に従うべきだというプレッシャーに対して反応しがちな現場組織の戦術的行動についてのオリバー[58]による分類を、端的にまとめて引用している。(1) 黙従（完全に制度上の圧力に屈服すること）、(2) 妥協（一部のみこのような圧力に応じること）、(3) 回避（順応する必要性を除外しようとすること）、(4) 反抗（制度上の圧力に対して積極的な抵抗を示すこと）、(5) 操作（圧力を緩和、ないしは変える試み）である。

　同書の中でミンツバーグらは、さらに戦略の失敗について以下のような皮肉

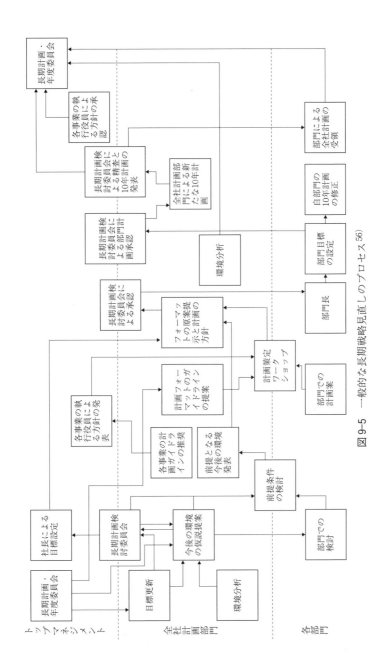

図 9-5　一般的な長期戦略見直しのプロセス 56)

な記述を行っている。

　　戦略が失敗すれば、立案者は実行者を責め立てた。「まぬけな君たちが、
　われわれの素晴らしい戦略を尊重してさえくれたなら…」。しかし、もし
　そのまぬけが利口だったら、こう答えるだろう。「君たちがそれほど利口
　だというなら、どうして、われわれのようなまぬけにも実行できるような
　戦略を策定しなかったのか」。言い換えると、論理的には実行の失敗のす
　べては、策定の失敗でもあるのだ。しかし、問題の本質は、戦略策定と実
　行を分けてしまうこと、つまり思考と行動を切り離すこと自体にある。

―――――――――――――――――――――――――――戦略ツールの考え方編

【BCG マトリックスから戦略立案の問題を考える】

9-9. 淘汰されずに生き残るために基本的な法則を使う

戦略の考え方――競争と自然淘汰の世の中で組織を存続させるために

　生物が生きるためには、共生と競争が必要である。企業が共生したり競争し
たりする場所のことを市場という。企業の場合、共生は部品業者とそれを組み
立てる企業との間にもみられるし、商品を売って得た収入で存続を続ける企業
とそれを買って生活を続ける個人との間にもみられる。

　しかし、市場の大きさは限られている。バーチャルな市場を拡げれば地球よ
りも容量の大きい市場を作ることは可能であるにしても、人工知能やロボット
を新たな顧客として市場を広げるなどという荒唐無稽なことは考えにくい。
AI技術が発展して、市場を大々的に広げるにも至っていない。限られた市場
で同じものや似た物やサービスを売って生き残ろうとすると競争が発生する。

　企業に戦略を提言するボストンコンサルティンググループ創立者の1人であ
るヘンダーソン[59]が企業戦略について以下のように説明している。生物学上
の実験による知見から、異なる種の二匹の微小生物を1つの容器に入れて資源
を与えた場合、棲み分けを行って存続を続けることができる。しかし、同じ種
の生物では同じ資源の奪い合いになりどちらか一方しか存続できない。それは
ビジネスの世界でも同じだという。生物は適者生存と自然淘汰により、より環

境に適した方が生き残り、適していない方が死滅する。このようにして30億年にわたる生物進化が続いてきたが、ビジネスの世界はそれとは異なる。自然界では偶然による突然変異が適者と敗者を生み、ビジネスの世界では、それぞれの参加者が自分自身が適者として生き残るための工夫をする。ヘンダーソンはその工夫こそが企業戦略だという。その結果、自然界の進化は偶然によるゆるやかな変化になり、ビジネスの世界では意識的な激しい競争になるという。つまり、企業が戦略を考えることによって、自然界に比べて全体としての進歩の速度が格段に早くなり、個々の企業にとっての競争は苛烈なものになる。これが企業による戦略というものである。

　このように、戦略は、偶然の突然変異による自然の進化の代わりに、企業が意識的に存続するためにあるということと、その具体的役割は、①将来の方向に指針を与え、②環境のなかで他社に比べて競争優位を築こうとするものであり、③意思決定のためのルールとして定着されるべきものである、ということになる。

　ヘンダーソンは企業戦略専門のコンサルタントとして様々な考えを世に問うているが、それぞれの市場では3社程度しか利益を上げることが困難だとも言っている。

製品・市場の原則——戦略策定の基本になる経験則

　どのようにすれば競争優位を築くことができるのだろうか？　戦略とは企業が淘汰されずに存続し繁栄するための意識的な道具である。そうであるからには“偶然による遺伝子の突然変異”とは明らかに異なり、“意識的に競争優位を築くための計画の策定”が必要だろう。戦略を策定するからには、その結果として存続・繁栄が手に入らなければ意味はない。そのためのおそらく最も有名な分析ツール（道具）がBCGマトリックスである。BCGというのは前出のボストンコンサルティンググループの略である。このツールは一般的にはビジネス・ポートフォリオ・マトリックスとも呼ばれ、1960年代末から1970年代にかけてライバルとなる他のコンサルティング会社が競い合うようにしてさまざまなかたちでバリエーションを作成しており、1980年代を中心に日本の大企業の間でも流行した。

　BCGマトリックスは多角化した企業の資源配分戦略の道具である。市場で大々的に繁栄できる企業は限られている。また、同じ市場で他社に比べて不利

な事業については、淘汰されてしまう前に撤退や小さな隙間で生きるように自ら資源配分を減らし、それによってもし資源に余裕ができれば、生き残りを賭けて自社にとって競争上の優位を築ける可能性のある事業に資源を再配分していくことが戦略上重要になる。

プロダクト・ライフサイクル

　この背景には、プロダクト・ライフサイクルの考え方がある。コトラーとケラー[60]によると、この考え方には以下の前提がある。

　　1.　製品の寿命は限られている。
　　2.　製品の売上はいくつかの段階を経過し、各段階で売り手はさまざまな試練、機会、問題に直面する。
　　3.　製品ライフサイクルによって利益は上昇したり下降したりする。
　　4.　製品ライフサイクルの各段階に対応したマーケティング、財務、製造、購買、人的資源の戦略が必要となる。

　典型的なプロダクト・ライフサイクルは第 2 章の図 2-2 に示したとおりである。製品を提供している事業体は、製品のライフサイクルに合わせて事業戦略を遂行しなければならない。例えば、ラジオに代わってブラウン管テレビが普及していったが、製造のための投資などで導入期にはなかなか利益は出ないので、どこからか資金を導入してくることが必要になる。成長期には第 2 章で触れた経験曲線のために利益が出ることになるが、成熟期には他社との市場の奪い合いが起こる場合が多く、製品の価格低下や高機能化（例えばテレビチャンネルのダイヤルをボタン化したりリモコン化したり画像が明確になるように製品を改良したり）するが、他社も同様に製品を改良していくことになる。多くの場合には製品の高機能化と低価格化を同時に行わなければならなくなり、ブラウン管の代わりに液晶画面が販売されるようになり、ブラウン管事業は衰退していく。

　多角化した企業では、多角化の程度に応じてこうした商品＝事業ごとのライフサイクルを多数抱えることになる。そのために、どのタイミングでどの事業に資源を注力するのかが企業戦略として重要になる。BCG マトリックスはこうした事業ごとの資源配分の決定をサポートするための道具である。

経験曲線

　また BCG マトリックスは、経験曲線も前提にしている。1930 年代にすでに累積生産量が 2 倍になれば航空機製造の労働コストが 20% 低下することが発見されている[61]。その後、ヘンダーソン[62]などが 1960 年代頃からデータの蓄積を行っており、米国の電子部品や生命保険、英国の産業用プラスチック製品や素材加工業などで累積生産量が 2 倍になるたびに生産コストが 20% から 30% 低減することを調べている。これらのコスト低減は自然に起こるわけではなく、生産技術の進歩（部品の集約化や改良、工具や製造ラインの改良など）だけでなく、作業員の業務への習熟や作業手順の標準化などによる効果（learning curve）などさまざまな要因が関連しているといわれている。経験曲線（図 2-1）は自動車産業や半導体集積回路など他の多くの産業でも確認されている。

　要点として重要なのは、単に生産量が 2 倍になるとコストが 20% ～ 30% 低下するというのではなく、"累積"生産量が 2 倍になるとコストが 20% ～ 30% 低下するということである。つまり、最初に生産量の蓄積が 2 倍になれば多くの場合、コストは 20% ～ 30% 下がるが、次にコストが 20% ～ 30% 下がるためには累積生産量を当初の 4 倍にしなければならず、そこからさらにコストを 20% ～ 30% ずつ下げるとしたら、8 倍、16 倍の累積生産量が必要になるということである。しかもこれは自動的に起こることではなく、それぞれの事業主体が生産技術や作業の工夫・改善を続けることによって成し遂げられることである。

　簡単に差がつくものではないが、しかし、その事業への参入が大きく遅れた場合には、先行企業のコスト効率に追いつくのが極めて困難になる。競争が激しい業界では、後発企業が出遅れ過ぎると先行他社が設定した販売価格では製造できなくなる場合が生じる。例えば初期の D-RAM 半導体メモリのような基本的に同一技術を用いた製品のコスト低下については、いったん大きな差がついてしまうと追いつくことが困難になるので、戦略的な選択肢としては、膨大な投資を行って他社のコスト優位に追いつくか、あるいは早めに見切りをつけて次世代の高容量メモリの開発にいち早く投資し、次世代の半導体メモリで先行するかのどちらかを選択しなければならなくなる。このような生産量の競争は市場シェアの熾烈な争いになる。1980 年代中盤の日本の半導体メモリ製造企業が直面していたのはこの問題であった。

9-10.　プロダクト・ポートフォリオ・マネジメント

いわゆる戦略ツールとは？――BCG マトリックスという魔法の杖の使い方

　さて、これまで「製品ライフサイクル」と「経験曲線」について述べてきたが、これで BCG マトリックスを考えるうえでの前提がそろったことになる。

　BCG マトリックスは図としては以下の図 9-6 のように表される。このコンセプトが発表された後、米国の経済雑誌 Fortune が選ぶ上位 1,000 社（フォーチュン 1000）のほとんどがこの手法を利用したというのが BCG の宣伝文句であった。

　図 9-6 は、ある企業をモデルに作成した、カーナビ、ブルーレイ /DVD、冷蔵庫、液晶テレビ、スマートフォン、半導体、エアコンを製品事業単位として抱えている架空の企業の例である。それぞれの戦略上の戦略的事業単位（SBU: strategic business unit）の売上の大きさを円の大きさで表す。それによって自社の各事業の生産（販売）規模の大きさを比較できる。

　図の縦軸は市場成長率であり、市場が成長しているか衰退しているかの判断は 10% の成長を見込めるかどうかが基準であり、それ以下の場合、0% から 10% までが金の成る木（cash cow）か負け犬（dog）である。縦軸は等間隔目盛になっているのでスター（star）や山猫（wild cat）のセルを正方形にしようとすると、上限は 20% になるが、必ずしもセルを正方形にする必要はない。縦軸の成長率の上限と下限はそれぞれの企業が抱えている SBU によって異なる。

　この戦略ツールが開発された時代には米国を中心とした先進国の多くの産業で大企業が標準的な成長率を年 10% に設定することは不自然ではなかった。しかし、現在、多くの企業で市場成長を 10% に設定してしまうと高すぎてこの図が破たんしてしまう。そこで、縦軸の標準はそれぞれある程度任意に設定されることとなる。また、立ち上げたばかりの ICT（information and communication technology）を利用した新規事業などは年率で 20% の成長を超えてしまうかも知れない。例えば、携帯向けゲーム『GREE』を運営する株式会社グリーは 2008 年度末から 2009 年度末にかけて全社売上高を 2,937,485 千円から 13,945,363 千円へと 4.7 倍以上に伸ばしている[63]。また、車載用の C-MOS センサ事業など成長分野の新規契約などで売上を 30% 以上伸ばした分野を持つ

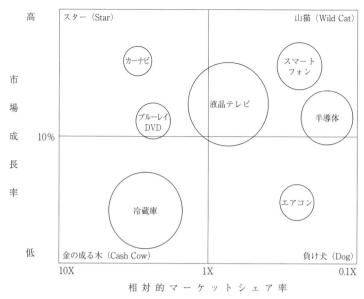

図 9-6　ある企業を想定した BCG マトリックスの例

企業もあった。

　図の横軸は、それぞれの SBU の相対的市場シェアによって設定されている。逆に、自社のシェアがトップでなければトップシェアの企業と比較して何分の1かで位置づける。シェアに関連する経験曲線が指数関数であったので、ここでは対数を用いる。ただし、実務上は実測値の比率をそのまま用いることが多い。

意思決定の道具としての戦略ツール——BCG マトリックスを元に戦略を考える

　現在の会社の各事業の位置づけが先に示した図 9-6 で描けたものとする。全社戦略を考えた場合、成長分野に経営資源を投入したい。そこで、図 9-6 の左上（スター）に位置づけられたカーナビに資源を注入し、成長事業の規模を大きくしたい。なぜならば、市場成長率が高い場合には一般的に需要が供給を上回り、増産の余地があることと、累積生産量を増やしていけば前述した経験曲線の上を右に向かって滑り降りることができるので他社に対してコスト優位に

立つことによって競争優位を築いたり他社よりも豊富な利益を得ることができる可能性が大きいからである。

　ただし、優先順位を考えた場合、相対的マーケットシェアが低いにも関わらず売上規模が大きく市場成長率がカーナビ同様に高いスマートフォンの生産・販売により大きな資源を投入すべきかも知れない。なぜなら、自社のカーナビは現在、市場シェアトップであり、この位置づけが変わらない限り、他社が自社を抜いて累積生産量を大きく稼ぐことはないからである。また、成長率が高いにも関わらず、自社も他社も売上規模が小さいということは、その製品の生産・販売自体に魅力が少ないのかも知れない。

　また、これ以上市場成長が見込まれず、他社に比べてシェアが圧倒的に高くコスト優位に立ち、現在は企業に利益をもたらしている（「金の成る木（cash cow）」）冷蔵庫事業で得られた利益をスマートフォンに投入し、生産・販売の規模を伸ばして他社に対してさらにコスト優位を築く方が先決問題になるかも知れない。同様に、シェア No.1 の企業と競い合っている液晶テレビに投資し、何とかしてコスト優位を築く方が戦略上得策かも知れない。もし液晶テレビがまだ成熟期に向かっている状態であれば成熟期の全盛時代に向けてこの事業を金の成る木の状態にして大きな利益を稼ぐことができる。しかし、一方で、液晶テレビがすでに成熟期に入っていて、今後成長率に陰りがみられ、価格競争が激烈なものになることが見込まれるのであれば、液晶テレビに向ける経営資源を今後は絞ってスマートフォンに投入した方が良いのかも知れない。これは、液晶テレビの成熟期での価格競争がどれだけ熾烈なものになるのか、また、市場成長率が長期的にみて上昇するのか下降するのか、どちらの見込みが高いのかによる。つまり BCG マトリックスの前提の1つであったプロダクト・ライフサイクルのうえで、液晶テレビが成長期から成熟期にまだ向かっているところなのか、それとも成熟期にすでに入っており、何年か後には衰退期に向かっていくのか、どちらであるのかの予想による、ということになる。

　半導体事業は、図の枠のなかではスマートフォンと同様に山猫（wild cat）と名付けられたセルの中に位置するが、液晶テレビと同様に事業としては微妙である。山猫は他社を凌駕することができれば自社にとっての将来のスター事業になり得るが、この場合にはちょっと他社と差がつきすぎてしまって競争の泥沼に足を踏み入れる原因になるかも知れない。そういう意味で判断の難しい位置づけにあるといえる。

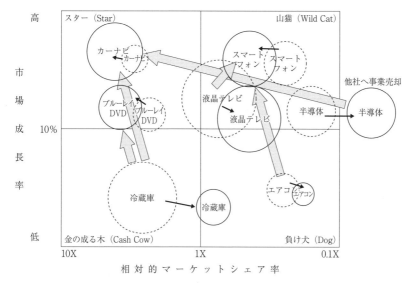

図 9-7　図 9-6 から戦略的な資源配分を行った例

　エアコン事業は規模も小さく相対的シェアも劣っており負け犬（dog）と名付けられるセルに配置されてしまっている。成長よりも衰退に向かっていると思われる。将来性が見込まれなければ、ここで得た資金を他の事業のために用いたり、事業そのものから撤退することも考慮すべきかも知れない。

　図 9-7 では、図 9-6 の SBU の資源を再配置した結果の各事業の新たな位置づけを実線で示し、かつての位置づけを点線に改めた。"資源配分"を検討し、それにより生じた資源の流れを太い矢印で示している。その作業によって生じた各事業のポジションの変化を細い矢印で示している。ここで注意が必要なのは、ポートフォリオのなかで図の上方に位置づけられている事業は、産業自体が大きく成長しているので相対的市場シェア（図の左右の位置づけ）を維持するためには、さらなる投資を続けなれば右方向に移行してしまうということである。

　マーケットシェアの重要性は、他にも指摘されている。GE の社内プロジェクトから出発し、1975 年設立の Strategic Planning Institute（200 社以上が参加し約 2,000 事業の分析を行った非営利団体）の研究成果である。それは PIMS（profit impact of market strategies）と名付けられており、マーケットシェアは

投資収益率に高い相関を示していた[64]。このプロジェクトの成果がBCGマトリックスの正当性の根拠の1つである。

9-11. BCGマトリックスは本当に使えるものなのか？

事業のくくり方をどう考えるかが魔法の杖を使うカギ

　これまでBCGマトリックスの概要を紹介してきた。実務家のみなさんは、いくつか疑問を感じられたと思われる。まず、相対的シェアといっても、競合相手と比較することは実際には難しい。全く同じ製品で競合しているとは限らないからである。例えば自動車メーカーで同じSUV（sport utility vehicle）とはいっても非舗装のオフロードにも適したクロス・カントリーや休日のサーフィンやサイクリング、キャンプ道具などのために収納性を高めたもの、家族のための居住性を高めたものなど目的も多様化しており、車高が高く視界が広く運転がしやすい家族旅行向けや、運転に自信のない富裕層の専業主婦向けなどの多様性がある。こうなるとステーションワゴンと競合する部分もある。つまり、自社のSBUを確定するとともに競合企業のSBUを確定し、比較することが困難な場合もある。また、何らかのかたちで業界1〜2位の企業でなければ、せっかくBCGマトリックスを描いても、自社の円が右だけに寄ってしまう。

　この解決策としては、事業のセグメントを細かく分けたSBUを設定するという方法がある。例えば、地元のパン屋さんであれば、全国レベルでシェアを比べても意味がない。徒歩で買い物に来る周辺住民を対象とした商圏を設定し、その商圏のなかでの食パン、菓子パン、サンドウィッチや、総菜パン、などの分野をさらに細分化し、カレーパンやピザパンなどのレベルで比較するという方法もある。しかし、近所のパン屋さん同士で細かい商品の売上金額を比較し合い、シェアを比べることさえも実際には困難である。

プロダクト・ライフサイクルと市場シェアをどう考えるか

　もう1つは、プロダクト・ライフサイクルの問題である。確かにテレビという製品のライフサイクルを見ると白黒テレビはカラーテレビに変り、さらにブラウン管テレビは液晶テレビに替わった。しかし、液晶テレビが市場に出始めた頃は、大画面テレビとして、液晶方式のテレビが市場を制するのかプラズマ方式のテレビが市場を制するのかは分からなかった。そこでテレビメーカーは

両方を生産したり、どちらかに賭けたりしていた。また、テレビという製品は、液晶テレビとしてライフサイクルを考えればいいのか、テレビ全体としてライフサイクルを考えればよいのかは判断が難しい。

　より難しいのは電気掃除機である。製品や事業としてのくくりとしての電気掃除機は、電気掃除機全体でのシェアを考えればいいのか、それともコード付掃除機とコードレス掃除機を分けて考えるべきか、自動掃除ロボットは同一市場のシェアを競い合う競合製品として考えればいいのかなど、相対シェアを考えることが実際には非常に難しい。

考慮すべき他の問題

　さらに、シナジー効果（synergy effect）が反映されていないというのもよく指摘される問題である。シナジー効果というのは相乗効果のことで、事業相互がプラスまたはマイナスに影響し合っていることである。

　図9-7では半導体事業は売却してしまっているが、実は半導体は液晶テレビにもスマートフォンにも、そしてカーナビでも部品として重要な役割を果たしている。これらの製品に使用する半導体の仕様を自社に適した設計にするためには、半導体事業は社内で抱えていた方がよいのかも知れない。また、その場合、半導体事業にとっては、自社向けの半導体の生産余剰を他社にとっての特殊用途の半導体として外販することによって、自社内部に対しては安い振替価格で半導体を提供できていたのかも知れないし、液晶テレビ、スマートフォン、カーナビの製品ライフサイクルや需給の波の影響をこれら3事業の相互作用から低減し、半導体の安定生産に役立っていたのかも知れない。

　さらに、液晶テレビとブルーレイ／DVDは同じブランドで揃えたいと考える消費者がいるかも知れないし、販売店に至るまでの流通経路を共有しており効率的な流通が可能かも知れない。また、液晶テレビとブルーレイ／DVDを共通した1つのリモコンで操作が可能であれば、その方が売上があがるかも知れない。さらに、液晶テレビの中に大容量メモリを内蔵して放送番組を大量に記録でき、さらに、薄型テレビの中にブルーレイ／DVDの録画・再生機を組み込むことが主流になっていく可能性もある。そうなると、液晶テレビとブルーレイ／DVD、半導体を独立した事業として考えることは過ちであるかも知れない。

　経験曲線が利益創出や高シェア獲得の重要性の根拠になっているが、製品や

事業によって月産の生産個数はまったく異なるので、累積生産量が2倍になるまでの時間が大きく違う。経験曲線によるメリットを獲得しようとして製品を増産しても、経験曲線によるコストメリットが得られる時間は大きく異なり、事業によっては必要な余裕資金が得られるまでに時間がかかる。また、累積生産量を増やすためには膨大な投資が必要な事業とそうでない事業があり、コストメリットで競争優位を築くためにはその事業そのものに膨大な金額の投資を行い続けなければならなくなり、他のSBUのために余裕資金を生じさせることは何年経ってもできない、という場合が生じ得る。

　経験曲線の角度や累積生産量を稼ぐ期間が異なる製品群を抱えている場合や、価格以外の差別化要因が重要な製品を抱えている場合、また、SBU間でシナジー効果がある場合、通常の経験曲線以外の要因でコストを変えられる場合（新技術の開発や代替品の参入が比較的容易な製品）、次世代製品の開発によって、古い経験曲線から新しい経験曲線への乗り換えが起こる場合などには、BCGマトリックスは扱いにくい道具になる可能性がある。

9-12.　より詳細に自社事業を検討する道具

他のプロダクト・ポートフォリオ・マネジメント──魔法の杖を新しくする

　このように、縦軸に成長率、横軸に相対シェアを取って戦略策定を行うことに対して、一斉に他の戦略コンサルティング会社から批判が発生した。そのために様々なプロダクト・ポートフォリオ・マネジメント（PPM: product portfolio management）の手法が開発された。

　戦略コンサルティングのトップ企業を自ら任じるマッキンゼー & カンパニー社はすぐさまマッキンゼー型のマトリックスを開発した。縦軸に成長率ではなく「事業地位」を設定し、横軸には「業界魅力度」を設定した。これはGE社が用いたことから、あるいはある程度共同開発のような出発点を持つことから「GE型ポートフォリオ」とも呼ばれる。GEは当時、日本の電機企業にとってあこがれの世界的な総合電機企業であったため、一時期、日立、東芝、日本電気などの企業もこぞってGE社にヒアリングに行き、各社がPPMを全社戦略策定に利用した。

　マッキンゼーによる「事業地位」は規模、成長、セグメントによるシェア、顧客のロイヤリティ、マージン、流通、技術上のスキル、特許、マーケティン

グ、柔軟性、組織から成り、「業界魅力度」は業界規模、業界の成長、顧客の
満足水準、競争（量、タイプ、有効性、コミットメント）価格水準、収益性、技
術、政府規制、経済動向への敏感度により構成され、縦軸・横軸ともに 3 つの
セルに分割され、全部で 9 つのセルを持つマトリックスである[65]。なお、GE
社はこれとは異なる要素を「事業地位」と「業界魅力度」の構成要素として用
いている。「事業地位」と「業界魅力度」の各要素はそれぞれ重み化されたう
えで得点化されて位置づけられる。GE にヒアリングを行った各日本企業は、
それぞれの要素はそれぞれの企業が決めるべきことであると回答されていたよ
うである[66]。

　その他にも、戦略コンサルティング企業のブーズ・アレン＆ハミルトン社
は、より技術を重視した PPM のフォーマットを作成した。従来のように市場
と自社製品マトリックスを作成したうえで、これら市場と製品の 2 軸を合成し
て製品／市場の魅力度という 1 軸にまとめて縦軸に設定した。また、これとは
別に技術の影響力の大きさとその中での自社の相対的技術ポジションによるマ
トリックスを作成したうえで、これら技術上の 2 軸を合成して 1 軸にまとめて
横軸に設定した。これにより経験曲線の効果を無効にするような新技術のイン
パクトを考慮できるようになるという主張である。他にも、アーサー・D・リ
トルなどのコンサルティング企業によるものがある。シェル・ケミカル社のデ
ィレクショナル・ポリシー・マトリクス[67]など企業が自社向けに開発したも
のは多数ある。

弱点を克服したことによる新たな問題

　しかし、厳密な基準ではなく、判断に必要な変数を増やし、より多様な条件
を考慮しようとすると、どうしても判断が恣意的になりがちになる。各部門に
とって重要なそれぞれの変数に重みづけをすることを主張し、パワーゲームの
様相を帯びることさえある。ただ、戦略策定部門が何もせずに単に各部門の利
益代表者の協議だけを行うよりは、単なる力と力のぶつかり合いや最高意思決
定者の恣意に影響されるなどによる、戦略に関する判断の過ちは減ることにな
る。

結局は自社事業を自社自身がどう考えるかが問題

　製品群をどういう区切りで設定し、他社のどの製品群をどうくくって比較す

ればよいのかという問題がいずれにせよ残る。

　大企業にとってこの問題の大きなものとして、製品・サービスの国際化がある。家庭用冷蔵庫は日本などの先進国では成熟期を過ぎたあまり魅力のない製品かも知れないが、経済全体が成長段階に入った開発途上国では売上が伸び続ける利益を生む可能性の高い製品かも知れない。社内の同じ技術・部品を基盤として、日本国内向けと開発途上国向けの冷蔵庫を同じ工場で作っている場合、これら2つの異なる市場向けの冷蔵庫を同じ製品群と考えたらいいのだろうか、それとも別の製品群と考えたらいいのだろうか。経験曲線を辿るための累積生産量＝コストを考えると同じ製品群として扱う方が正しいであろう。しかし、2つの市場における製品ライフサイクルは全く異なる。また、シェアを比較すべき競合他社も国内市場と海外市場では異なる。このような場合に国内と海外を別々に考えるべきか一緒に考えるべきかの正解はない。

　食品を提供するファスト・フードのハンバーガーショップでも同じ問題が生じる。先進国では未成年の学生が主要顧客であり低価格商品であるかも知れないが、開発途上国では舶来の高級食品という位置づけであるかも知れない。このような違いはありながらも、材料となる食肉や小麦粉はその時々の為替や出荷量、輸送費を総合的に勘案した最適調達を共通して行っているかも知れない。このような場合にも、国内市場と海外市場を切り分けて考えるべきか共通して意思決定を行うべきかについての正解はない。

　要するに、戦略単位としての製品群の考え方として単純な商品ごとのシェアを比較すればよいわけではなく、SBUとして事業をくくり、シェアの比較を行わなければならない。SBUを決定・編成するには以下の条件が必要である。①単一事業である、②明確に識別されるミッションを持つ、③それ自身で独立した競合者を持つ、④責任ある経営管理者を持つ、⑤一定の資源をコントロールする、⑥戦略計画から恩恵をこうむる、⑦他の事業と独立して計画ができる、などである[68]。こうした条件に合うように社内の事業をくくり、管理するとともに、競合他社も同様な事業のくくり方をしていることを前提にして比較しながら競争戦略を考えるということは難しい。

　自社の戦略的事業単位（SBU）をどのように分割し、それを他社のどの部分と比較しどのような内容で競争優位を築き、それをどのように実施することによって存続や繁栄を続けるのかについてプログラムを組むのが戦略作成であり、自然界にとっての偶然の遺伝子の突然変異を超える人間社会特有の作業である。

自社の全社戦略を考える際にも、会社の各部門を構成するそれぞれの事業の個別戦略を考える際にも、自然界の突然変異に該当するものは、単なる PPM による資源配分のための図の作成ではない。様々な要因が企業の存続や繁栄を左右する。経営戦略の策定一つを取っても、完成された図としての PPM が戦略の中心になるのではなく、様々な考えや力学、意地やプライドまでが作用した結果が戦略策定と実施に関わってくる。

注

1) 加護野忠男 1996.「第 1 章 経営戦略とは何か」石井淳蔵・奥村昭博・加護野忠男・野中郁次郎『経営戦略論［新版］』有斐閣. 1-17.

2) 加護野 1996. 前掲書.

3) Mintzberg, H., Ahlstrand, B., & Lampel, J. 1998.『戦略サファリ』*Strategy Safari: A Guided Tour Through the Wilds of Strategic Management.* New York: Free Press.（齊藤嘉則監訳 木村充・奥澤朋美・山口あけも訳（1999）東洋経済新報社.）

4) Nonaka, I. & Takeuchi, H. 1995.『知識創造企業』*The knowledgecreating Company: How Japanese Companies Create the Dynamics of Innovation.* New York: Oxford University Press（梅本勝博訳（1996）東洋経済新報社.）

5) Learned, E. P., Andrews, K. R., Christensen, C. R., & Guth, W. D. 1969. *Business policy: Text and cases.* Homewood, IL: Irwin.

6) Chandler, A. D., Jr. 1962.『組織は戦略に従う』*Strategy and Structure: Chapters in the History of the Industrial Enterprise.* Cambridge, MA: MIT Press.（有賀裕子訳（2004）ダイヤモンド社.）

7) Ansoff, H. I. 1965.『企業戦略論』*Corporate Strategy.* New York: McGraw-Hill.（広田寿亮訳（1969）産業能率短期大学出版部.）

8) 大前研一 1975.『企業参謀 ―戦略的思考とはなにか』プレジデント社.

9) Mintzberg, H., Ahlstrand, B., & Lampel, J. 1998. 前掲書.

10) Ansoff, H. I. 1965. 前掲書.

11) Ansoff, H. I. 1979.『戦略経営論』*Strategic Management.* London: McMillan Press Ltd.（中村元一訳（1980）産業能率大学出版部.）

12) Chandler, A. D., Jr. 1962.『組織は戦略に従う』*Strategy and Structure: Chapters in the History of the Industrial Enterprise.* Cambridge, MA: MIT Press.（有賀裕子訳（2004）ダイヤモンド社.）

13) Ansoff, H. I. 1979. 前掲書.

14) Simon, H. A. 1947. *Administrative Behavior*（2nd ed.）. New York: Free Press.

15) Makidakis, S. G. 1990. *Forcasting, Planning, and Strategy for The 21st Century.* New York: Free Press. を筆者改変。

16) Mintzberg, H., Ahlstrand, B., & Lampel, J. 1998. 前掲書.

17) Mintzberg, H., Ahlstrand, B., & Lampel, J. 1998. 前掲書.

18) Burns, T. & Stalker, G. M. 1961. *The Management of Innovation.* London, U. K.: Tavistock.

19) Lawrence, P. R. & Lorsch, J. W. 1967.『組織の条件適応理論』*Organization and Environment: Managing Differentiation and Integration.* Boston, Massachusetts: Harvard University Press.（吉田博訳（1977）産業能率短期大学出版部.）

20) Peters, T. J. & Waterman Jr., R. H. 1982.『エクセレント・カンパニー』*In search of excellence: Lessons from America's best-run companies.* New York: HarperCollins.（大前研一訳（1983）講

談社.）

21）Caroll, G. & Delacroix, J. 1982. Organizational Motality in the Newspaper Industries of Argentina and Ireland: An Echological Approach. *Administrative Science Quarterly*. 27, 169-198.

22）McKelvey, B. and Aldrich, H. 1983. Populations, Natural Selection and Applied Organizational Science. *Administrative Science Quarterly*. 28. 101-128.

23）Tushman, M. L. and Romanelli, E. 1985. Organizational Evolution: A Metamorphosis Model of Convergence and Reorientation. In Cummings, L. L. and Staw, B. M.（eds.）*Research in Organizational Behavior*. 7. Greenwich, CT: JAI Press. 171-221.

24）野中郁次郎 1990.『知識創造の経営』日本経済新聞社.

25）Nonaka, I. & Takeuchi, H. 1995. 前掲書.

26）Mintzberg, H. 1989.『人間感覚のマネジメント―行き過ぎた合理主義への抗議』*Mintzberg on Management: Inside Our Strange World of Organization*. New York: Free Press.（北野利信訳（1991）ダイヤモンド社）.

27）Peters, T. J. & Waterman Jr., R. H. 1982. 前掲書.

28）Mintzberg, H., Ahlstrand, B., & Lampel, J. 1998. 前掲書.

29）Mintzberg, H., & Warters, J. A. 1985. Of Strategies, Deliberate and Emergent. *Strategic Management Journal*, 6(3), 257-272.

30）Kuhn, T. S. 1962.『科学革命の構造』*The Structure of Scientific Revolutions*. Chicago and London: University of Chicago Press.（中山茂訳（1971）みすず書房.）

31）Moore, G. E. 1965. Cramming More Components onto Integrated Circuits. *Electronics Magazine*, 38(8), 114-117.

32）Moore, G. E. 1998. Cramming More Components onto Integrated Circuits. *Proceedings of the IEEE*, 86(1), 82-85

33）Mintzberg, H., Ahlstrand, B., & Lampel, J. 1998. 前掲書.

34）Hamel, G. & Prahalad, C. K. 1994.『コア・コンピタンス経営』*Competing for the Future*. Boston: Harvard Business School Press.（一條和生訳（1985）日本経済新聞社.）

35）Barney, J. B. 2002.『企業戦略論(上)(中)(下)』*Gaining and Sustaining Competitive Advantage*: 2nd ed., Upper Saddle River, New Jersey: Prentice-Hall.（岡田正大訳（2003）ダイヤモンド社.）

36）高橋宏幸（2011）「第4章 経営戦略の策定」高橋宏幸・丹沢安治・花枝英樹・三浦俊彦『現代経営入門』有斐閣ブックス, 67-92.

37）Barnard, C. I. 1968.『新訳 経営者の役割』*The Functions of the Executive*. Boston, Massachusetts: Harvard University Press.（山本安次郎・田杉競・飯野春樹訳（1968）ダイヤモンド社.）

38）Porter, M. E. 1980.『競争の戦略』*Competitive Strategy: Techniques for Analyzing Industries and Competitors*. New York: Free Press.（土岐坤・中辻萬治・服部照夫訳（1982）ダイヤモンド社.）

39）Porter, M. E. 1985.『競争優位の戦略―いかに高業績を持続させるか』*Competitive Advantage: Creating and Sustaining Superior Performance*. New York: Free Press.（土岐坤・中辻萬治・小野寺武夫訳（1985）ダイヤモンド社.）

40）Porter, M. E. 1980. 前掲書.

41）Porter, M. E. 1980. 前掲書.

42）Porter, M. E. 1985. 前掲書.

43）Porter, M. E. 1985. 前掲書.

44）Prahalad, C. K. & Hamel, G. 1990, The Core Competence of the Corporation, *Harvard Business Review*, 68(3), May-June, 79-93.

45）野中郁次郎 1990. 前掲書.

46）Nonaka, I. & Takeuchi, H. 1995. 前掲書.

47）Nonaka, I. & Takeuchi, H. 1995. 前掲書.

48) Hamel, G. & Prahalad, C. K. 1994. 前掲書.

49) Barney, J. B. 2002. 前掲書（邦訳書（上）.)

50) Barney, J. B. 2002. 前掲書（邦訳書（上）.)

51) Barney, J. B. 2002. 前掲書（邦訳書（上）.)

52) Porter, M. E. 1980. 前掲書.

53) Barney, J. B. 2002. 前掲書（邦訳書（上）.)

54) Barney, J. B. 2002. 前掲書（邦訳書（上）.)

55) Steiner, G. A. 1979. *Strategic Planning: What Every Manager Must Know*. New York: Free Press. (Paperback Edition, 1997.)

56) Steiner, G. A. 1979. 前掲書の内容を大幅に改変.

57) Mintzberg, H., Ahlstrand, B., & Lampel, J. 1998. 前掲書.

58) Oliver, C. 1991. Strategic Responses to Institutional Processes. *Academy of Management Review*, 16(1), 145-179.

59) Henderson, B. D. 1989. The Origin of Strategy. *Harvard Business Review*, 67(6), November-December: 139-143.

60) Kotler, P. & Keller, K. L. 2006.『コトラー＆ケラーのマーケティング・マネジメント（第12版）』 *Marketing Management*（12th ed.). Upper Saddle River, NJ: Pearson Prentice-Hall.（恩蔵直人監修・月谷真紀訳（2008）株式会社ピアソン桐原.)

61) Wright, T. P. 1936. Factors Affecting the Cost of Airplanes. *Journal of the Aeronautical Sciences*, 3, 16-24.

62) Henderson, B. D. 1980. The Experience Curve Revisited. *Long Range Planning*, December, 3.

63) グリー株式会社 2009.『2009年6月期 有価証券報告書』.

64) Wagner, H. M. 1984.「ROIを高める要因，低下させる要因」Profit Wonders, Investment Blunders. *Harvard Business Review*, 62(51): Sept. - Oct., 121-135.（中辻萬治訳（1984）『DIAMOND ハーバード・ビジネス・レビュー』、12月-1月号、pp. 47-64.)

65) Aaker, D. A. 1984.『戦略市場経営 —戦略をどう開発し実行するか』Strategic Market Management. New York: John Wiley & Sons.（野中郁次郎・北洞忠宏・嶋口光輝・石井淳蔵訳（1986）ダイヤモンド社.)

66) 戦略経営協会編 1984.『ポートフォリオ経営の実際 —優良日本企業の実例』ホルト・サウンダース・ジャパン.

67) Robinson, S. J. Q., Hichens, R. E., & Wade, D. P. 1978. *The Directional Policy Matrix: Tool for Strategic Planning. Long Range Planning*, 11(3): Jun., 8-15.

68) 野中郁次郎 1996.「第5章 経営資源展開の戦略」石井淳蔵・奥村昭博・加護野忠男・野中郁次郎『経営戦略論［新版］』有斐閣. 95-124.

第10章　経営組織のガバナンス
——企業は誰のものか？

【企業ガバナンスとは】

10-1. 法人、そして会社と企業

　法律では、権利や義務を持つ主体として、個人としての"人間"の他に"法人"が位置づけられている。法人には公的法人としての地方公共団体や独立行政法人、特殊法人があり、その他に私法人がある。私法人は非営利法人と営利法人に分かれている。非営利法人には、公益法人として公益財団法人、一般財団法人、公益社団法人、一般社団法人、NPO法人（non-profit organizationまたはnot-for profit organization: 特定非営利活動法人）、宗教法人がある。かつては、協同組合や互助会、マンションの管理組合や同窓会など、公益も営利も目的としない法人を中間法人と位置づけていたが、2008年に廃止され、一般社団法人に移行することになった。

　営利法人には以下の種類がある。

1. **合同会社**　2006年の会社法施行で設定された会社形態。この形態の下では、出資者すべてが出資額に関わらず平等に決定権を持つ社員という位置づけになる。株式会社のように株主と経営者が分離しているということがない。定款で定めない限り、すべての社員が経営に携わることになる。社員は全員が有限責任を持つ。また、社員は1人だけでもよい。
2. **合資会社**　無限責任社員と有限責任社員との合計2人から設立が可能な形態。
3. **合名会社**　無限責任社員だけで構成される形態。1人から設立が可能。
4. **株式会社**　株式を発行し、それを買った人が株主になるという形態。

株主と経営者が分離している。株主をその企業を所有する持ち主と考えると、この形態では、所有と経営が分離されていることになる。従来は最低でも取締役3人が必要であったが2006年の会社法施行で取締役1人でも設立が可能になった。この形態を用いることにより、自らが資金を持っていなくても会社を経営することが可能である。条件が整えば株式市場を通して幅広く資金を集めることができる。株式を買った出資者が有限責任を負う形態。

有限責任と無限責任

　有限責任というのは、会社が倒産したときなどに、自らの出資額を限度として責任を負うことである。株式会社であれば、倒産などで出資者が買った株の価値がなくなり、結果として自分が出資した金額が返って来ずにその出資額がまるまる損失になることを限度として、それ以上の責任を問われないことを言う。無限責任とは、すべての債務を自身が返済する義務を負うことをいう。

会社の形態は株式会社が圧倒的に多い

　2020年度の会社標本調査結果によると、合同会社134,142社、合資会社12,969社、合名会社3,352社、株式会社2,583,472社、その他70,436社で株式会社が全体の92.1%を占めている[1]。その他に有限会社という形態があったが2006年以降は株式会社になっている。ただし、通常の株式会社への移行までは有限会社という表記を用いなければならず、有限会社という名称が存続している。

　なお、厳密には、会社とは会社法に基づいて設立された上の1.～4.に示した形態の営利法人のことを指し、企業とは営利を目的として事業を行う主体のことであり、より幅広い範囲を指すが、しばしば同一のものとして扱われる。本書では日常的に違和感のない記述を用いており、厳密に会社と企業とを用語として使い分けていない。

株式会社のほとんどは中小企業

　日本国内の会社のほとんどが株式会社の形態をとっている。企業規模の分布をみてみよう。

　株式会社総数2,583,472社のうち、資本金10億円超が5,490社、1億円超10

億円以下が 14,279 社、1,000 万円超 1 億円以下は 337,935 社、1,000 万円以下は 2,225,768 社になっている[2]。中小企業の定義は法律によって異なるが、法人税法の定義では、資本金 1 億円以下であるので、日本国内の株式会社の 99% 以上は中小企業だということになる。

上場会社は信用力が高い

　また、株式会社の株は、東京証券取引所などの証券市場に上場することによって自由に取引ができるようになる。上場基準には厳しい審査があり、最も厳しいプライム市場では、上場基準として純資産が 50 億円以上であることや、最近 2 年間の利益合計が 25 億円以上であることなどが課されている。また、プライム市場での上場を維持するためには、株主数が 800 人以上であること、大株主やその会社自体が固定的に保有するものではなく、市場で流通している株式の比率が全体の 35% 以上であることなどの基準が設定されている。また、スタンダード市場への上場基準には、最近 1 年間の利益が 1 億円以上であることや、株主数 400 人以上、流通株式比率が 25% 以上であることなどが課せられている。また、スタンダード市場への上場にあたっては、その会社の企業としての継続性や収益性、企業経営の健全性、内部管理体制や情報開示などについての書類審査や実地調査などの実質審査も重視される。なお、グロース市場への上場は上記 2 つよりも緩やかであり、高い成長可能性を有しているかどうかが重視される。

　2022 年 12 月時点での上場会社数は、プライム市場が 1,838 社、スタンダード市場が 1,451 社、グロースが 516 社であり、必ずしも頂点であるプライム市場上場会社が少ないというわけではない[3]。

　このように株式会社の中での上場会社の数は少ないが、審査が厳しいだけに社会的な信用も高く、株による資金調達だけでなく、その信用力を元に融資を受ける際にも有利になる。

10-2. 会社は誰のものか

　会社はいったい誰のものなのだろうかという疑問にはどう答えたらよいのだろうか。

　一般に、①株主のものである（株主主権）と考える立場、②経営者のもので

ある（経営者主権）と考える立場、③従業員のものである（従業員主権）と考える立場、より幅広く④ステークホルダーのものであると考える立場がある。なお、株主というのは、株式会社という形態をとる企業が発行した株式を購入した個人や団体のことであり、以下の権利を持つ。

1. 会社の重要事項を決める株主総会の決議に参加する
2. 会社が利益を上げた場合に利益配分を（多くの場合、出資した株式数に応じた配当金というかたちで）受け取る
3. 会社を解散する際に、出資額に応じて残った資産の配分を受ける

株主主権

　まず①の株主主権であるが、会社は元手となる資本が何を措いても必要であり、その資本を持っているのが資本家である。株式会社であれば、資本金は株券と引き換えに出資されるので、株主こそがお金を出している人ということになる。そして、株主のお金をどのように運用するのかを誰かに委ねることがすべての出発点になる。この考え方によると、資本を委ねられて運用する人が"経営者"であり、資本家の意向に沿って資本を用いたり増やしたりすることに専念する。このようにして資本を元手に何事かを継続的に過ちのないように正しく営み続けることを委託されているのが経営者であるともいえる。極めて"資本"主義的な立場からの考え方である。株式会社ではこのようにして所有と経営の分離が行なわれ、本書の第1章でみてきたように、不特定多数の所有者＝株主を広く募って莫大な資金を用いた巨大産業が世の中に富をもたらすことになった。

経営者主権

　しかし、会社は②経営者のものであると考えることもできる。会社は、資本と経営が分離している場合が多く、さらに見ず知らずの他人から資本を集めて経営する場合も多い。企業を興す人を起業家というが、その起業家が自分の企業を思うように経営していくためにお金を集めようとする場合に、株式会社を発足して株券の発行によって資金を集めることがある。

　また、事業を拡張するために追加で資金を集めるために、より多くの人たちから資金を集められるように株式市場に上場した場合には、特に株主による会社経営への関心が薄くなる傾向が生じやすい。資本金を出資する人は、不特定

多数であり、出資した金額に応じた額面の株券を受け取る。さらに受け取った株券は株式市場で売買され、株主は転売された株を所有する見ず知らずの不特定多数がほとんどになる場合もある。さらに、株主数が増大すると、株主一人当たりの発言権は薄まる。企業の重要事項を決める株主総会での発言権は、株数に応じて配分されるので、お互いに見知らぬ不特定多数の株主が少しずつ資本家としての権利を分散して持つことになる。

　このような状態では、個々の株主が経営者の行動を細かく監督することは、割に合わない。多大な時間と費用をかけても、一人当たりが受け取る株への配当金額は少ないからである。配分の少ない個人が経営者の行動を細かく監督する費用や手間をかけてもそれに対する自分への見返りが増えるわけではない。また、見ず知らずの株主同士の連携も難しい。

　こうして近代の大企業では、経営者が株主の意向をいちいち伺う必要があまりなくなった。株主は、経営の知識と技能を持つ専門家に企業の経営を任せて、株主総会で重要な提案に対して投票だけすればよいようになった。一人当たりの議決権が細分化されてしまっている状態である。

　さて、こうした状況では、企業は誰のものだと理解すればよいのだろうか。株主はその企業の所有権を熱心には行使しないし、経営者の行動にうるさく口を挟まない。そうすると、経営者が資本金をどう使うのかの自由度が増える。自由に設備や従業員を使って、自分が思う通りの経営を行うことがしやすくなる。事業を発展させるために新規事業に投資をしたり、リストラクチャリングのために従業員を解雇したり、立派な新社屋を建てるといった経営判断を比較的自由に行えるようになる。つまり、企業の実質的な所有権を経営者が握ることになる。これが経営者主権の考え方である（ただし、権利意識の高い株主や、支配権を握るために大量の株を買い占める株主は"モノ言う株主"として所有する大量の株に基づいて配分される大量の議決権を積極的に行使する。特に海外の年金基金がその資金運用のために多くの株を所有していたり、投資ファンドなどが企業支配や、株価を釣り上げて将来売却する意図を持つなどの理由から経営に注文をつけて経営を左右することもある）。

コーポレート・ガバナンス──会社の統治（誰が誰を統治するのか）

　ここで①の株主主権の考え方に戻ると、株主の主権が薄まっている場合でも、経営者としての取締役は本来、その事業に出資している資本家からの委託を受

けて企業活動を監査し、取締まる役割を負っていることになる。株主は経営者に仕事を依頼しているプリンシパルであり、経営者は企業が株主の意向どおりに運営されているかどうかを監査するエージェントであると考えることもできる（このプリンシパルとエージェントとの関係については、この章の後半で詳述する）。

　ここで、"企業統治（コーポレート・ガバナンス：corporate governance)"の問題が発生する。このままでは株主は無力である。そこで、経営者が株主にとって正しい経営を行うように出資者（株主）が企業を統治する体制を整備する必要が生じる。株主の利益を守るために、取締役会の機能を充実させようとする動きである。

　株式を公開している大会社の場合、21世紀に入ってから、会社の監査も含めた取締役会の位置づけを改定できるような仕組みが導入されてきている。現在（2023年時点）では、会社法に基づいて株式を公開している大会社では1.監査役設置会社、2.指名委員会等設置会社、3.監査等委員会設置会社の3つのいずれかの会社形態をとることが義務づけられている。

　日本では従来は、上の1.の「監査役設置会社」という形態だけが許されていた。

　2003年に始まった上の2.の「指名委員会等設置会社」という形態（ただし、最初の名称は「委員会等設置会社」であり2006年から「指名委員会等設置会社」に名称変更）では、取締役会に指名委員会・監査委員会・報酬委員会という3つの委員会が設置され、ここで経営全般を監督する。この形態を選択した企業では、取締役会の中にそれぞれ3名以上で構成される、指名委員会・監査委員会・報酬委員会のそれぞれのメンバーの過半を社外取締役とすることが定められ、監査が取締役会の重要な仕事として位置づけられている。指名委員会等設置会社では、業務の執行は取締役とは別の執行役という役職者が行なうというように監督と執行を分離した（従来からある監査役会設置会社では、業務監査は取締役会とは独立した監査役会が行う）。

　2015年の会社法改正で、新たに上の3.の「監査等委員会設置会社」という形態が認められるようになった。監査等委員会設置会社は、取締役会の中に3名以上の監査等委員で構成される監査等委員会を設置しなければならず、その過半数は社外取締役でなければならないという仕組みである。

　指名委員会等設置会社と監査等委員会設置会社では、監査委員会が監査を行

うことになるので、それと重複することになる監査役および監査役会を置くことはできない。ただしこれら2つの新たな形態の他に従来からの形態である、上の1.の監査役会設置会も認められており、数としてはこちらの方が多い。

　これらが上に挙げた1.～3.の形態の概要である。

　こうした経緯をまとめると、株式会社には監査役設置会社の形態しかなかったが、それでは監督機能と業務執行機能が明確に分離していないということが問題視されていた。そこで、取締役会と執行役が分離している形態として指名委員会等設置会社が認められたということになる。このようにして、指名委員会等設置会社では、取締役会が業務執行を客観的な立場から監査し、業務執行については執行役を設置し、執行役が行うことになった。つまり、取締役は業務執行を行わない。その代りに、業務執行を担当する役員として執行役が置かれることになる。ただし、取締役は執行役を兼務することができる。取締役も執行役も任期は1年に定められている。また、監査等委員会設置会社では、取締役を兼任する監査等委員を株主総会で選任し、監査等委員は業務執行の責任と共に業務執行を監督するという二重の役割を負うことになっている。

　名称が似ていることから混同されがちだが、執行役は法的な位置づけであるが、多くの企業が設置している"執行役員"という立場は法的に定められたものではなく、それぞれの企業が任意に設置している役職名である。従来に比べて多くの会社で取締役会の人数が減ったことと、社外取締役の導入により、内部昇進で取締役＝いわゆる役員に昇進する可能性が大きく減ったため、従来の取締役に近い名称の執行役員という役職を設定し、従業員がその立場を目指していくことができるように工夫しているという側面もある。

　多くの会社は、1.の形態である従来の監査役設置会社のままで、内規で社外取締役や、ダイバーシティ（diversity: 多様性）の観点から外国人や女性取締役の人数や比率を決めるなど、運用の自由度を確保しながらコーポレート・ガバナンス問題に対処しているのが現実である。

従業員主権とステークホルダー

　しかしまた、企業は③従業員のものであると考えることもできる。いくら経営者が経営判断を行うといっても、日々、企業が運営されているのは個々の従業員が活動しているからである。企業は組織の隅々まで従業員によって構成されている。

　もし株主の主権が薄まっているのであれば、株主から管理・監督の役割を代行しているに過ぎない経営者が果たす本来の役割（株主の意向に沿った経営を行うこと）も薄まっている。実際に仕事をしている従業員が主体的に企業そのものを動かしているのだと理解することもできる。企業の実際の業務そのものを執行している主体である従業員こそが、企業を自分のものとして運営しているのだとも考えられる。従業員にとって所属する企業は力を合わせて生活の糧を得る場であり、起床している時間の大部分を過ごす共同体でもある。企業は従業員にとって運命共同体であるといっていい。そうであれば、村が村民のものであるのと同じように、企業はそこで生活する従業員のものであり、村が潰れれば村民が糧を失うのと同じように、企業が潰れれば従業員は糧を失う。

　さて、これらを総合して考えると、上の①〜③はそれぞれその通り、もっともではあるが、企業は顧客があるからこそ存続しつづけることができる、という視点が抜けてしまっている。企業は、自らが提供するサービスを受益する人たちのために活動し、存続している存在だともいえる。また、企業が活動を続けることができるように、部品や材料、販売するための商品を売ってくれている製造企業や卸会社などのお陰で存続を続けることができているという側面もある。そしてまた、工場の社屋が立地しており、労働力を提供してくれている地域も企業存続に寄与してくれている。銀行がお金を貸してくれていることも存続の大きな力になっているかも知れない。すなわち企業は多くの関係者から生かされ、期待され、その期待に応える義務を負っている。こうしたことを考えると、企業は、広く分散している多くの人たち、つまり④ステークホルダーの物でもあると考えることさえできる。ステークホルダーとは、おいしいステーキを持っている人のことで、利害関係者のことを表す言葉である。

10-3.　経営形態の推移と、経営の執行と監督の分離の必要性

財閥解体とその後の歴史的推移

　第二次世界大戦までは日本の大企業の多くは財閥（元々は血縁関係を元にした同族が出資したり経営することによって支配している、産業界で強大な地位を占める企業群であり、三大財閥として有名なのが三井、三菱、住友である）が強い影響力を保持していたが、大戦後に財閥解体が行なわれた。これは、それまで財閥が産業界として日本軍の活動に積極的に協力していたことに対し、その力を削

ぐという目的のほかに、株式を広く公開して富の偏在を是正するという戦後民主化への流れによる動きである。さらに、軍国主義者が権力を持つことを排除するための公職追放が行なわれ、企業経営者もその対象になっていたため、対象となった企業の経営層が当時の中堅層から急遽、昇格せざるを得なかった。当時、こうした新興経営者を揶揄する言葉として、三等重役という言葉が流行したほどである。

純粋持株会社の禁止と企業グループ

　第二次世界大戦中までの財閥企業群の経営は同族が持株会社に出資することによってその配下にある子会社群を支配するという形態が主であったため、自らは事業を行わずに子会社支配のみを実質的に行う純粋持株会社という形態は、1947 年に制定された独占禁止法により禁止された。純粋持株会社は 1997 年の独占禁止法の改正までは禁止されていた。なお、事業持株会社として自社事業を続けながら他社の株を所有することはこの間も行われていた。旧財閥系の大企業の間では、株価の安定や株の買収を防ぐために、同じ財閥系企業グループの中で、ある程度の数の株式を会社相互で持ち合うことも行なわれていた（株式持合い）。グループ内では特に金融機関や総合商社が大きな役割を果たす場合も多い（例えば三菱グループでは、三菱 UFJ 銀行や三菱商事など）が、歴史あるグループではその発祥の元々の事業会社が大きな発言権を持つ（例えば、住友グループでいえば、住友金属鉱山や住友化学など）こともある。

グループ関係の変容

　その後、各企業の業界内での競争力強化などのために、異なる財閥系グループに所属する企業が合併するなど、グループ内の結束が緩まっていった。例えば、三井銀行と住友銀行が合併して三井住友銀行になる。三菱電機と日立製作所がそれぞれの事業部を独立させて設立したルネサステクノロジと住友系である日本電気の子会社 NEC エレクトロニクスが経営統合してルネサスエレクトロニクスになる。三井海上火災保険と住友海上火災保険が合併して三井住友海上火災保険になり、他の企業も傘下に置く持株会社である MS&AD インシュアランスグループを形成するなど様々な組み合わせがある。

　また、企業グループを形成する各社が財務体質の改善のために所有している他社の株を売却するなどにより、株の所有者が系列企業の外部に広がっていっ

た。

株主と経営者との情報の非対称性の増大

　グループ内の企業の持株比率が低下したために新たな株主と企業との間で情報の非対称性が大きくなった。情報の非対称性とは、二者の間での情報の量や質が異なることであり、情報の一方への偏在のことである。この場合には、株式を発行している会社についての正確で詳細な情報を株主が応分に把握していないことが情報の非対称性を形成している。この非対象性のために、株主はその企業への所有権を充分に行使できなくなってきている。株の所有者が増えるに従って、経営者を緻密に監視するためのコストとそれによる配当金や株価の上昇などの利得が個々の株主にとっては小さすぎることになる。そこで、株主全体のために経営状態の監視を一括して専門機関に代行させる必要が生じた。

非対称性の軽減への動きと問題点

　このような経緯で、取締役会を株主の利害を守るための機関として明確に位置づけようと、取締役の機能の充実が求められるようになってきたのが21世紀の取締役会改革の動きである。しかし、取締役が監督に専念することになると、業務を執行するための執行役の設置が必要になる。従来の日本企業では、一般的に取締役が「経営」の専門家ではなく、各事業を執行するなかで社内の競争を勝ち抜いてきた「事業」の専門家なので、そのままでは取締役は個々の事業の運営を中心に考えてしまい、時には事業の売却も必要な全社的経営の視点が欠落してしまいがちになる。それでは、取締役を外部から招聘した経営の専門家に置き換えるとどうなるか。理屈のうえでは、社外取締役は、社内の人間関係のしがらみが薄く、社内の出身部門とは関係がないので、企業そのものの価値を中心に考えるようになり、企業価値を上げるための事業再編（売買）がより盛んになる。

　社内の各事業出身者ではなく、社外からスカウトした経営の専門家を増やして、取締役会のメンバー構成を変えることによって、自社の従業員のための取締役会ではなく、株主のための取締役会という側面が強化される。

　従来、日本企業では、従業員が昇進（出世）して、その連続の結果として最終的に経営者に選抜されていくことが多かった。取締役会は、従業員から選抜された会社員の代表であり、株主の側からの利害を守るために大胆な解雇など

の人員整理を行ったり事業の買収や売却によって株主の利益を増大させるような経営方針をためらいがちであった。株主の金銭的な利益を守るよりも、同僚や同志として働いている従業員を守りたいという心情が強くなるからである。経営者とは主に取締役であり、その代表者が代表取締役社長である。従業員は出世競争を日々重ね、最終的に残るのは代表取締役社長 1 人、という仕組みである。業務執行の最高責任者がそのまま取締役になっていることから、このやり方では取締役は業務執行の最高責任者とその企業を取り締まる役割との二重の役割を負うことになる。スポーツに例えると、プレーヤーの中心となるキャプテンがそのまま審判も兼ねているということになる。こうしたことを避けるために、企業統治のあり方が工夫されてきている（ちなみに企業統治という言葉を、自身が株主から統治されるのではなく、経営者自身が社内を統治することだと意味を取り違える経営者もいる）。

　従来から、株式を公開している資本金が 5 億円以上または負債総額が 200 億円以上の会社（大会社）は取締役会とは別に監査役会を設置しなければならないことが会社法で定められている（従来からの「監査役設置会社」の場合）。その場合、監査役の選任は株主総会の議決で決まるが、多くの場合には株主には監査役の適不適が判断できず、会社側からの提案を承認せざるを得ない場合がほとんどであり、独立性が保たれているとは必ずしも言えない。こうした状況では、監査役会は株主の側に立ってその利益を増大するための監査に専任することも難しい。

10-4.　経営者に対する内外からの規律づけ

会社の解散によって会社の責任が消失してしまうことの問題点とその対応

　株式所有の分散により、企業の所有者としての側面を持つ株主による会社のコントロールが難しくなっている。しかし、大会社の不正や破綻は社会的影響が大きい。

　会社の経営が失敗して破綻してしまうと、会社そのものがなくなってしまうので、経営者は職を失い、株主は出資した金額を取り戻せなくなってしまう。しかし、社会的な影響が大きい場合には例外的に会社を破綻させずに存続させる場合もある。東京電力がその例である。2011 年の東日本大震災による福島第一原子力発電所の放射線漏れに対する近隣住民等に対する補償は、2022 年

12月28日時点で約10兆5,809億円がすでに支払われており⁴⁾、2020年度末時点の資本金9,000億円をはるかに超える。経営破綻により会社を整理していてもおかしくない状態である。さらに継続する放射能漏れにともなう廃棄物処理や、廃炉に向けた作業などで莫大な費用が今後もかかり続ける。このように社会的要請の大きさから、公的な支援や第三者割当による優先株式による増資などで、企業を存続させ続ける場合もある。東京電力ホールディングス株式会社という会社は、原子力損害賠償・廃炉等支援機構が発行株式の過半（54.74%）を所有する実質的な国有企業として公的に生かされ続けているといえる（2022年3月末現在）。しかしこのようなことは極めて稀な例外である。

　なお、第三者割当増資とは、特定の第三者に限定して株式を発行する方法である。優先株式は、配当金や会社を清算する際に残った財産（残余財産）を普通株よりも優先して受けることのできる権利のある株のことである。第三者割当による優先株式の発行による増資は、新型コロナウィルスの流行による旅行業の不振により、2021年にJTBが金融機関に対して行っている。その他1990年代に始まった国内金融危機に対処するために、金融庁は銀行に対して自力での資本調達強化により2005年3月期までに不良債権を半減させることを求めた。そのために多くのメガバンクが第三者割当による優先株式の発行による自己資本強化を行っている⁵⁾など、その例は多い。

取締役会改革の実際

　これまで見てきたように、上場会社によっては、取締役会改革を行い、取締役と執行役を分離し、取締役による経営執行の監視を充実することが行なわれてきている。監査役設置会社の形態であっても、取締役会の経営執行との独立性を確保するために社外取締役の人数を増やすなどの運用上の工夫を行っている。形態としては監査役会設置会社のまま、指名・報酬などの委員会を設置するなど、経営執行を規律づける運営上の仕組みを持つ会社も多い。特に東証プライム市場の上場会社では、旧来の監査役設置会社の比率が57.6%、指名委員会等設置会社がわずか3.9%、監査等委員会設置会社が38.5%になっており⁶⁾、ほとんどが監査役会設置会社のままである。そうした形態の分布のなかで、100%の会社が社外取締役を選任している⁷⁾。また、指名・報酬委員会のいずれかを設置している会社が86.3%であり、いずれも設置していない会社が13.7%であった⁸⁾（いずれも2022年時点）。ここから東証プライム上場会社では、

監査役会設置会社の形態のままで、社外取締役を導入し、委員会を設置するという運用を行う会社が多いことが分かる。

　しかし、社外取締役の問題点として、社内知識や事情に精通していない点が挙げられる。独立性の高さと充分な監視機能の発揮とのトレードオフがあり、この両立をどのようにして確保するのかが問題になる。例えば、2015 年 2 月に発覚した株式会社東芝の粉飾決算問題は、社外取締役を大胆に起用した先進的なコーポレート・ガバナンスであるといわれていた取締役会の下で発生していた。

経営者報酬

　役員給与や役員賞与など、経営者に付与する報酬の与え方で経営者の行動は大きく変わる可能性がある。まず、定額の固定的な報酬はインセンティブが少なく経営施策を成功させるための金銭的動機づけが弱い。当然のことながら業績連動的報酬は、経営者の業績向上への意欲を増加する役割を持つが、会社の利益額や売上高利益率などを用いて役員報酬に反映させるなどの短期的インセンティブの付与は企業業績への短期的視点をもたらすことになる。あらかじめ定められた金額（権利行使価格）で、会社の株式を取得できるストック・オプション（株式購入権）を報酬として用いれば、取得した株を売却する際に株価が上昇していればしているだけ手に入る金額が大きくなるために、将来の株価上昇を狙った長期的な経営施策を経営者に行わせるための刺激になる。

　短期的なインセンティブでは、経営者が毎年の業績向上に強い関心を持ち、長期的な投資などを怠る可能性がある。逆に、長期的なインセンティブでは、その会社ではどうにもならないような世界的な景気動向（例えば疾病の世界的な流行や、戦争勃発などによる影響）など、経営手腕にあまり関連のない事柄の影響を受けて経営者が将来に受け取る金銭的利益が変動してしまう可能性がある。また、すぐに報酬に反映されないので、金額の変動を大きくしないとインセンティブ効果が出にくい。また、一般的に長期的な業績連動的報酬では賭博的投資などの可能性が生じる。特に失敗時の責任が問われず、経営施策が失敗して減額される報酬の幅が小さく、成功した場合に受け取る報酬額が大きい場合には、このような傾向が生じる。

　経営者報酬は、それぞれの企業の状況に合った固定的な基本報酬と賞与等の短期的業績連動報酬および、ストック・オプションなどの長期インセンティブ

とのミックスが必要である。

外部からの規律づけ

　外部からの規律づけに関しては、社会的な監視や取引先や顧客からの監視があるが、株式市場からの規律づけもある。株価が低下すると株式発行による資金調達が困難になる。

　また、株式市場からの規律づけとして、株価が下がるようなことをすると、安くなった株を買い占めることが容易になるので、敵対的買収の脅威にさらされる。この予防策としては、事前警告型買収防衛策として、安い価格での新株予約権の発行決議を行い、その新株を敵対的買収者以外に発行して敵の持ち株比率を薄めるという方法がある。しかし、新株の引き受け手が見つからなければ、有効ではないため、経営者にとっては株価が低下しないように、また、万一の場合にも新株の引き受け手が確保できるだけの業績の維持が必要になる。

　負債にも経営者を規律づける役割がある。企業に負債があり返済が不可能になる可能性が大きくなると、銀行などの債権者は融資を引き揚げてしまう。そうした危機を避けるために、負債は経営者に対して慎重な経営を行うための規律づけとして作用する。また、負債にともなう利子は定額であるために、企業業績がどんなに悪化しても支払利子をカバーするだけの経常利益を上げ続けなければならない。そうでないと企業に余分な資金の留保がなくなっていく。または、さらなる融資を受けて負債を増加させなければならないリスクが増大する。

　負債による規律づけで特に大きいのが、メインバンクの役割である。メインバンクとは、その企業に融資をしている銀行の中で最大の金額を融資している銀行である。メインバンクと貸付先の企業とは、長期的な関係を結ぶことが多く、かならずしも融資の必要がなくても、何らかの理由で追加融資が必要になる場合に備えてメインバンクとの関係の強化・維持のために一定額以上の融資を受け続けている企業がある。

　この章の後半の【新制度派経済学からの説明（1）】でみていくように、メインバンクと融資先企業には後述するプリンシパル・エージェント関係が生じている。メインバンクは金を貸すことで所有権の一部を得ている。すなわち、利子や元本の返済をさせる権利を所有し、その権利が消滅しないように、プリンシパルとして相手企業を監視する必要が生じる。利子や元本の返済を確実に得

るためには、経営が健全であるように監視する必要があるので、メインバンク
は融資先企業から情報を獲得する必要があり、また債権を保全するために役員
を派遣したり、定期的に事業計画書を提出させて精査したり、また株を取得し
て株主の地位から融資先企業を監督することもある。メインバンクにはこのよ
うなチェック・コントロール機能がある。

企業価値と株主の利益

　会社が高い業績を上げ、企業価値が高まると、それは株主の利益になる。株
価が上昇し、所有している株を高く売ることができる他、所有している株式数
に応じて受け取る株式配当金額が多くなったり、安定的な配当を期待できるよ
うになるからである。企業価値や理論株価（理論的にその会社相応の正しい金額
の株価）のどちらについても様々な計算方法があるが、少なくとも企業の価値
を発行済株式数で割った金額が一株あたりの価値に大きく影響する。企業価値
に変化がなく同じであるならば、発行済株式数が多ければ多いほど、一株当た
りの価値は減ることになる。

株式配当金は残余利益の配分

　配当金について以下に考えてみよう。株主の発言力が大きくなると、利益配
分としての配当金の増額の要求が株主から出ることになる。また、配当額が大
きいことは株価上昇に役立つ。しかし、今期に得た利益の残額を総て配当金に
充ててしまうと、将来の投資に用いるための蓄えをすることができなくなる。
配当を抑えて利益を企業内に留保し、それを有効な投資に使えるのであれば、
将来の企業価値が高まり、株価の上昇に結びつく。

　企業の最終利益が確定していく過程で、様々な費用等がかかっていく。まず、
その企業に借入金（特に有利子負債）があれば、恒常的に利子の支払いが必要
になる。最終利益を計算するうえで支払った利子は差し引かれる。貸付けてい
る側の金融機関などの債権者にとっての関心は、冒険的な投資などはせずに着
実に安定的な収益を上げ続け、貸付額が最終的に回収できるかどうかというこ
とと、利子が確実に支払われ続けることである。そのために金融機関は貸付先
がリスクのある行動を取ることを嫌う。

　もしある企業の営業利益がプラスになり、そこから支払利子などを引き去っ
た経常利益がプラスになり、純利益がプラスの金額として残った場合には、そ

の最終的な利益が剰余金になる。剰余金の処分には、株主への配当とそれを企業内に積み立てる内部留保とがある。どちらも株主総会で金額が決議される。要するに、株主への配当は最後に残った残余利益の配分であり、決議は株主総会で行われるので、その残余利益を要求する権利、言い換えると残余請求権は株主が持っていることになる。大株主はこうした視点からの発言を行う。

10-5.　企業の社会的責任

社会的責任

　企業は社会的存在であり、一定の社会的役割と社会的責任を負う。企業ではコンプライアンス（compliance: 法令遵守）が重視される。コンプライアンス違反には、不正経理、労働問題や情報漏洩などがあり、これらの違反が場合によってはその企業の命取りにもなりかねない。社内にコンプライアンス委員会を設置してコンプライアンス遵守を徹底しようとする企業も多い。

　また、CSR（corporate social responsibility: 企業の社会的責任）も重視される。企業は単なる利潤追求団体ではなく、地域社会や近隣住民、従業員やその家族、フェアトレード（fair trade）、SDGs（sustainable development goals: 持続可能な開発目標）への取り組みなどが積極的に進められている。SDGs は 2015 年の国連総会で採択された、持続可能な開発のための 17 の国際目標である。

内部統制

　企業が適正に事業を運営することを確保するためのプロセスを内部統制という。2006 年に成立した金融商品取引法に定められた内部統制の手続き等が、上場企業を対象に 2009 年 3 月期の本決算から適用されている。それによると、企業は自らの内部統制の状況を評価して内部統制報告書を作成し、監査人からの監査を受けなければならない。なお、エンロン事件などの不祥事やコンプライアンスの欠如等を背景として、アメリカで 2002 年に制定された Sarbanes-Oxley act（SOX 法）を参考として日本で定められた法律であるため、J-SOX 法（日本版 SOX 法: 内部統制報告制度）とも言われる。

　「財務報告に係る内部統制の評価及び監査の基準」によると、内部統制は業務の有効性および効率性、財務報告の信頼性、事業活動に関わる法令等の遵守並びに資産の保全の 4 つの目的が達成されているとの合理的な保証を得るため

に行うものである。これは、業務に組み込まれ、組織内の全ての者によって遂行されるプロセスであり、統制環境、リスクの評価と対応、統制活動、情報と伝達、モニタリング（監視活動）およびIT（情報技術）への対応の6つの基本的要素から構成される。[9]

—————————————————————————————————————*背景や人間的側面編*

【新制度派経済学からの説明（1）】

10-6.　新制度派経済学による所有権とプリンシパル・エージェントの問題

理論的説明——新古典派経済学への批判からの出発

　制度の制定や法整備には理由がある。なぜそのような制度が制定されたり整備されるのかを説明する理論として、新制度派経済学がある。

　新制度派経済学は、新古典派経済学の非現実的な設定に対する批判として誕生した。新古典派経済学では完全市場を前提としている。しかし、実際の市場は完全市場として機能していない。市場や組織の不完全さを補う仕組みや制度に焦点を当てる新制度派経済学と呼ばれる理論群の提唱者たちがノーベル経済学賞を受賞している（1990年受賞のコース[10]、1993年受賞のノース[11]、2009年受賞のウィリアムソン[12]など）。

　個人の選択は、限定された環境のなかで行われ、その範囲においてのみ適合するものになる。しかも、人間の持つ知識は不完全であり、その判断や行動は限定合理性により制約を受けている[13]。市場に参加する組織や個人は、どのような潜在的取引相手がどこにいるのかを探さなければならない。しかも取引しようとする財やサービスの品質や取引条件の情報も完全に持っているわけではない。また、現実には契約書作成の手間や納期の交渉も必要になるし、相手が期待どおりに行動してくれるかも分からない。牽制や監視の必要が生じる。当然のことだと思っていちいち契約書を作成していないような事柄について、相手が期待どおりに動いてくれないかも知れないし、契約途中で財やサービスの数量や提供のタイミングに変更の必要が生じるかも知れない。

　市場取引だけでなく、組織内でのやり取りについても同様の問題が起こる。

　実際の取引では、新古典派経済学では想定していなかったこうした諸々の問題について一つひとつにコストがかかってくる。このように考えると、現実の市場は新古典派経済学が想定したような完全市場ではなく、市場にはデメリットも存在する。そこで、組織や個人は市場を利用せずに、より密接に関係を保つ取引相手を開発したり、1つの組織として相互関係を持つこともある。現実には、市場で相手とやりとりすることと、組織内の相手とやりとりすることとの比較で、どちらにどのようなメリットとデメリットがあるのかを比較する必要も生じる。

　新制度派経済学は、このような発想から、限定された合理性を持つ人間の経済行為を説明する理論であり、契約の仕方や組織構造などの"制度"と人間行動との関係を取り扱う。

本章で取り扱う問題に関連する理論

　新制度派経済学は、大きく分類して、所有権理論、プリンシパル・エージェント理論、取引費用理論の3つに分類され得る[14), 15)]。本章では、これらのうち、主に所有権理論、プリンシパル・エージェント理論の2つを扱い、次の第11章で取引費用理論を扱う。

10-7. 企業の所有権についての理論的説明

　企業というものを一種の"財"であると考えれば、企業は株主、債権者、経営者、従業員といった様々な主体から少しずつ所有されていると考えることもできる。また、そう考えた場合、それぞれが所有する所有権の性質が異なる。その前提としての理論的枠組から考えてみよう。

所有権理論

　新制度派経済学の中でも特に有形・無形の財産の有効活用について分析を行う枠組が所有権理論である[16)-22)]。所有権理論によると、財や資源を効率的に利用するためには、その所有権のどんな側面が誰に帰属するのかを明確にし、所有権の外部性（対象となる財の所有権が関係者の誰にも帰属していない状態）を内部化することが重要である[23)]。このことは土地などの資産だけでなく、知識や利益、"組織"のような無形のものの所有権についても同様である[24)]。し

かも、所有権は分割して所有することも可能である。

　所有権理論によると、ある財産に対する権利・義務は、(a) 財を利用する権利、(b) 財の形態と内容を変更する権利、(c) 発生した利潤を自分のものにする権利、または損失を負担する義務、(d) 財を譲渡し、精算による収益を受け取る権利の 4 つに分類できる[25)-30)]。

　企業組織の所有権があいまいなまま共有されるのではなく、上の(a)〜(d)の所有権による権利と義務を特定の個人や集団に明確に帰属させ、内部化した場合には、資産が有効活用されることになる。"組織"やそこから生み出された"利益"という資産についても同様である。所有権がどこかの組織や個人に明確に配分されていれば、所有権を与えられた組織や個人は資産を自らにとって有効なものにしようとするからである。

　例えば、山林が誰の所有にもなっておらず、単に伐採されるだけであれば木が取り尽されて禿山になってしまう。しかし、誰かが山そのものや山に自生する樹木の所有者として明確に位置付けられ、上の(a)〜(d)の権利を明確に所有していれば、その所有者は将来も利益を得ようとして計画的な整備や伐採を行うようになる。また、経済的に余裕がなく山そのものを売却したかったり、計画や管理の能力がなく、山林の価値を急速に低下させてしまいそうであれば、その山林の価値を維持できそうな、すなわち、山林を高く買ってくれるような相手に所有権を売却する。所有権は必ずしも単一の個人に帰属するものでなくてもよい。入会権のように、共同で財産の利用権を所有する場合もある。その際には、財産を有効に活用するように話し合いが持たれる。

株主の所有権

　株主は、事業に必要な資本金を出資しているので、発生した利潤を自分のものにする権利を持っている。企業が倒産し、資産価値がゼロまたはマイナスの状態（負債が純資産を上回っている債務超過の状態）になってから清算するときには出資金が全額無駄になるという損失を負担する義務を負っている（有限責任）。株主は、その企業に出資した金額と引き換えに株式を所有するが、その株式は他人に譲渡できる。また、もし企業が他企業に吸収されるなどのためにいったんその企業を精算しなければならない場合、その企業の資産を株式の持ち分に応じて配分した金額か、またはその金額に相当する合併後の会社の株式を受け取ることになる。つまり株主は、(d) 財を譲渡し、精算による収益を受

け取る権利を持つ。

債権者の所有権

　債権者は単に外部の立場からお金を貸し、利子を得ているだけの存在であるから、企業が利子を返し続け、借金の返済も十分可能であれば、本来は特に口出しをする余地はない。いくらその企業の利潤が大きく発生しても、債権者は増えた利益を自分のものにする権利はない。利益が出ても出なくても、通常は債権者が受け取る利子の額は変わらないし、利益の配分も得られない。しかし、もし借金をしている企業が倒産して存在しなくなってしまうと、利子を受け取れなくなるばかりか、貸したお金が返ってこないことになる。損失を負担しなければならなくなる。

　そこで銀行をはじめとする債権者は、所有権を行使して、企業が倒産しないように事業をリストラクチャリングしたり、事業計画を変えさせるなどといった、(b)財の形態と内容を変更する権利、を得ようとする。そうした権利を得るために、事業計画を見直さないと融資を引き揚げるなどと企業に通告し、精査した結果を実行するように約束させて、組織のリストラクチャリングを実行させたり、取締役や監査役を送り込んで、経営者としての所有権が得られるようにする場合がある。

経営者の所有権

　経営者は、事業をよりよく運営するために、新規事業への進出や撤退、企業規模の拡大や縮小、新規顧客の獲得や販売商品の変更など、(b)財の形態と内容を変更する権利、を行使する。企業経営という行為そのものが、(b)の権利なのである。

従業員の所有権

　従業員は、賞与というかたちで、(c)発生した利潤を自分のものにする権利、を持ち、企業がうまくいかなくなったり倒産する場合には、解雇されるという重大な損失を負担させられる可能性さえある。電機メーカーでは、景気が悪いときに、賞与としてお金を従業員に払えなくなり、テレビや冷蔵庫といった現物支給に変えたこともあった。このように、従業員は、当事者として企業に極めて深く関与しているため、(b)財の形態と内容を変更する権利や、(c)発生

した利潤を自分のものにする権利、を自分たちが正当であると考えるだけ充分に行使できるように、労働組合を結成し、労働組合からの要求としてこれらの権利を行使しようとする。しかし、労働組合の推定組織率（労働組合員数÷雇用者数）は2021年には16.9%にまで低下してきており[31]、社会全体でみるとその発言力は低下している。

それぞれの所有者の権利

　何らかのかたちで、株主、債権者、経営者、従業員の全員が企業という財の、(a)財を利用する権利を得ている。しかしそれぞれが持っている(b)～(d)の権利が異なるので、それぞれの立場から企業に求める事柄が異なってくる。

　株主は、(c)発生した利潤を自分のものにする権利を持ち、損失を負担する義務は法律で有限責任として限定されているため、経営者に対して、損失のリスクを完全に避けるよりも、どちらかというとより高い利潤を生みだす可能性のある経営施策を求めることになる。それに対して、債権者は(c)の権利を持っていないが、企業が倒産したり返済不能の状態になってしまった場合には損失を負担しなければならなくなるので、企業が倒産や返済不能の状態にならないように、安全で着実な経営を求めることになる。債権者にとって企業の利潤は大きくならなくてもよいのである。ただし、事業規模が拡大すればお金をより多く借りてくれるかもしれず、その企業が、もし安全で確実に経営できる見込みがあるのなら、事業拡張に対して融資を行うこともある。従業員は(b)～(c)の権利を持ってはいるが、充分に権利を行使できるだけの立場や資源、知識を持っておらず、所有権の持ち分は比較的、薄い。また、それ以外のステークホルダーとしての顧客や取引先、地域住民などは、幾分かの(a)の権利を持っている。経営者はこれらの権利者からの要求を勘案して、(b)財の形態と内容を変更する権利、を行使することになる。

管理・監督者の役割とその報酬についての説明

　この所有権理論の考え方は、組織のなかでの管理者の必要性と、管理者への報酬配分の傾斜についても説明力を持つ。例えば、独立した1人のシステム・エンジニアがいるとする。しかし、一人で仕事をする場合には、受注のための営業活動をしている間には、すでに受注した業務を落ち着いて行う時間がない。逆に、受注した業務を遂行している間は忙しすぎて新規受注を取るための時間

が割けない。その結果、繁閑の波が大きくなってしまい、仕事のない空白の期間ができやすくなってしまう。こうした問題を抱えるシステム・エンジニアが複数集まって会社を設立するとする。

　はじめは平等に仕事を分け合い、利益も平等に分け合っていたとする。そうすると、自分が抱えているシステム設計の仕事が一段落し、時間ができたときに受注のための営業活動に専念しても、他のメンバーと上がってくる利益を分け合っているので、安定して利益の配分を受け取ることができ、営業に力を入れることができる。また、システム設計に専念して営業活動がおろそかになってしまっても、手の空いている他のメンバーに営業に行ってもらえるので、仕事が途絶えてしまうことを避けることができる。たまたま1人ではこなしきれない量の受注をしてきても他のメンバーと仕事を分け合うことができる。こうして、営業についても、システム設計の仕事そのものについても、それぞれがやりくりしながら共同で利益を分け合って仕事を続けていくことができる。以上の仕組みで組織を回していく。

　さて、その仕組みに賛同するシステム・エンジニアが集まってきたとする。はじめは5～6人だったこの組織も、30人以上のメンバーを抱えることになった。そうなるとフリー・ライダー（ただ乗り）の問題が発生する[32]。誰かがひそかに手を抜いていたり、能力が低かったりして、利益の配分が公平ではないかも知れない。自分が充分に労力を割かなくても、全体としての集団が利益をあげていれば自分もその利益配分に平等に与ることができるからである。そうすると、能力が高く、熱意もあり、この集団に貢献している人はその集団のなかで損をすることになる。時間や熱意を他人よりも多く割いたり、所有する技術をほかの仲間よりも多くこの集団のために活用して貢献していても、それに見合った利益の配分が得られないことになる。そうなると、他人よりもより大きくこの集団に貢献することはばかばかしくなってくるので、次第にこの集団のために十分な力を割く人が少なくなってきて、この仕組みがうまく回らなくなってくる。

　そこで、誰が他のメンバーよりも時間や熱意を多く割いたり、技術を提供してこの集団に貢献しているのかを監視し、貢献に応じてメンバーに報酬を配分したり、働きの少ない人に対して努力を促す役割を負う人が必要になる。その場合、本来の仕事に兼務して他人の監視を行おうとしても、自分がシステム設計や営業の仕事をしている間は、他人を充分に監視できない。また、他人の仕

事ぶりを監視するという役務に対する報酬が定額性であり、熱心にやってもやらなくても受け取る対価が同じであれば、あまり熱心に他人を監視し、公平を期すために慎重に褒賞を与えたり罰を与えたりなどの、本業からみれば余分な仕事を行わないであろう。

　この解決策として、①監視役に専念するようにして他の仕事の負担を減らすことと、②発生した利潤を自分のものにする権利、または損失を負担する義務を負わせることが有効になる。上の②は前出の所有権理論による、財産に対する権利・義務の(c)である。

　専任で監視役に位置付けられた人は、もし集団の利益が大きくあがった場合にはその増分を受け取れ、集団の利益が小さかった場合には受け取れる自分の配分が小さくなるのであれば、熱心にメンバーを管理・監督するであろう。手を抜いているように見える人がいれば注意するだろうし、利益をあげられないように見える人には何らかの指導を行うであろう。場合によっては細かなスケジュールにまで口出しするかも知れない。

　このような仕組みであれば、他のメンバーへの利益配分は、均一でないながらもあまり極端な差をつけずに、貢献に応じて支払い、たまたま仕事量が減ってしまったメンバーにも安心して生活できるだけの額を配分することができる。一時的に働きが悪ければ管理・監督者から制裁され、働きがよければ報奨される。また根本的に働きが悪く改善の見込みがなければ解雇するという権限を負う人がいなければならず、管理・監督者は集団全体のためにその義務を負う。

　管理・監督者に強い権限を与えるこうした仕組みを採用した場合、管理・監督者は利益配分について厳しいルールの下に置かれることになる。集団の利益が足りなければ他のメンバーに報酬を支払った後の自分の取り分がマイナスになってしまう。そうすれば、管理・監督者は必死でメンバーを監督せざるを得ない。ただし、管理・監督者が受け取る報酬額が少ないと、基本的な生活が脅かされたり不安定になる。そのために管理・監督者への報酬の基本的な基準値は他のメンバーよりも高い水準に設定しておく必要がある。

　このようにして管理・監督者はそれぞれのメンバーをより有効に働かせることができる。管理・監督者の目的が、たとえ自らへの配分額を大きくするためであったとしても、集団が得る利益を大きくすることになる。管理・監督者の指示は集団の利益を大きくするための個人への指示であり、全体の調整であるから、メンバーがそれに従うことによって、この集団全体の利益が増える。

　管理・監督者はメンバーへの貢献に対する利益配分を行った後の、“残余利益”の一部または全部を受け取ることになる。この基本的原理は、通常の企業活動のなかでもみられる。一般的な日本企業であれば、平社員が受け取る給与は定額制に近いものである。それに対して、管理・監督者は自分が管理する組織の業績によって受け取ることのできる給与の額は他の人たちよりも大きく上下する。そのために、自分が管理する組織の業績を上げるプレッシャーがかかり、部下の業務を熱心に指導・管理することになる。また、部下は、管理・監督者から査定を受け、多少なりとも変動する給与の決定権を握られているので、管理・監督者の指示に従わざるを得ない。さらに、管理・監督者の階層がより経営層に近づけば、受け取る給与の割合は残余利益の配分としての比率が大きくなる。経営者では定額的な要素が減り、ほぼ残余利益に近い変動のものになる（株式会社であれば、最後の残余利益は株主に対して配当として配分される）。また変動が大きくなるとともに基本的な金額が高くなる。管理・監督を正しくでき、自らが管理する組織の業績が上がったかどうかだけで評価される傾向が大きくなる。

10-8.　監視のコスト

プリンシパル・エージェント理論

　新制度派経済学を構成する理論の1つにプリンシパル・エージェント理論がある。組織や個人の相互関係を、プリンシパル（依頼主）とプリンシパルから委託された業務を行うエージェント（代理人）との関係としてとらえ、その関係を分析する枠組である。ある人間または集団が他の人間または集団のために行動を行う際に、その行動を行う側（エージェント）はかならずしも行動の恩恵を受ける側（プリンシパル）の利益を最大にするとは限らない[33]。

　このことは、企業 対 企業の取引で起こるだけの問題ではない。企業形態の説明において、株主と経営者の間での監視に関わるコストはトレードオフの関係にあり、プリンシパルがエージェントの活動によって自身が受け取る利益を大きくするためには、監視に関わるコストをかける必要がある[34]。このように、監視に関わるコストを用いて経営形態を理論的に説明することができる[35]。

　例えば、企業の所有者としての株主は、上場会社の場合には分散してしまい、1人の株主の受け取れる配分額（残余利益の配分）はごくわずかなものになっ

てしまう。そのために、わずかな株式を所有している株主にとって企業活動を緻密に監督することは現実的ではない。そうなると、企業の経営者（エージェント）は、株主（プリンシパル）の監視が薄いために、株主への利益を最大化するようには振る舞わない。具体的には、特に社員から生え抜きで社長になった経営者は、仲間である従業員からの評判を気にして必要以上に給与を増額するかも知れないし、解雇をともなう人員整理を最後までためらうかも知れない。また、名経営者であるとの評判を得たかったり、経営者仲間の会合で称賛を得たいがために、巨額の冒険的な投資をしてしまうかも知れない。自己満足のために自らの社長室を広く、豪華なものに作り変えようとするかも知れない。この社長室の問題は、子供じみた問題のように見えるが、実際にはよく起こる。ある企業でアメリカ支社の新社屋を建てる際に、本社の副社長であるアメリカ支社長の部屋が、本社の社長室よりも広いことが建設途中で問題になり、部屋を小さく作り変えたということがあった。このように経営者の関心は常に株主に向いているとは限らない。

　エージェンシー・コストとして、(a) エージェントのシグナリング・コスト、(b) プリンシパルのコントロール・コスト、(c) 残された厚生上の損失の3つの下位次元が挙げられる[36]。

　このうち、エージェントのシグナルは、相手の意図どおりに仕事をしていることを示すシグナルを送ることであり、プリンシパルのコントロールは、エージェントに意図どおりの行動をしてもらうための監視とコントロールである。(c) の「残された厚生上の損失」は限定合理性の元でしか実現しなかった利得と、完全合理性の元で実現され得たはずの利得との差である。つまり、シグナリングとコントロールが充分に果たせないために生じてしまうコストである。

　上の(a)～(c)に関して株主と経営者の問題を具体的に挙げると、(a) 経営者は株主に対して、決算報告や事業報告で常に業績への努力、新規事業や配当政策が正しいものであることなどを訴え続けなければならない。そのようなシグナルを発するために IR（investor relations）室という名称で株主との関係を維持する活動を行う部署を社長直属で置いている企業も多い。また、(b) 株主（プリンシパル）は株主代表訴訟などで経営者（エージェント）に対抗したり、最近では、年金基金など大量に株を所有する大株主が現れ、モノ言う株主として、経営者に対して要求を行うことも多くなってきた。さらに、(c) 株主のコントロールがうまく行き届かず、経営者が行った事業買収が不採算部門化し、

巨額の負債を抱え込んでしまったり、経営者が利益を水増しして報告し、上場廃止の危機となる場合がある。

　プリンシパルとエージェントとの利害を一致させることで、上の(c)を除いて、こうした問題は解消される場合がある。すなわち、オーナー企業の場合である。理論的には、株主が同時に経営者であれば、株主と経営者との利害は一致し、株主の利益を損なうような経営には歯止めがかかる。しかし、実際には、そのような経営形態では、経営者と株主とが同一人物であるためにチェック機能が充分に働かず、より悲劇的な結果を招くことも多い。能力の低い経営者に対してチェック機能が働かない場合には、経営者の恣意的な判断や目先の自己利益や利用しようとして近づいてくる第三者からの甘言などに経営が左右されやすくなり、企業は容易に危機に陥る。

歴史的展開への理論的説明──本章のまとめ

　第1章でみてきたように、株式会社という形態により企業の大規模化が可能になった。大企業では資金を拠出している立場の株主と、経営を実際に執行する立場が別の人物になってしまうことが多くなる。すなわち、所有と経営の分離である。この方法によって個人株主では手に負えないほどの資金を集めることができるようになったが、同時にプリンシパル・エージェント問題が発生するようにもなった。資本家という本来は企業の持主であった人物から部分的に所有権が移ることによって、2つの側面が発生した。①株主が持っている残余利益の請求権が多数の株主に分散、②財を自由に変形したり財を扱う権利が移行（本来、所有者ではない職業経営者が株式会社を実質的に支配するようになった）である。これらの問題から派生した様々な問題を解決するために、会社法やJ-SOX のように新たなルールが制定されたり改定され続けており、これらのルールは日々複雑化し続けている。

注
1) 国税庁　ホームページ「第4表組織別・資本金階級別法人数」『会社標本調査結果　概要』2023年1月5日閲覧　https://www.nta.go.jp/publication/statistics/kokuzeicho/kaishahyohon2020/pdf/kekka.pdf
2) 国税庁，前掲ホームページ.
3) 日本取引所グループ　ホームページ『上場会社数・上場株式数』最終更新日　2022年12月29日　2023年1月5日閲　https://www.jpx.co.jp/listing/co/index.html

4）東京電力ホールディングス ホームページ 会社情報「賠償金のお支払い状況　原子力損害賠償の ご請求・お支払い等」『福島復興への責任』2023 年 1 月 7 日閲覧　https://www.tepco.co.jp/ fukushima_hq/compensation/results/

5）農林中金総合研究所 2003.「金融再生プログラムと主要銀行の取組み」『金融市場』2003 年 3 月号.

6）日本取締役会 2022. ホームページ『上場企業のコーポレート・ガバナンス調査』2022 年 8 月 1 日 2023 年 1 月 8 日閲覧.　https://www.jacd.jp/news/opinion/cgreport.pdf

7）日本取締役会 2022. 前掲ホームページ.

8）日本取締役会 2022. 前掲ホームページ.

9）金融庁企業会計審議会内部統制部会 2005. ホームページ『財務報告に係る内部統制の評価及び監 査の基準』2005 年 12 月 6 日　2023 年 1 月 8 日閲覧.　https://www.fsa.go.jp/singi/singi_kigyou/ kijun/20191206_naibutousei_kansa.pdf

10）Coase, R. H.（1910-2013.）

11）North, D. C.（1920-2015.）

12）Williamson, O. E.（1932-　.）

13）Simon, H. A. 1976.『経営行動 ―経営組織における意思決定プロセスの研究―』*Administrative Behavior, 3ed. Edition.* New York: Free Press.（松田武彦・高柳曉・二村敏子訳（1989）ダイヤ モンド社.）

14）Picot, A., Dietl, H. & Franck, E. 1997.『新制度派経済学による組織入門―市場・組織・組織間関 係へのアプローチ』*Organization: Eine Okonomische Perspektive.* Germany: Schäffer-Poeschel Verlag GmbH.（丹沢安治・榊原研吾・田川克生・小山明宏・渡辺敏雄・宮城徹訳（1999）白桃 書房.）

15）丹沢安治 2000.『組織研究の基礎―制度の発生とコントロールへのアプローチ』白桃書房.

16）Coase, R. H.（1937）. The Nature of the Firm. *Economica,* 4（3）, 386-405.

17）Coase, R. H.（1960）. The Problem of Social Cost. *Journal of Law and Economics,* 3, 1-44.

18）Alchian, A. A. 1950. Uncertainty, Evolution, and Economic Theory. *Journal of Political Economy,* 58, 211-221.

19）Alchian, A. A. & Demsetz, H. 1972. *Economic Forces at Work.* Liberty Center, OH: Liberty Press.

20）Alchian, A. A. & Demsetz, H. 1973. The Property Rights Paradigm. *Journal of Economic History,* 33, 16-27.

21）Demsetz, H. 1964. The Exchange and Enforcement of Property Rights. *Journal of Law and Economics,* 7, 11-26.

22）Demsetz, H. 1967. Toward a Theory of Property Rights. *American Economic Review,* 57, 347-359.

23）Demsetz, H. 1967. 前掲書.

24）Demsetz, H. 1967. 前掲書.

25）Alchian, A. A. 1950. 前掲書.

26）Demsetz, H. 1964. 前掲書.

27）Demsetz, H. 1967. 前掲書.

28）Alchian & Demsetz, 1972. 前掲書.

29）Alchian, A. A. & Allen, W. R. 1964. *University Economics.* Belmont, Calif.: Wadsworth.

30）Picot, A., Dietl, H. & Franck, E. 2005.『新制度派経済学による組織入門〔第 4 版〕：市場・組織・ 組織間関係へのアプローチ』*Organisation: Ein ökonomishe Perspektive. aktualisierte und erweit- erte Auflage*（4th. ed.）. Germany: Schäffer-Poeschel Verlag GmbH.（丹沢安治・榊原研互・田川 克生・小山明宏・渡辺敏雄・宮城 徹 共訳（2007）白桃書房）.

31）厚生労働省 2021. ホームページ「令和 3 年労働組合基礎調査の概況」『政府統計』2021 年 12 月

17 日 2023 年 1 月 9 日閲覧. https://www.mhlw.go.jp/toukei/itiran/roudou/roushi/kiso/21/dl/gaikyou.pdf

32) Besanko, D. B., Dranove, D. & Shanley, M. 2000.『戦略の経済学』 *Economics of Strategy, 2ed Edition.* New York: John Wiley & Sons.（奥村昭博・大林厚臣監訳（2002）ダイヤモンド社）.

33) Ross, S. 1973. *The Economic Theory of Agency: The Principal's Problem. American Economic Review,* 63, 134-139.

34) Alchian, A. A. & Demsetz, H. 1972. Production, Information costs and economic organization. *American Economic Review,* 62, 777-795.

35) Fama, E. F. & Jensen, M. C. 1983. Separation of Ownership and Control. *Journal of Law and Economics,* 26(2), 301-326.

36) Jensen, M. C. & Meckling, W. H. 1976. Theory of the Firm: Managerial Behavior, Agency Costs and Ownership Structure. *Journal of Financial Economics,* 3, 305-360.

第11章　組織と企業境界
——事業拡張の論理

【Make or Buy の基本原理とメカニズム】

11-1. 会社組織の仕事と組織階層

個人にとっての会社組織の成り立ちと発展

　会社組織の成り立ちをそもそもの段階から考えてみよう。誰かが仕事を始める。仕事がうまくいくと注文が増える。伝票の処理や新しくお客さんを取るための営業や経理の処理などを全部やる時間が足りなくなるので、誰か人を雇う。自分がせっかく興した仕事なので、面白い部分は自分でこなすとして、片手間でやらなければならない仕事、面白みの少ない仕事は誰かにお金を払って代わりにやってもらう。

　仕事がさらに増えてくると、面白いと思って自分のために残してある仕事の一部も、些事を代行してくれている人に対して与えざるを得なくなる。そうすると、雇われた人は時間が足りなくなって仕事をこなせなくなるので、社長に頼んで別の人を雇ってもらうことにする。このようにして、会社が大きくなっていく度に、お金で人が雇われ、雇われた人は、お金をもらう代わりに前からいた人にとって詰まらない仕事を分け与えてもらうことになる。このようにして、大企業では新しく入った人ほど、また仕事を与えられる末端の人ほど詰まらない仕事を割り当てられることになる。しかし、時間が経ったり昇進したりして自分の下に新しい人が来ると、詰まらない仕事を他人に与えられるようになり、次第に自分自身の仕事は面白くなっていく。だから、会社に勤めて、すぐに詰まらないからといって辞めては損なのである。待っているとやがて仕事は面白いものになってくる。

　これが個人にとっての会社成長の側面である。それでは、会社全体にとって、会社の成長や発展ということにはどのような意味があるのだろうか。

会社組織の発展段階

　会社はその歴史や規模に応じて組織や特徴が変化していく。起業したばかりの小規模な会社では、経営者と従業員は強い仲間意識で結びついている場合が多い。そのために仲間に馴染めない人は退社していくことになる。変化や成長が日常的にあり、資金力も足りない場合が多いことや、安定したノウハウがまだ完成していないこともある。また、規模が小さいためにちょっとした失策が全社に影響してしまい、すぐに解散してしまう場合もある。組織は柔軟に変更されることも多く、状況に応じて経営陣の分担が変わったり、新たな事業のために新組織が編成されたりすることもある。社内のルールが未熟であり、規程を文書化するのが追いつかない場合もある。

　ある程度の規模になると、会社の経営陣と直接、話し合ったことのない従業員が増えていく。それに応じて全体の仲間意識が低下したり、管理が行き届かない側面が生じやすくなる。昔からの仲間意識が失われたかのような感覚を持つ古くからいる従業員もでてくる。社内で、話がすぐに通じ合うということが減り、文書や形式が重視されるようになる。

　さらに会社が大きくなると、従業員数が増えるのに応じて経営者のリーダーシップが行き届かなくなり、経営者にとって自分が会社の隅々まで見えていない状態になる。従業員にとっては、社長や経営陣の考えがよく分からない状態になっていく。組織階層の権限を明確に定め、業務を運営するうえでルール化できる部分はルール化を進める必要が大きくなる。そのようにして決まり事を増やして会社の進む方向が社内でちぐはぐにならないようにしたり、社内での不要な重複や軋轢を防ぐようにする。

　組織階層が増えると、経営陣が細かいことまで指示することは不可能になるので、権限移譲が必要になる。しかし、権限を委譲されたボトム部分で、トップの意思とは異なることを行うのを避ける必要が生じ、トップからは理念や方針、具体的な数値目標を指示しなければならなくなる。逆に組織階層の下の方からは日報や週報・月報などを決まった書式で報告する必要が生じる。こうして、社内の各組織の権限や個人の役割、コミュニケーションのルートが整理され、定式化される。人事制度が細かく定められ、評価基準が明確化される。従

業員は、個人の恣意的な動きよりも社内システムに則って動くことが期待される。前例や正しい手続き、階層を一つひとつ辿っていくコミュニケーションや、専門化しつつあるそれぞれの部門の権限を重視することになる。同時に、部門ごとの細かい交流が減り、従業員間のコミュニケーションや心理的な壁が厚く感じられるようになる。それぞれの部門の人数や多様性が大きくなると、それぞれの部門の動きに齟齬が生じないように、中央がまとめて一律に指揮・命令を下す、中央集権化した管理が必要になる。ある部門が開発しようとしているものを、知らずに別の部門が同じようなものを開発しようとして二重に予算を投入したり、新規顧客に 2 つの部門がアプローチしてしまう、共有できる設備をそれぞれの部門が独立して建設する、などを整理する必要がある。様々な面でいわゆる官僚主義的な管理が進んでいく。

　しかし、あまりに会社が巨大化してしまうと事業内容の中央での集中的な管理が困難になる。事業部ごとの独立性をさらに高め、本社機構は分社化したそれぞれの事業の内容よりも収支の面を中心に管理することになる。各事業部長が責任を持つ事業部制にして独立採算の度合いを高めたり、マトリックス組織にしたりする。または、さらに一歩踏み込んで、本社をコーポレートと位置づけ、各事業をカンパニーと呼ぶようなカンパニー制に進んだり、それぞれのカンパニーを株式会社として完全子会社化する、さらには株式を公開させたりして、親会社からの独立度を高め、各事業が独立した企業体として活動できるようにする、などの工夫をする場合が生じる。

11-2.　企業の事業拡張

安定や成長を求めて

　同じ利益率が得られるのであれば、売上高が大きい方が小さいよりも絶対額の利益は大きくなる。また、多少利益率が下がってもそれをカバーするくらい売上高が大きければ、絶対額としての利益は大きくなる。会社は安定した業務のためには資金や設備に余裕があった方が安心なので、利益を処分してしまわずに、社内に留保して設備の増強に用いる場合もある。そうすると企業の規模は大きくなる（社内に留保した利益が設備など会社の資産として残っていく仕組みについては、第 8 章の貸借対照表の説明を参照）。上がった利益を総て費用として使い切ったり配当金として株主に支払うことをしなければ、利益は毎年、会社

に蓄積されていき、その蓄積が会社の規模を大きくする。

　ペンローズによると、企業心（起業家精神または企業家精神のこと）に富む会社は絶えず拡張への刺激を持つものであり、会社は保有する資源を現在以上に有利に利用する方法を得る限り、拡張への動機を持つことになる。拡張への外的誘因として、特定の製品に対する需要の伸長、生産規模の拡大を必要とする技術の変化、将来有望とされる発明や発見、市場での地位改善や独占的有利性の機会、供給源の支配、危険分散のための製品多様化、新規参入を防衛するための既存または類似製品の拡張が挙げられる。また、外的障害として、激しい競争による有利な進出や拡張の困難さ、販売努力などの費用がかさんだり低い利益しか見込めない場合、特許等の制約、新分野進出のための費用、原料、労働者、専門技術者、経営者の入手困難が挙げられる。[1]

事業拡張への競争上の圧力

　バリューチェーン（value chain: 価値連鎖）[2]を堅固なものにすることと、外部におよぶサプライチェーン（supply chain）を緻密に構築することは競争力向上のために重要である。なお、バリューチェーンという用語は製品やサービスを生み出す過程での個々の業務が付加価値を生み、その対価として得られる利益を重視した言い方であり、サプライチェーンは業務そのものの連続的な流れを構成するそれぞれの段階での取引行動の連鎖を純粋に指す場合に使われる。

　バリューチェーンが充実するということは、すなわちより付加価値の高い産出をもたらすという意味であり、結果としての利益も大きいということになる。全体としてのバリューチェーンの充実を実現するためには原材料供給から販売までの連鎖の中で品質向上やコスト削減などを充実する必要がある。品質向上やコスト削減について実力のある企業は、実力が低い会社に任せてしまわずに、自社でより幅広い部分を分担し、品質やコストでの優位を実現しようとする。そこで、自社の事業をバリューチェーンの中で広げていくことになる。

　また、バリューチェーンの他の段階を完全に自社に取り込むのではなく、部品供給会社と排他的な契約を結び、自社の専属部品会社のような位置づけに置くなどにより強い結びつきを作りあげ、自社内であるのと変わりがないぐらいまで、意思疎通が可能な状態を作ることによってもバリューチェーンを充実することができる。その場合、純粋な外部組織ではなく、強い契約関係や役員を派遣するなどで取引先企業との系列関係を築いて、ゆるやかな自社への内部化

（自社の意図どおりに動いてもらうような関係を築くこと）を行う。日本の自動車産業はその典型だと言われている。例えば、トヨタ自動車はその下請企業の工場内の詳細も把握しており、「製造ラインの第4ラインが確か、まだ空いているはずだから、そこを使って増産してくれ」などと、まるで社内の工場に対するような注文を出す場合もある。このような支配関係が下請に対してだけでなく、下請企業を通して孫請企業やその下にまで連鎖的に及ぶ。このように、自社グループの会社を系列の中に深く取り込んで一体化してしまえば、自社工場を用いるのと同じような柔軟な生産量の変更にも対応できるし、コスト削減についても一致して断行することがより容易になる。製品や部品の開発も、統一した意思の元に行うことも容易になる。部品供給を受けるうえで、契約変更に関わる取引費用を下げることができる（取引費用については、本章の後半の【新制度派経済学からの説明（2）】で後述）。

　また、企業グループ内の結びつきをある程度緩めることによって、部品供給会社が他のバリューチェーンの企業にも製品を提供できるようしに、そのやり取りの中から得た他のバリューチェーンの知識やノウハウを取り込むこともある程度できる。外部の優れた点を取り込めるようにすることによって、バリューチェーンの中での見えない資産（知識など）を増大することになる。

　複数社との系列関係を築くことにはメリットがある。系列内で1対1ではなく、取引相手を複数にすることによって、品質やコストについて取引相手をお互いに競わせることができる。要求されたことを達成しなかった場合には契約を切る力があるために、発注する側はより実効力のある改善を契約相手に迫ることが可能になる。また、完全な社内ではなく複数の企業と結びつきの強い契約を結ぶことによって、がんじがらめになってしまうロックイン状態（今更、他の企業との取引を始めようとしても、自社の期待に沿うような取引相手を見つけることも大変だし、自社向けの部品を作るために新たに設備を投資してもらう必要が生じてしまうので、なかなか契約先を他社に切り替えられない状態）をある程度、避けることができる。

11-3.　事業拡張の方向

事業拡張の基本的方向

　アンゾフ[3]によると、戦略的な変革とはその企業の製品−市場を再整理する

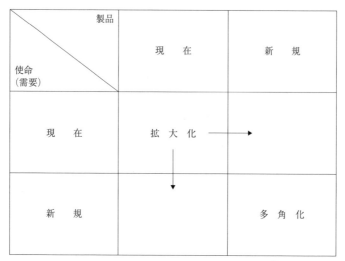

図 11-1　製品と使命（需要）のマトリックス[4]

　ことであり、企業の成長は拡大化と多角化との二面から成り立っている。拡大
化は、市場浸透力、市場開発、および製品開発から成り立っている。戦略的な
変革は拡大化戦略の大幅な修正と多角化によって可能になる。

　製品と市場との関係から事業の拡大化の方向を整理した図はアンゾフ・マト
リックスと呼ばれている。（図 11-1）

事業の垂直統合と水平展開

　バリューチェーンの視点から事業拡張を考えることもできる。

　自動車のエンジンを作っている会社があったとする。その会社は、ボディ
（車体）や座席、ハンドルやブレーキなど、エンジン以外の部分を外部から購
入してそれらを組立てて完成品に仕上げて、自動車販売会社に売っているとす
る。色々なボディの車を作りたいのだが、新しい車を次々に販売していこうと
すると、外注先にいちいちボディ変更のための設計や材料についての打合せや、
納入の価格について交渉しなければならないので仕事が煩雑になる。間違いが
発生しやすくなるし、何よりも曲線的なシルエットや微妙な色の光沢などをよ
く理解してもらうことも大変だ。そこで、自社でボディや他の部品も作るよう
にした。色々な部品の素材になる鉄を精製するために鉄工所も持つことにした。

タイヤの原料となるゴムを作るために東アジアのゴム農園を自社で持つことにした。このような製造やサービスの工程の元になる方は、川上という。また作ったボディは外部の販売会社に売るのではなく、自社で販売会社を作って、直接、消費者に車を売ることにした。この場合にはバリューチェーンの川下の機能を社内に取り込んだことになる。このようにバリューチェーンの川上または川下を取り込むことを垂直統合という。

　自社のノウハウや機能を使って事業を水平展開していくこともある。典型的なのは、国内だけで販売していたものを海外でも販売する場合である。その他に、製造拠点を地理的に水平展開していくこともあり、例えば、国内工場しかなかった企業が、同一または類似した製品の製造工場を中国やタイ、インドネシアやEUなど海外に展開する場合などである。

垂直統合のメリット・デメリット

　垂直統合のメリットは、自社内に製造工程を取り込む（内製化）ことによって、自社の生産量の変動や新製品開発にともなう交渉や手間など、社外の取引先とのコミュニケーションがなくなり、効率が上がることである。会社 対 会社の取引では緊急の生産計画の変更に関するコミュニケーションの齟齬や時間差が壁として立ちはだかる他、会社間の文化の違いなどの目に見えにくい壁がある。また他社が自社の要求に応じてくれるかどうかは、その会社にとっての問題であって、発注する側がコントロールできない。

　また、企業は自社の業務で生じたその価値の対価を"利益"として受け取っている。バリューチェーンの中の自社の担当部分で生じた利益は自社に取り込むことができるが、他社が担当している部分から生じる利益は、その他社が受け取ることになる。そこで、自社が占める業務の幅を広げればその分、自社の利益が増えることになる。そのことを目的にして垂直統合を進める場合もある。

　さらに、販売に関わる情報を取得するために垂直統合を行う場合もある。何が今、売れているのかは小売店の最前線が最初に取得する情報であるため、その情報から遠い製造業が川下の販売事業に進出して、他社を経由せずに自社で販売を行うこと（直販）がある。そうすると販売情報が入ってくるだけでなく、顧客の細かい要望や具体的な傾向、嗜好などを理解しやすい。ただし、製造企業にとって直接的な顧客である販売店が受け取るべき利益を、製造業が妨げてしまう。そのため、パイロット店という形で、利益ではなく情報の取得を主目

的として繁華街に少数店舗だけを開設するに留めて本格的な垂直統合は行わないという場合もある。

　完全に自社に取り込まずに、強力な契約関係や資本関係で自社に取り込むのと同じ効果を上げる場合もある。日本の自動車メーカーは、契約や資本関係などの支配力を背景とした自社系列の新車販売店を通した排他的チャネル政策を用いている場合が多い。これは川上企業による川下業務の実質的な支配政策である。これによって製造メーカーが、販売数量の情報を把握して効率的な生産計画と連動させたり、販売価格を管理して値崩れを防止することができる。

　原材料を購入する場合、その原材料提供企業として自社の競合企業も含めた第三者と契約を結んでいる場合が多いので、急な生産量の変動や仕様変更に応じてくれない場合もある。そのために、原材料の製造を自社に取り込むという方法を取る場合がある。さらに、原材料費をコントロールするため、川上を統合する場合もある。例えば、本来はアパレル販売の会社である株式会社ファーストリテイリングは、海外の人件費や材料費の安い工場を契約工場として取り込んで製造の指導まで行い、そこから安く製品を仕入れている。

　垂直統合にはデメリットもある。例えば業界内で技術革新があった場合に、外注で済ませていれば、既存の提供元との契約を解消し、新技術を用いている企業と新たに契約を結べばよいが、自社で製造している場合には旧来の設備やそれに従事している従業員を切り捨てることが難しく、身動きが取りにくい。

　また、規模の大きな専業企業から材料や部品を購入している場合、その取引先企業は規模の経済（大規模であることによる様々なメリット。第2章2-1節を参照）を持っている場合が多い。それに対して、自社のためだけに社内で少数の部品を製造しても、大量に同じものを生産している専業企業に対して、価格や品質、設計力や製造能力などで劣る場合が多い。そのために必ずしも垂直統合が有利であるとは言い切れない。それぞれの部品を大量に作っている企業と部品供給契約を結んだ方が価格・品質が優れていることも多い。

水平展開のメリット・デメリット

　水平展開のメリットは、自社がすでに取得している技術やノウハウを他の製品製造や他地域への販売に活かすことによって、企業全体としての事業規模を拡大できることである。デメリットは、必ずしも既存の技術・ノウハウを従来と同程度に活かすことができるわけではないことや、進出先に特有のリスクに

さらされた場合にその対応が必ずしも充分ではない場合が多いことである。

混合型の事業拡張

　通常の事業拡張は、もちろん純粋な垂直統合でも純粋な水平展開でもない。既存事業からの領域を広げるきっかけになることがあり得る。

　例えば、テレビ受像機を製造する組立会社が、川上にある半導体部品の会社を統合したとする。その場合、統合した会社が自社のテレビ受像機のためだけに半導体を製造するよりも、その技術を応用して社内の他部門用に新たにカーナビやパソコン向けの半導体を製造し、全社的に安定供給のメリットを得ようとすることがある。このようにして、半導体事業の幅を水平方向にも広げることが可能である。

　また、カップ麺の製造会社が新たな販売拠点を海外に設置したとする。これは販売に関する水平展開である。しかし、国ごとに味覚の嗜好が異なるため、ある国では辛みの強い麺、別の国では甘みと酸味が強い麺などの違いに合わせる必要が生じる。そのために、それぞれの国で製造を行い、その国の好みに合った麺にアレンジすることになる。さらに、進出先で新製品を製造・販売することになる。はじめは販売だけであったところを、研究・開発も現地で行うようになれば、拡張する事業の内容が進出先ごとに異なることになる。その過程で原料となるスパイスを製造する川上の会社を買収することもあり得る。将来は海外で開発した製品を他の第三国に向けて製造・販売し、新製品を世界展開することさえあり得る。例えば、タイで開発したトムヤムクン風味のカップ麺を日本に輸入したり、日本でも製造し始めるなどである。

シナジー効果

　これらの事業拡張は、元の事業と拡張した事業の2つを足した以上の効果が得られることがある。そのような相乗効果をシナジー効果という。シナジー効果には、事業を拡げることによりコストが下がる場合や、売上がそれぞれの事業を足した以上に広がること、これまでになかった新製品を開発できるようになることなどがある。また、2社が競合していた地域の販売員の数も、2社が統合することで、1社分の人数で済むことになる。これもシナジー効果である。その他に、事業を拡大することによって手持ち資金が増えたり、別会社同士であれば不可能であったような資金の運用、例えば増加した資金を別の事業との

間で融通し合うことによって各事業が資金不足に陥ることを防ぐこともできる。さらには企業規模が大きくなることや国際企業になることによって社会的信用が増えて融資などの資金調達が容易になったり、顧客から注文を取りやすくなったり、知名度の上昇により社員の採用が行いやすくなったりもする。

11-4.　事業の多角化

多角化の定義と目的

多角化とは、「企業が事業活動を行って外部に販売する製品分野の全体の多様性が増すこと」[5]である。多角化はリスクを分散し、売上の変動を異なるサイクルの売上の変動で補完し、安定した経営を行う可能性を増やすことになる。クリスマスカードだけを製造している会社は、年間のほとんどの売上がクリスマス・シーズンに集中してしまう。同様に、チョコレートの販売額の約半分はバレンタインデーの月に集中している。単品目だけで事業を行う場合には、このように季節性や景気の循環、流行の影響を受けやすい。

電機メーカーは、流行や季節に左右されて売上が上下しやすい家庭用電気製品だけでなく、安定した予算から長期的な収入が得られる官公庁向けの発電所建設の仕事も事業として所有する。またそれらとは景気循環のサイクルが異なるコンピューター用産業部品、例えば半導体などの事業を所有している。不景気による家庭用電気製品の売上低迷時には、発電所建設からの収入を維持でき、さらに、需給サイクルが異なるコンピューター用産業部品を事業として抱えていれば、家庭用製品の売上変動を補完する収入源を得ることができる。

また、多様な事業展開を行えば、第9章後半の【BCGマトリックスから戦略立案の問題を考える】で見てきたように、事業のポートフォリオを組むことができるようになり、全社的な資源の融通が利き、外部からの融資に頼らずに社内資金だけで成長分野に投資することも可能になる。

企業が多角化する理由

アンゾフによると、多角化の理由には以下のものがある[6],[7]。

1. 企業は、既存の製品－市場分野の範囲内では、その目標を達成できそうにないときに多角化を行う。

2. たとえ魅力的な拡大化の機会がまだ利用でき、過去の目標が達成され

ているとしても、留保現金が拡大化に必要な全額を上回っていれば、企業は多角化を行うかも知れない。

3.　たとえ現在の目標が達成できるとしても、多角化の機会の方が、拡大化の機会よりもいっそう大きな収益性を約束してくれるときには、企業は多角化を行うかも知れない。

これには、次のような 3 つの条件が考えられる。

　　a．多角化がもたらすであろうシナジーが低くても、それを相殺するに充分な魅力が多角化のチャンスにあったとき。

　　b．その企業の研究開発部門が事業の多角化に役立つすぐれた副産物を生み出したとき。

　　c．シナジーが重要な考慮すべき要因でないと考えられるとき。多角化シナジーと対比して拡大化の場合のシナジーの利点の方が大きくても、それを重視しないとき。特にコングロマリット型企業の場合。

4.　利用できる情報が、拡大化と多角化との決定的な対比ができるほど信頼性がないときには、企業は多角化するかも知れない。

11-5.　M＆Aとコングロマリット

M＆A

　垂直統合の場合にも水平展開の場合にも、事業を他社から買収して取り込むこともある。会社をまるごと買収するだけでなく、他社の一部事業を支配下に置くことも買収である。それに対して合併は複数の会社が統合して 1 つになることである。合併には、他の会社の事業を承継して 1 社が存続会社として残るという形式をとる吸収合併と、新会社を新たに設立してそこに旧来の会社が統合されるという新設合併とがある。しかし、会社を新たに設立するためには諸手続きを行わなければならないので、実際には吸収合併が多く行われている。また、元の 1 社だけが存続会社として残る場合でも株式交換比率が 1：1 である場合には法的には対等合併という。しかし、統合する元の会社の株価には違いがあり、1：1 の交換比率にはならないことが多いので、「対等の精神で合併する」という言い方がされることも多い。元になった会社相互に上下関係はない、という声明であり、合併後に、存続会社と消滅会社のどちらの社員に対しても差をつけないということを示すための言い方である。買収と合併を特に区

別せずに両方をあわせて M & A（merger and acquisition: 合併・吸収）と呼ぶこ
ともある。

　会社や事業の買収は、自社の成長や事業の拡張そのものを目的として外部に
ある組織を自社の内部に取り込む場合もあるし、ある企業や事業を安く買収し
た後に、その事業を整理したり合理化することによって事業の価値を向上させ
てから転売することを目的にする場合もある。また、市場内での支配的地位を
得ることを目的とする場合もある。強大な地位を占める企業が価格を下げると、
弱小企業は追随して価格を下げなければならないが、知名度の低い企業が値下
げしても、ブランドとしての価値が高い大企業は値下げをしなくても売れ続け
る。合併によって業界内での支配的地位を築ければ、このような効果を期待す
ることができる。また、大企業にとって市場シェアが大きければ業界全体の売
上の伸びの大きな比率の利益を得ることができる。例えば、ヨーグルトのシェ
アの半分以上を支配していれば、ヨーグルトというものは健康に良い、という
キャンペーンを張るだけで、ヨーグルト全体の売上の伸びの半分以上を自社が
手にすることになる。しかし、シェアの小さい会社が同様のキャンペーンを行
っても、自社の売上の増加額は小さい。そのために健康に良い特別なヨーグル
トである、特定保健用食品の表示の認可を得るなどの差別化によって売上の伸
びを期待する。

　また、販売網を有効活用するために、製造業同士で合併することもある。清
涼飲料水会社の株式会社ポッカコーポレーションとサッポロ飲料株式会社は、
共通の販売網を利用できるので合併し、ポッカサッポロフード＆ビバレッジ
株式会社になった。1社の製品だけで清涼飲料水の自動販売機を満たすことは
難しいが、2社が合併することで1台まるまるの自販機を自社製品で満たすこ
とができる。その他に、新規の自動販売機設置先を開拓することがやさしくな
る、自販機に補填する作業員を共通化することができるなど、大きな節約にな
る。

コングロマリット

　複合的な事業を行う大企業のことをコングロマリット（conglomerate）とい
う。多角化が進むと、非関連事業を多数抱えて、利益率の低い事業は売却し、
利益率の高い事業を買収するなどで、絶えず自社の事業を入れ替えて、会社と
しては高い利益率を維持するという方法を取ることも不可能ではない。例えば

かつてのゼネラルエレクトリック（GE）社では、それぞれの事業で、スリムであること、コストが最低であること、製品とサービスのクオリティが世界水準であることに関してナンバーワン・ナンバーツーであることを必要条件とした事業群を構成しようとした時期があった[8]。このような企業では、社員の入れ替えも行われることになり、業績評価が下位 15％の社員は転職せざるを得なくなる[9]。またかつて電信電話会社であった ITT 社（ITT Corporation）は、事業を頻繁に売買し、保険業、ホテルチェーン、レンタカー・チェーン、食品、エネルギーなど 200 社を超える多様な事業会社から成る超優良企業としてコングロマリットを形成していた。常に高業績の事業を傘下に獲得し、採算が悪化した事業を売却することで、形を変えながら全体として高業績企業としての地位を維持していた。

　GE 社が高業績を上げたために、日本の総合電機会社でもそれに倣って事業の選択と集中が流行した。事業の買収や売却による事業再編成を行うことによって事業の選択と集中を行い、株式配当を増やしたり株価の上昇を実現する動きは、第 10 章でみてきたように株主の利益を重視するために社外取締役を増やすことによって実現されやすくなる。

―――――――――――――――――――――――*背景や人間的側面編*

【新制度派経済学からの説明（2）】

11-6.　新制度派経済学による取引費用の問題

取引費用とは

　事業を拡張して自社で内製する場合と、拡張せずに必要な部品を購入する場合のどちらが有利かという問題は make or buy の問題、または企業境界の問題と言われる。この問題に対して、取引費用理論からのアプローチが行なわれることがある。

　コース[10],[11]により提唱され、ウィリアムソン[12]-[14]によって精緻化された"取引費用（取引コスト：transaction cost）"の概念は、所有権理論やプリンシパル・エージェント理論と同じく、新制度派経済学を構成する考え方である。この場合の取引費用とは、実際の金額だけでなく、時間や手間といった広い意味

のコストやリスクのことである。取引費用理論に従えば、取引の当事者は取引
費用を削減するための行動を取ることになり 15)-18)、企業が何らかの取引を行
う場合、より取引費用の少ない取引形態を選択する。

部品となるネジを"購入"した方が有利な場合

　例えば、ある企業が椅子を作っているとする。その椅子を製造する過程で、
座るための台になる部分と脚の部分を固定するためにネジが必要になったとす
る。使うネジが既製品で充分ならば、椅子を作っている企業はネジを自社で作
らず、他の企業から標準品のネジを購入する。おそらくネジを専門に作り続け
ている企業の方が、ネジ作りに関して能力も高く、コストも安いであろう。だ
から、椅子を作っている企業はわざわざネジを自社で作る必要はない。ネジを
自社で作る場合には、原料となる鉄を購入して加工しなければならず、ネジの
形状や硬度などについて安定した品質を得られるには時間がかかるし、少しし
か作らないのであれば高い品質が得られるような開発をわざわざ行うのは無駄
であるし、職人の習熟の機会も少ない。しかも、ネジ専門の企業が作るよりも
少量であり、そのこと自体が、ネジ１つあたりのコストが高くつく原因になる。

部品となるネジを内製した方が有利な場合

　しかし、その企業が作っている椅子がとても特殊な形状をしており、それに
合わせたネジも標準品ではなく、独自の形状をしたものが必要であれば、自社
でネジを作った方が効率がよいかも知れない。標準品を大量に作っているネジ
会社は、わざわざ特殊なネジを小量作るという仕事を断るかも知れない。また、
作ってくれるにしても、必要なネジは一体どのような仕様なのかを説明し、数
量や供給期間、納期などを契約しなければならないし、仕様どおりのものが届
かなかったり、納期内にネジが供給されなかったりした場合の対応や相手との
再交渉は面倒なことになるであろう。そのネジが特殊な形状であり、他のネジ
会社が引き受けないのであれば、条件は仕事を請けたネジ製造企業の側にとっ
て有利であり、価格のつり上げや納期の延長を言ってくるかも知れない。引っ
込みがつかない時点で、相手から困難な条件を突きつけられ、条件を飲まざる
を得ない状況を"ホールドアップ（holdup)"という。強盗に銃をつきつけら
れて両手を挙げるのと同じ状況だからである。
　これらのコストやリスクを負うぐらいならば、椅子製造企業はネジを自社で

製造した方がコストがかからないかも知れない。

資産特殊性と取引費用の問題

　さて、このような特殊なネジを作るネジ製造企業の側から見ると、どのような問題が考えられるだろうか。まず、特殊なネジを製造するためには、職人にノウハウを身につけさせなければならない。あるいは特殊な装置が必要かも知れない。ノウハウや設備を資産だとすると、その椅子メーカーとの取引によって新たに"資産特殊性"を抱えることになる。資産特殊性を抱えた後で契約を打ち切られると、その特殊資産は無駄になる。また、いつそのネジがいくつ必要になるのかが曖昧であり、直前になって要求が変わったり、設計図だけでは細かい要求が伝えきれずに、何度も試作品を提示しなければならないような場合にも、市場取引は成立しにくい。

　ネジを発注する椅子会社の視点に戻ると、その特殊ネジを恒常的に発注したり、類似の特殊ネジを頻繁に発注する場合には、いちいち市場を通じて新たに契約先を探すのではなく、ある程度はこちらの要求がよく分かっている相手と取引を続けた方が効率がよいであろう。しかし、発注側からの条件があまりにも相手にとって負担になれば、いくらなじみのネジ会社だといっても価格などの条件で折り合いがつきにくくなる。資産特殊性だけでなく関係特殊性も、機会主義的な動機からホールドアップ問題を惹き起こすために、取引費用を増大させる[19]。

取引費用に影響する条件

　ネジ会社と椅子会社との関係からも分かるように、取引において重要と考えられる次元として(a) 資産特殊性、(b) 不確実性／複雑性、(c) 頻度の3つが挙げられている[20)-23]。これら3つの次元は、取引費用の高さそのものを示しているのではなく、市場取引を行う場合に、内製に比べて相対的に取引費用が高くなる条件として作用する要因である。

　取引費用理論に従えば、組織行動において、これら3つの次元が高まれば、取引費用は高くなり、その費用を低減するための方策が取られる。

機会主義

　取引費用を考慮すべき大きな理由として、合理性が限定されざるを得ない状

況での機会主義（opportunism: 日和見主義）が挙げられる[24]。機会主義とは、機会さえあれば相手をあざむいてでも自らの利益を増やそうとする動きである。機会主義は意思決定者としての人間の基本的な諸特性の1つである[25]。取引において、当事者の機会主義的行動から守るために契約が行われるが、すべての実在する契約は不完備契約であり、不完備契約の元では、情報の非対称性のために履行中に相手を監視したり行動を修正させたり、履行後にやり直しを命じるなどの費用がかかる[26]。そのために、問題が許容できないほど大きければ、市場取引は成立しにくくなる。

　さて、直感的に考えれば、このような機会主義を主眼に置く考え方は性悪説に基づいた人間不信であり、不必要な対策であるようにも思える。しかし、「この仮説が一面的に見えるとしても、重要なものであることは間違いない。"銀行は強盗に襲われないように充分な保安設備を用意する。そのさい、多くの人々が警備されていない銀行さえも襲う気はないという事実があっても事情は変わらない"。同じように交換関係のデザインのさいには、行為者は、例えば情報の非対称性や、一方的な依存関係を自分に有利に利用するという原則的な可能性を考えねばならない[27]」のである。それが実際に起こる頻度が少ないことであっても、万一に備えて対応のためのコストをかけなければならない。

　取引費用を低減させる方策として、取引費用の低い取引形態を新たに選択することになる[28],[29]。その結果、他企業との取引費用が高すぎれば、自社内での製造を行うことになる。すなわち、社内との取引（内製）か社外との取引（外注）か、という取引形態の"選択"の問題として make or buy の問題が生じることになる。

分社化と外部との協力（メリットとデメリット）

　椅子製造企業がネジを外部の会社に発注する例でみてきたように、(a) 資産特殊性が必要であれば、外部の企業はなかなか取引に応じてくれない。応じてくれるにしても、価格などの条件が好ましいものになりにくいので、内製化した方が良い場合が多い。しかも、外部の会社に資産特殊性を求めた場合には、ホールドアップの問題を警戒する必要がある。特に、取引が恒常化した場合には困難な状況が生じる。

　ホールドアップは発注側、受注側の両方に発生し得る。例えば、特殊なネジを発注し続けているのに、ネジ会社が急にそのネジを作らないと言い出したら

困る。ネジ会社はその特殊なネジを作るために設備を改良し、職人の習熟度が上がったり、効率のよい新しい方法を見つけたりといったことで、さまざまな改善を加え、安くて品質の高い特殊ネジを作れるようになっているかも知れない。そうすると、同じような条件で仕事をしてくれる他の会社は見つからないし、社内では同じものを効率よくは作れないからである。ネジ会社にとってより条件のよい別の仕事が大量に入ったために、椅子会社向けの特殊ネジを製造する人員や工場スペース、配送トラックなどが足りなくなってしまうことはあり得る。

　また、逆に、椅子製造企業の方が、高級椅子の売行きに陰りがみえたため、製造を中止しようと決断する場合もある。そうであればその特殊な椅子向けの特殊なネジは必要なくなる。しばしばこうした決断は役員会などにより急に下されることがある。現場ではまだその特殊な椅子を作り続けたいのに、経営戦略を検討するプロセスのなかで、全社的な方針として決定されてしまったのかも知れない。こうした決定は、第9章で見てきたような投資配分を全社的に決定する段階で現場の意向に反して決まる場合もある。

11-7. 取引問題を別の視点から考える

ホールドアップ問題

　ある大企業で、会社に届いた郵便や部署間の文書を的確に各部署に配達する業務を外部に発注していた。ある時、その大企業が総務に関わるすべての業務を透明化するために、郵便の仕事も競争入札に出すことになった。特定の企業との継続契約が許されなくなったのである。しかし、仕事が特殊過ぎて、他の企業にはその業務ができないのである。その企業は本社だけで30階建てであり、それでもスペースが足りずに周辺にオフィスを多数借りていた。さらに組織改編が頻繁に行われており、本社の社員の肩書を持ったまま、子会社の社員と一緒に周辺の建物で働いている場合もあった。日常、配送を担当している郵便代行会社の社員は、現場に入り込んで、毎日会話を交わしながら、郵便や文書を本人のデスクまで配り、そうしたなかで個人の異動を把握しながら業務を行っていたのである。

　こうした業務を競争入札にするなかで、他に同じようなサービスができる会社がないことを察知した配送会社の社長は、このサービスの値上げを提示して

きた。その大企業の総務部門は、配送会社からホールドアップにあってしまい、値上げ要求を呑まざるを得なかった。このように、それまでは意識しなかった業務の(b) 不確実性/複雑性が何かのきっかけで明らかになることがある。同様に、このような配達の業務は日々、膨大に生じており、(c) 頻度が高い。1回の配送ごとに、配達をしてくれる会社を探して業務を依頼するなどという手間をかけることは考えられない。一括契約をした方が効率がいいし、一度、契約してしまえば同じ繰り返しで業務が続く。こうした場合には、既存の業者に引き続き業務を依頼することになり、関係が特殊化することが多く、知らない間にホールドアップの状態を生む下地が育まれている。

　同じことは、大学の図書館でも発生している。ICT（information and communication technology）の発達から、従来、紙で発行されていた学会誌が電子化されるようになってきた。研究者は、研究室の椅子に座ったまま、論文検索サービスから必要な論文を集められるようになった。電子化された学会誌を集約して大学に提供する大きなサービス会社がいくつか設立され、大学はこぞってこの便利なサービスと契約した。このサービスが定着すると、多くの学会がお金と手間のかかる紙による学会誌の発行を縮小した。そうした時点で、論文検索サービス会社は、大学との契約金額を吊り上げ始めた。大学はすでに発行されなくなった紙での学会誌を購入することができないため、論文検索サービス会社は毎年、契約金額を吊り上げている。

プリンシパル・エージェント理論の視点から

　プリンシパル・エージェント理論の視点から椅子会社とネジ会社の例を考えてみよう。特殊な椅子を作る会社に、その材料となる特殊なネジを供給し続けていた会社が倒産してしまった場合には、ネジを作ってくれる会社を新たに探さなければならなくなる。椅子会社は、新しいネジ会社が本当に自社が要求する仕様のネジの製造ができるのかどうかが心配になるだろう。ネジ会社としては、椅子会社の仕様でネジができることを示さなければならない。そのためにサンプル品を作って見てもらったり、自社工場を案内してその製造技術の素晴らしさを説明しなければならない。これらの行為にはコストがかかる。さらには、量産段階に入ってからも、きちんと要求する生産量を満たして納期までに届けられることを椅子会社に安心してもらわないと、他の会社に仕事を奪われてしまうかも知れない。こうした椅子会社（プリンシパル）からの心配に対応

し、今後も取引を継続してもらうためにも、ネジ会社（エージェント）は、(a)
エージェントのシグナリング・コストをかけて、椅子会社との関係を良好なま
まで保つ必要がある。逆に、椅子会社は、ネジ会社がごまかしを行わないよう
に、製造の状況を確認したり、納入されたネジの品質検査を行うかも知れない。
また、ネジ会社と新たな契約を結ぶ前には、会社の経営状態や経営者の人柄な
どを調査するかも知れない。これらは、椅子会社にとっての(b) プリンシパル
のコントロール・コストになる。エージェントの手抜きやプリンシパルの利益
を損なうような利己的な行動は、モラルハザードと呼ばれる。どちらのコスト
も無限にかけることはできないし、これらのコストが一定以上に膨らんでしま
えば、ネジの製造は外注ではなく、内製で行う方が妥当になる。

　しかし、エージェント側が出荷前に厳正な品質検査を行っていると報告し、
さらに品質検査の様子を定期的にプリンシパルがチェックしていたとしても、
モラルハザードは生じる。行われている品質検査が実は検査資格を持っていな
い素人によるものであったり、誰も見ていないところでは検査手順を省略して
しまっていることなどが生じる可能性がある。そんな時には、充分なシグナリ
ング・コストとコントロール・コストをかけたつもりでいても、(c) 残された
厚生上の損失が発生することになる。

　この残された厚生上の損失は、そのようにな手抜きによって椅子の品質が下
がったり壊れやすくなってしまっているのを知ることができずに、最終的に誰
かが損失を被ることをいう。厚生上の損失は、シグナリング・コストとコント
ロール・コストを上げていけば、減少はしていくが、最後まで消えることはな
い。

逆選択の問題

　また、プリンシパルの意図通りに効率的に働いてくれるエージェントを採用
することは難しい。企業の人事採用を例に考えると、雇用主がプリンシパルで、
被採用者がエージェントになる。この場合、エージェントは面接の席上、実際
以上に自分を有能に見せて採用に漕ぎつけようとし、プリンシパルがそれを見
抜くのは難しい。ある食品会社の流通部門の部長が、他の食品会社の流通経験
者を採用した後に、口先だけで全然役に立たない奴だった、新卒を採用した方
がまだましだったと嘆いていたことがある。これなどは、行動をコントロール
するためにコストをかける以前に、エージェントの選択を誤り、機能しないエ

ージェントを雇ってしまった例である。

　特に、取引を開始するために相手を選択する時点で逆選択が発生するという問題も存在する。逆選択とは、一方が意図する好ましい相手とは反対の条件を持つ、すなわち、好ましくない相手を選択して取引を行わざるを得なくなる状態である。以下は、必ずしも2者の関係がプリンシパルとエージェントという役割ではないが、逆選択の例である。

　病気になった際に支払われる健康保険を生命保険会社が販売するとする。保険会社はできるだけ、現在、健康な人に入ってもらいたいが、健康に不安のある人の方が保険に加入する場合が多い。そうすると加入者が病気になった際の支払額が平均よりも増えるので、保険会社は保険料を値上げする。すると、ますます健康な人は健康保険に入りたくなくなり、健康不安のある人ばかりになってしまう。このようにして、本来望ましい取引相手以外の相手を選択することになってしまうことを逆選択という。これでは、保険制度が成立しないので、保険会社は健康診断書の提出を求めたり、現在、病気にかかっている人を加入させないようにしている。取引先を選択しているのである。

　実際にこのような選択の問題は、大企業がかける車両損害保険で発生している。保険会社は支払い超過で自社が破たんしないように、交通事故の発生確率を計算して保険料を設定する。また飲酒運転や危険運転のリスクが少ない大企業の業務用車両の保険契約を結びたい。しかし車両をたくさん持っている大企業では、所有するすべての車両に保険金をかけてしまうと、支払額が膨大になる。しかもいざというときに相手への損害賠償金額を支払うだけの余裕があるならば、交通事故に備えて保険をかけることは割に合わない。大企業にとって、自動車事故の損害金の支払いは、外注化するよりも自社内で行った方がコストがかからないのである。そのため大企業は契約に応じようとせず、保険会社はよりリスクの高い個人顧客を相手にせざるを得ない。

11-8.　組織内部の取引費用

　人は時間や手間がかかることを嫌う。取引費用が必要以上に高い場合には組織全体から見れば不合理な行動を取ることが多い。

　ある放送局で一時期、国際共同制作番組が増えたことがあった。ディレクターが大型番組を企画しようとしても社内審査の手続きが煩雑で時間がかかるう

え、必要な予算を獲得するために多大な労力と時間を必要とした。そこで、能力のあるディレクターが利用しがちになるのが国際共同制作である。他の国の放送局に企画を持ち込み、日本以外の地域での放送権などの有利な条件を相手に与えて、大型番組制作のための資金を得るという契約を結ぶ。たとえ自社にとって不利な条件であっても、また、海外との契約には大きな労力を要するとはいっても、社内での気の遠くなるようなやり取りを考えれば、海外との悪魔的な契約の方を選択してしまう。海外との契約が成立してしまえば、放送会社は契約に違反することはできず、ディレクターが会社に報告もせずに行った契約を追認せざるを得なくなる。こうしたことは、ディレクター個人の問題ではなく、大型企画を通すための工夫として部署ぐるみで行われる。

　このことは2つの問題を含んでいる。第一は、取引費用が大きすぎて、好ましくない代替手段が魅力的に見えるようであれば、本来の方法の取引費用の削減を工夫すべきである。上述の放送局の例でいえば、無意味に煩雑な審査手続きを簡略化し、大型番組についてはより経営判断に近いところで直接審査をするべきであった。第二は、番組企画は誰のものかという所有権の問題に関わる。会社の管理部門は、当然、番組企画は会社のものであると考えるが、現場では番組を企画した本人が自分のものとして大切にしなければ良い企画は生まれないという意識が強かった。そのために、大型企画番組の所有権について、意識のうえで曖昧な状態が続いており、それを明確に位置付けていなかった。会社は、番組制作の自由度や制作意欲という観点から現場に気を遣い、現場は理屈のうえでは業務上の著作物は所属する組織のものであるということは分かっていた。以前はそのような事例がなかったために、本来は会社が組織として行うべき契約の主体が曖昧になっており、会社に無断で契約することが黙認されてきていた。

　今後、外部との接点についてのコストがICTの発展にともない低くなると、組織と外部市場との境界は低くなっていく。

　市場と組織内とのどちらの取引を用いた方が有利かによって、組織内で仕事をするか、それとも市場を通じて仕事をするのかという決定が行なわれる。しかし、組織と市場との境界自体が次第に曖昧になりつつある。上述の放送局でも社員と外注スタッフが同じ現場で働いており、誰が社内の人間で誰が外注先の社員なのかが分かりにくくなっている。さらに、資本関係の全くない完全な外注社員もいるし、テレビ局が大株主になっている子会社の社員もいる。しか

も子会社の社員には、テレビ局からの出向社員もいるし、子会社独自のプロパー社員もいる。これらが混然一体となっている。

11-9. ICTの発展等による市場での取引費用の低下

　組織の境界が曖昧になり、社内と社外との明確な区分がつけにくくなっているとともに、社外との取引が活発化し、外注も活用しながら組織を柔軟に組み替えていくことが可能になってきた。

　これまでは市場取引では取引費用が高すぎて内製の方がメリットがある場合であっても、その前提が知らず知らずのうちに崩れてしまっていることがある。注意しなければいけないのは、ICTの発達により社外との取引コストが知らない間に低下してきていることである。製造企業が部品を調達する際に、世界中の部品メーカーから最適な部品を調達しようとしても膨大な時間と手間をかけなければならなかったが、現在では、インターネットを使って世界の多くの企業と品質・価格の打ち合わせを短時間で行うことができるようになった。また、設計変更や仕様の細かい打ち合わせについても、写真や動画を添付したり電子会議などにより、かつては考えられないほど容易に他社とのやりとりを行えるようになった。

　他の業界でも、インターネットや電子コミュニケーションの発達で、社外との取引費用が低下していることがある。図11-2は、その典型的な変化を示したものである。図には、総費用の高さは直接には示していないが、総費用は生産にともなう費用と取引費用との合計（$a + b_1$ または、$a + b_2$）になる。ただし、実線で示された生産にともなう費用は図11-2に示されているように右肩下がりの場合も、逆に右肩上がりの場合もあり得る。

　現実の取引のなかで生産にともなう費用は比較的注目されやすい。しかし、図のように従来の取引費用（b_1）が、実はICTの活用などによって、知らぬ間に、新たな取引費用（b_2）に変化していることは見落とされがちである。取引費用が変化している、または変化させることができることに気づいた企業は、従来の取引費用に留まっている企業の総費用（$a + b_1$）よりも低い総費用（$a + b_2$）での外部からの購入を可能にしている。この図の場合、総費用の変化をみると、従来は社内生産の方がコスト優位であったものが、新たな状態では、外部からの購入の方がコスト優位になっている。このような変化に他社が乗じる前に、

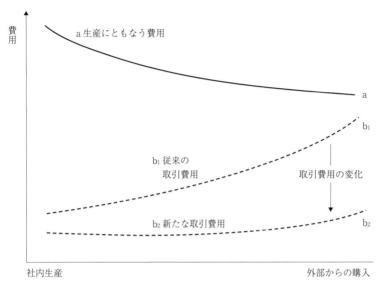

図11-2 生産にともなう費用と取引費用の変化

自社の内製・購入の政策変更を適切に行う必要がある。

注

1) Penrose, E. 1959.『会社成長の理論』*The Theory of the Growth of the Firm*. Oxford, England: Basil Blackwell.（元末玄六訳（1962）ダイヤモンド社.）

2) Porter, M. E. 1985.『競争優位の戦略―いかに高業績を持続させるか』*Competitive Advantage: Creating and Sustaining Superior Performance*. New York: Free Press.（土岐坤・中辻萬治・小野寺武夫訳（1985）ダイヤモンド社.）

3) Ansoff, H. I 1965.『企業戦略論』*Corporate Strategy*. New York: McGraw-Hill.（広田寿亮訳（1969）産業能率短期大学出版部.）

4) Ansoff, H. I 1965. 前掲書.

5) 吉原英樹・佐久間昭光・伊丹敬之・加護野忠男 1986.「第1章 分析のフレームワーク」『日本企業の多角化戦略 ―経営資源アプローチ』日本経済新聞社.

6) Ansoff, H. I 1965. 前掲書.

7) Ansoff, H. I 1988.『最新・戦略経営』*The New Corporate Strategy*. New York: Wiley.（中村元一・黒田哲彦訳（1990）産業大学出版部.）

8) Slater, R. 2000.『ウェルチの戦略ノート』*The GE Way Fieldbook*. New York: McGraw-Hill. 宮本喜一訳 2000. 日経BP社.）

9) Slater, R. 2000. 前掲書.

10) Coase, R. H. 1937. The Nature of the Firm. *Economica*, 4,（3）, 386-405.

11) Coase, R. H. 1960. The Problem of Social Cost. *Journal of Law and Economics*, 3, 1-44.

12) Williamson, O. E. 1975. 『市場と企業組織』 *Markets and Hierarchies: Analysis and Implications. A Study in the Economics of internal Organization.* New York: Free Press. (浅沼万里・岩崎晃訳 (1980) 日本評論社.)

13) Williamson, O. E. 1979. Transaction Cost Economics: The Governance of Contractual Relations. *Journal of Law and Economics,* 22, 233-261.

14) Williamson, O. E. 1981. The Economics of Organization: The Transaction Cost Approach. *American Journal of Sociology,* 87, 548-577.

15) Williamson, O. E. 1979. 前掲書.

16) Williamson, O. E. 1981. 前掲書.

17) Douma, S. & Schreuder, H. 1991. 『組織の経済学入門』 *Economic Approaches to Organizations.* UK: Prentce Hall International Ltd. (丹沢安治・岡田和秀・渡部直樹・菊澤研宗・久保知一・石川伊吹・北島啓嗣訳 (2007) 文眞堂.)

18) 丹沢安治 2000. 『組織研究の基礎—制度の発生とコントロールへのアプローチ』 白桃書房.

19) Besanko, D. B., Dranove, D. & Shanley, M. 2000. 『戦略の経済学』 *Economics of Strategy, 2ed Edition.* New York: John Wiley & Sons. (奥村昭博・大林厚臣監訳 (2002) ダイヤモンド社.)

20) Williamson, O. E. 1979. 前掲書.

21) Williamson, O. E. 1981. 前掲書.

22) Douma, S. & Schreuder, H. 1991. 前掲書.

23) 丹沢 2000. 前掲書.

24) Williamson, O. E. 1975. 前掲書.

25) Williamson, O. E. 1975. 前掲書.

26) Besanko, D. B., Dranove, D. & Shanley, M. 2000. 前掲書.

27) Picot, A., Dietl, H. & Franck, E. 1997. 『新制度派経済学による組織入門—市場・組織・組織間関係へのアプローチ』 *Organization: Eine Okonomische Perspektive.* Germany: Schäffer-Poeschel Verlag GmbH. (丹沢安治・榊原研吾・田川克生・小山明宏・渡辺敏雄・宮城徹訳 (1999) 白桃書房).

28) Williamson, O. E. 1975. 前掲書.

29) Geyskens, I., Steenkamp, J. E. M. & Kumar, N. 2006. Make, Buy, or Ally: A Transaction Cost Theory Meta-Analysis. *Academy of Management Journal,* 49(3), 519-543.

第4部　経営組織の変貌

第12章　イノベーションと組織変革
――"変わる必要" と "変わり方"

【組織変革の必要性とメカニズム】

12-1. イノベーションと組織変革

イノベーションとは何か

　イノベーション（innovation）とは、狭義には技術革新と訳されるが、広義には、新しい製品やサービスの創出、新しい生産技術・マーケティング・組織革新や新しい経営のやり方なども含む[1]。

　技術革新によって生み出されたものとしては、お湯をかけて3分間待つだけで完成するカップラーメンや、音楽は固定した装置で聴くものという概念を根底から覆したソニーのウォークマンが挙げられるだろう。また、絹や羊毛などの天然繊維では考えられない程の低価格を実現した、ナイロンやアクリルなどの人工繊維が挙げられる。

　一方で、経営革新の方に目を向けると、トヨタの看板方式やコンビニエンス・ストアのコンピューター管理による流通経路の効率化や配送量の最適化が挙げられるし、ユニクロによる業態を跨いだ製品製造・販売も挙げることができるかも知れない。本来は販売会社であったユニクロは、コスト優位にある海外生産から国内販売までの自社による体制整備で衣料品の価格と品質の常識を覆した。また、革新的なサービスの提供を行うために業務そのものを革新した結果、全国の各家庭への荷物の小口配送・集荷を始めたヤマト運輸や、従来は顧客と店員との人間関係で成り立っていた接客を徹底したマニュアルで画一化したマクドナルドも変革を成し遂げた例だと言えるかも知れない。企業そのものが変革を遂げた例としては、官僚的な経営形態による電電公社という組織か

ら、固定電話や携帯電話、およびデータ活用にまで広がる競争環境に対応する
ために民営化した NTT グループの株式会社化や、半導体メモリを製造してい
たインテルが、日本企業の追い上げに対応するために CPU 製造企業に転身し
た例なども挙げられるだろう。

　新たな事業を起こすためには、従来の継続ではなく、まったく新たなことを
組織が学び、学んだことを活かす必要がある。

　経営学では、イノベーションは広義の「組織学習」の一部といえる[2]という
見解もある。組織変革に焦点を当てた考え方である。またイノベーションは、
単にばらばらのデータや情報をつなぎ合わせるだけではなく、人間一人ひとり
に深くかかわる個人と組織の自己変革である[3]という考え方もある。

　本章では広義の革新の中で、特に組織革新を扱う。というのも、技術革新や
新サービスなどは、多くの場合、新しく編成し直した組織から生み出されたり、
技術やサービスの革新を成功に導く過程で組織改編や組織革新を伴う場合が大
きいからである。また、オープンイノベーション（open innovation）のように
外部の組織から、企業の枠を超えた知恵や技術などの積極的な活用を伴う。そ
のために、狭義・広義のどちらのイノベーションの場合でも組織変革（organi-
zational change、または、特に企業全体の大幅な変革（企業変革）の場合には enter-
prise transformation という用語を充てることが多い）が多くの場合、技術革新に
深く関わる。後に見ていく 3M 社のポスト・イットの開発の場合のように革新
的な技術を生み出すための組織的な工夫が根底にあり、そういった組織から
次々と革新的な製品が生み出されているということもある。

なぜイノベーションが必要か

　国際化の進展や競争激化のなかで市場創造やイノベーションにもとづく製品
開発が多くの企業で求められている。

　クリステンセン[4]は、メインフレーム・コンピューターからミニコン、さら
にパソコンへの変化や、パソコンのディスク・ドライブ、掘削機、電気自動車
などを例に、過去の成功体験が変革の足かせになることを示した。それによる
と、企業は既存の顧客と投資家に資源を依存しており、その意向に追随を続け
るために主流となる市場での持続的なイノベーション（sustaining innovation）
を積み重ねる。しかし、それでは、小規模な市場における成長ニーズを解決で
きない。そうした間隙を突いて異なる価値を提供する破壊的イノベーション

（disruptive innovation）が起こる場合がある。破壊的技術（disruptive technologies）を用いた製品は既存製品にとっては性能が低かったり低価格であったりするが、そのような技術を求めている市場が成長し、そちらが主流になると、持続的技術（sustaining technologies）は拡大する新市場では通用せずに、破壊的技術が新市場の主力になる。

　従来市場で成功している企業は、破壊的技術のインパクトを認識できない場合が多く、競争対応の必要を感じない場合が多い。既存顧客は持続的技術で満足しているからである。しかし、破壊的技術に適した新市場が成長し、既存市場が縮小すると、かつての成功企業は失脚してしまう。かつてイノベーションによって成功した企業がその成功から離れることができずに沈没していく現象をイノベーションのジレンマ5)という。

　破壊的イノベーションの脅威がない場合にも、問題はある。単純なコスト削減や表層的な製品改良などを基本とした通り一遍の技術改善では他社からすぐに追随、模倣され、より厳しい競争環境を自ら呼び起こすことになる。特に、人件費や原材料費などで優位を持つ海外企業の技術力が上がり、競争相手になった場合にその問題が浮上する。そこで、他社が追随できない仕組みを自社内に構築する必要がある。1つには模倣を防ぐための特許を製品に張り巡らせることが有効であり、もう1つは、イノベーティブな製品を継続的に生み出し続ける力を組織の中に抱え込むことで、他社の追随をかわすことができる。

　イノベーティブな製品を生み出す力は、その企業が新しいアイデアを生み出したり活用する力であったり、他社には模倣できないような工夫をする力である。その企業独自の人々の知識や物理的な素材、生産能力などの組織内外の様々な力を利用しやすい環境が社内にあることなどが、その源泉になる。このような力を社内に維持していくことによって業界内での他社に対する持続的競争優位を構築し、企業が存続を続けることができる6)-9)。しかし、激化する競争環境の中で恒常的な持続的競争優位を構築することは実際には難しい。

　その難しさは持続的競争優位の大きな源泉が、他社に対する模倣可能性の低さであり、模倣可能性の低さの根源は人をベースにしたそれぞれの企業が独自にもつ他社にとっての理解しにくさや実行の困難さにあるからである10)。そこで、図9-3でみてきたように、自社内に通用する知識創造の仕組みを社内に構築する必要が生じる。

　しかし、他社にとっての理解しにくさや実行の困難さというものは、そのま

ま自社の他部門にとっても、また社員同士の間でも理解のしにくさや実行の困難さになるであろう。特に、イノベーションがいまだ社内の公式的な制度や仕組みのなかで普及していない初期の段階では、無理解や過去の行動の慣性が組織の壁として立ちはだかることになる[11)-15)]。他社の脅威に対しては、従来からの事業を防衛する方が新事業を育てるよりも経済的だと考えることがイノベーションを生み出そうとすることを妨げる原因になる[16)]。イノベーションの起点となる動きと既存組織の慣性的な動きとは衝突することが多い。組織が外部からの脅威を強く認識することで、主流組織のルーチン硬直性が増幅し、環境からの変化から組織を守ろうとすることがある。その同じ脅威の認識から、組織が硬直性を克服し非連続的な変化に進むこともある[17)]。新たな脅威や環境に対応するためには、社内の抵抗を乗り越えて変革を実行する必要がある。これには多大な労力を伴い、途中で変革が挫折することも多い。

変革の困難とその克服

　実績ある企業が持続的技術の向上に意識を集中しているあいだに破壊的イノベーションの脅威にさらされても、多くの場合、社内でこれまで評価されてきた事柄を縮小せずに対応しようとする。競争者に対応するようなイノベーションを組織内に引き起こし、発展させるためには、組織内でこれまで成功してきた収益の評価基準を超える行動を起こし、新たな行動を波及させる必要がある。また、そうした一連のプロセスを奨励することが求められる。

　評価基準や価値観だけでなく組織内のメンバーそのものにも問題が存在する[18)]。イノベーションを発展させるために必要な価値観はこれまでの価値観と抵触する場合が多い。企業が"既存の価値観のなかでの正しい資質"という発想で従来型のマネジャーを新事業のために選ぶと過ちが起こり得る[19)]。既存の価値観と切り離すために独立したスピンオフ組織を立ち上げることが有効になることがある。

　いずれにせよ、イノベーションを引き起こしたうえで市場化が可能な状態をつくるためには、そのイノベーションをバリューチェーン全体へ波及させる必要がある。その役割を独立したスピンオフ組織だけに担わせるという解決策は難しい。なぜなら新規の小規模組織で資源調達やイノベーションに適合した新たな仕組みを構築するためには膨大な困難が予想されるからである。したがって、イノベーションを起こすためには既存組織で行うよりもスピンオフした独

立組織で行う方が絶対的によいとは言いきれない。また、それがたとえ既存の
システムを根本的に組み換えるような破壊的なイノベーションではなく、持続
的なイノベーションであったとしても、市場への投入までのバリューチェーン
全体において既存組織の価値観や評価システムと抵触する部分は存在する。通
常は、これまで大きな影響力を持ち続けている既存の組織の方が、新しい対抗
する価値観を持つ勢力を従わせる力を持っている。

　独立した組織を用いて変革を進めるのか、または既存組織を活用して変革を
進めるのかという問題とは別に、イノベーションを引き起こす中心となる組織
や個人には、組織内外の障害を乗り越えて進むことができる説得力と行動力が
必要である。

　その説得力と行動力の背景が、変革の核となる人物の環境の自由度の高さか
らもたらされるのか、既存の方法に固執する抵抗勢力からの妨害に遭わないこ
とによるものなのか、または、経営者の強い支持により、巨大組織の支配的で
強力なパワーを活用できる立場が与えられているのか、いずれかに関わらず、
既存の慣性から離れた場所で充分に"力"を発揮できる状態が確保されること
が重要である。

既存事業を続けながらイノベーションを生み出す仕組み

　株式会社桃谷順天館という老舗化粧品メーカーは、流行品の他に明治時代の
処方をほとんど変えない伝統的な製品の販売も続けている。その一方で、新た
な視点からこれまでにはない新たな製品を生み出す仕組みも持っている。例え
ば、桃谷総合文化研究所では、具体的な事業化だけにとらわれない視点から幅
広い調査・研究を行っており、そこでは新たな事業のネタを絶えず探し続けて
いる。その調査を元に、本社の事業戦略本部では定期的に事業化できそうな案
件に優先順位をつけて整理し、自社で保有していない機能については他社など
との提携を進める。最終的には本社営業部の主導で市場の意向を反映した商品
化を実現する（図12-1）。なお、事業戦略本部は、通常業務を扱う経営企画室
とは別に設置された組織であり、この流れは通常の新製品開発とは別に設定さ
れている。このようにして、従来の仕事とは切り離したところから事業のネタ
を探し、最終的には最も市場に近いところで製品化を進めていく開発ルートも
公式に位置付けている。

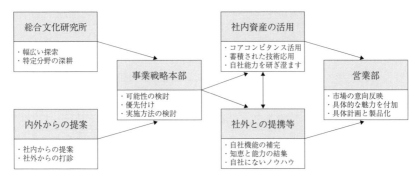

図 12-1　株式会社桃谷順天館の次世代製品開発の流れ

12-2.　オペレーション志向とプロダクト志向

　日本企業の躍進が注目された 1980 年代からバブル経済期にかけて、日本が
カイゼンならびに過程指向の考え方をするのに対し、欧米はイノベーションなら
びに結果指向の考え方をするという分類が一般的であった[20]。日本企業に
とってはグループ・ダイナミクスを活用したオペレーション志向の組織が重要
であり、米国企業にとってはビュロクラティック・ダイナミクスを活用したプ
ロダクト志向の組織が重要な意味をもつという考え方である[21]。日本＝カイ
ゼン・過程指向による連続的なイノベーションの積み重ねが中心であり、欧
米＝結果指向の断続的なイノベーションが中心という図式である。これは、日
本企業が、製造現場の中間管理職からの情報提供や指示にもとづくミドル・ア
ップダウン・マネジメントを中心に改善を行っており、欧米企業は、経営層が
決めた枠組によるトップダウン・マネジメントにもとづく改革が中心であると
いう議論[22]に結びついている。

　それまでは日本企業の特徴であるとされていた過程指向あるいはオペレーシ
ョン志向の問題解決方法が、米国の卓越した企業にも組み込まれているという
ことが注目されていた[23]こともあり、その後、米国企業の過程指向の問題解
決方法にも焦点が当てられることとなった[24]。現在では、日本の大企業の多
くは、売上の半分以上が海外からの売上になっているなど、国際化が進み、工
場や販売拠点にも海外が多くなり、また、外国人株主の発言力も高まるなど、

経営形態や経営上の意思決定の方法の国際化が進みつつあり、バブル期までの日本的経営方式・欧米的経営方式というそれまでの区分けは通用しなくなりつつある。また、イノベーションの発端となる行動は人がベースになっているがその行動を生み出す組織の特性や資金供給については様々であり、単純なカテゴリーに分類できない。かなりの資本投資とチームワークが必要な大がかりなイノベーションは、大企業内で生まれやすい。その場合にもひと握りの人たちの中から始まることが多い。また、多くのイノベーションの発端は"市場からの引き"ではなく、それを生んだ一個人の"好奇心"であり、会社の財政的な必要性も、市場の消息も、大きな役割を果たしていなかったという報告[25]もある。

12-3.　製品イノベーション

偶然の取り込みと商品化──ポスト・イットの例

　多くの人が、付箋や備忘メモとして使っているポスト・イットには偶然から発見された素材が用いられている。丈夫な接着剤の開発をしていた 3M 社の科学者が、目指していたものとは違い、軽く付くが、しっかりとは接着しない接着剤を発見した。何年もの間、その科学者は他部門の多くの人たちに自分が発見した接着剤を紹介し、使いみちがないか聞いて回っていた。あきらめずに用途を聞いて回り続けていたために、その科学者は Mr. Persistent（粘り強い人）と呼ばれるようになった。5年後に、社内の別の科学者が、教会で歌う讃美歌集のページに挟んでいたしおりがすぐに落ちてしまうことに悩んでいた。その解決として、その接着剤を用いた脱着可能な付箋が役立つと考えた。さらに、3M 社は貼ったりはがしたりできることがビジネスに活用できると考え、1977年にアメリカ4大都市での大々的なテスト販売を実施した。反響は思わしくなかった。それでもあきらめずに、マーケティング手法を変えて大規模な試供品提供を行った。その結果、1980年にポスト・イットが発売された。その後、150か国以上で、4,000種類以上のポスト・イットが販売されている。[26]

背景となる組織的な特徴

　他にも他社にはみられないような新製品の発売を連発していた3M社には、各事業部に対して、本社から1年ごとに 1. 税引前売上高利益率（20 ～ 25%）、

2. ROI（20 ～ 25%）、3. 売上高成長率（10 ～ 15%）、4. 新製品比率（25% 以上）
の 4 つの基準が課されていた[27]。

　各事業部には、エンジニアリング・マネジャーと財務コントローラーが本社
から送られてきており、独自のスタッフ部門を擁さず、すべて本社のスタッ
フ・サービス本部を利用することになっていた[28]。また、1981 年までは本社
には新事業ベンチャー事業部が設置されており、次の機能を果たしていた[29]。

　　(1) 現在の 3M の事業領域とまったく関係のない新事業の開発と育成
　　(2) 通常の事業部から資金が得られなかった新製品や新事業のアイデアに
　　　　対する資金提供とその育成
　　(3) 以前に失敗した新製品や新事業のアイデアの保存およびその定期的な
　　　　再吟味と有望なアイデアの再実施
　　(4) 買収

　また、3M の研究者たちは、自分たちの時間の 15% までは主要任務以外の興
味対象を追求するのに使うことが暗に認められている[30]。このような仕組み
が組織に組み込まれていれば、新製品が開発され、それを市場に出すべく、開
発者が周囲を説得し、商品化や販売に漕ぎつける下地が得られる。

　通常の企業であれば、既存の製品から充分な利益を得られており、開発した
製品が必ずしも既存製品の利益率を上回る保証がないため、わざわざ会社の仕
組みとして、各事業部の新製品比率を 25% 以上にすることを目標に定める必
要はない。しかし、頼りにしていた既存製品が外国企業や新規参入業者などか
らの激しい競争にさらされたり、製品自体が陳腐化して価値を失うと、その企
業の利益率は低下する。既存製品を自社の中心に据えたままで、そのような事
態が到来するのを防ぐためには、既存製品に対する脅威を察知する能力を身に
つけ、変化にすばやく対応する体制を準備しておくことが必要になる。

　細かいセグメントを狙った多数の商品を扱う企業では、絶えず細かい製品改
良や新製品の市場投入などを続けられるような組織であり続ける必要があるし、
そうではなく、少数の大型製品を主力とする企業では、その主力製品が売れな
くなる前に、次の主力製品を育てあげる必要があるが、その試みは成功すると
は限らない。写真技術が感光材を塗ったフィルムからデジタル方式に急激に変
わったことにより、世界企業であったコダックは倒産したが富士フィルムは業
態変更に成功した。テレビがアナログからデジタルに変わり、同時に画面の大

型化とそれに伴う薄型化が起こった際に、パナソニックやシャープなどの日本の家電企業は取り返しのつかない大打撃を受けた。

　いずれにせよ、自社の事業を大きく変えようとする場合には、大幅な組織変革が必要になるが、現在の成功を捨ててまで変わる意味が見いだせないまま、市場や競争環境の変化に飲み込まれてしまうことが多い。

12-4.　組織変革──組織そのものを変える

変わることの難しさ

　企業が、事業の中心となる既存製品の製造や販売から撤退したり縮小することは難しい。革新を妨げる最大の障害物はセクショナリズムである。意見交換がオープンでなく制約されていたり、あらかじめ定められた日常の規則が行動を律し、それから外れることは許されない場合がある[31]。上司の許可を得ずに他部門の人と勝手に話をすると叱られるという会社の人もいる。

　また、過去の栄光が足かせになる場合もある。競争構造が変化してしまっている中で、自信のある主力事業で劣勢を巻き返そうとして従来の方法に力を集中してしまい、失敗に至る場合である。パナソニックはかつては国内外で超優良企業としての高い地位を築いてきた。しかし、テレビ受像機のデジタル化・薄型パネル化にともない、プラズマ方式の開発を本命として資源を傾注し、2001 年の大阪府茨木工場にひき続き 2005 年には尼崎工場に 4,250 億円の巨額を投資して大工場を稼働させた。しかし、最終的にデファクト・スタンダード（de facto standard: 事実上の標準）仕様は液晶方式になり、プラズマ方式は市場から消えていった。こうした経緯のなかで、2013 年度には 4,550 億円の債務超過（負債が資産総額を上回る状態）に陥っている。パナソニックは 2010 年から稼働していた東芝、日立と協同で出資していた液晶工場の経営権を取得していたが、稼働率悪化のため 2021 年に生産を終了している。[32]

　デファクト・スタンダードがいずれかに決着しないままの状態でプラズマ方式に注力し、趨勢が液晶方式に傾いた時点で、出遅れを取り戻そうとして、液晶方式に注力したが、すでに大きく差をつけられていた。結局傷が大きくなってしまっている。

　その背景として、パナソニック社内でのテレビ事業の位置づけの大きさがある。社長がまだ創業者の松下幸之助時代の 1958 年に 12 万 5000 ㎡の茨木事業

所がテレビ工場として開設されており、工場所在地の町名も畑田から当時の会社名の松下町に改名されている。プラズマテレビの茨木工場は、パナソニックの経営陣にとって長い間、聖域とされてきた[33]。

2011 年には時価総額が同水準であり、営業利益率でも大差をつけられてはいなかったソニーや日立製作所に、2020 年時点では極めて大きな差をつけられてしまっている[34]。その成長阻害の要因として、①社内の経営企画部門により策定された成長戦略で失敗を繰り返してきたこと、②自社の実力を過信し、強すぎる作り手の考え方、社内事情中心の余剰人員の部門間異動などによる問題の先送り、③将来に向けた大型投資は財務的に難しい状態であるのに危機感が浸透していなかったこと、④計画だけで実行力を伴わない頻繁な組織改革が挙げられる[35]。

変革への障壁としては、1．行き過ぎたコスト重視、2．メリットに関する認識不足、3．調整と協力の欠如、4．不確実性の回避、5．喪失への不安が挙げられる[36]。

一般的には、技術革新を挫折させる要因には以下のものがある[37]。

1. 下からの新しいアイデアは、それが下からのものであるが故に疑ってかかる。
2. 承認を必要とする場合には、まず経営の他のレベルをいくつか通して、それぞれサインをもらわせるようにする。
3. 他人や他部門の提案を批判する。そうすれば自分で決定を下さずに、生き残ったものを拾い上げるだけでよい。
4. 批判は自由に述べ、賞賛は控えて相手にプレッシャーをかける。
5. 問題が見つかったら失敗のしるしとして扱う。
6. あらゆることを注意深くコントロールしようとする。
7. 組織替えや政策変更の決定は秘密裡に下し、それを抜き打ちに発表する。
8. 情報を求める者があれば、それが完全に正当な要請であるかどうかを確かめる。
9. 下級の管理職者に対して、権限移譲や経営参加の名の下に、いかにして人員削減、一時解雇、配置転換などを行うか考えさせるか、それをしなければ上で決定した恐るべき決定の実行責任を負わせる。
10. 事業に関するすべての重要なことは、最高首脳がすべて承知している

状態にしている。

組織慣性

上に挙げた 10 項目は個人が組織の中で自身の立場を守ろうとして行う事柄である。同様に組織全体にもこれまでの状態を守ろうとする力が働き、それを変えようとして元の状態への揺り戻しが起こる。

組織には従来の仕事の進め方を継続しようとする力がはたらく。この力を組織慣性という。仕事の仕方を変えようとすると、これまで自分自身が価値を置いてきた活動を変える必要が生じる。このため、これまでの行動との一貫性が損なわれることに対する心理的抵抗が生じる。また、自分自身の態度を変革に対して好意的なものに変えようとしても、自分の周囲にいる友好的な同僚が変革に対して批判的で従来のやり方を支持する態度をとれば、自分自身の態度が他人にひきずられて、もとに戻ってしまうことが多い。

組織全体のレベルでは、顧客からの従来どおりの要求が続くことや、仕事の手続きの硬直性、変革にともなう一時的な混乱や損失の回避などによっても、これまでのやり方を変えずに従来どおりの仕事を続けようとする力が働く。これまで特定のメンバーが得てきたメリットや立場が弱まる可能性（例えば変革の実施によって自分が受けもっている既存の顧客からの売上が減ることにより社内での相対的な立場が劣化するなど）が予測されれば、その当事者は変革や変更に抵抗しようとする。

特に、大規模な雇用調整（人員削減）や異動をともなう大改革では、経営者と労働組合などの労働者側とのかけひきが活性化する。

どのような変革を進めるのか

変革は一度に全体を変える場合と、部分から変えていく場合とがある。全体を変えるのは困難でよほど企業全体が危機的な状態でないと、どこかで変化が止まったり、揺り戻して元に戻ろうとしたり、反対勢力が変革を阻止しようとする動きを強めることもある。一方で、変革を組織の一部分から進める場合、それが失敗した際には、全体的な反対を呼び起こすことがある。そこで、一部分で変革を起こす場合には、その最初の変革を必ず成功させなければならない。いずれにせよ、変革に必要な環境条件として、（イ）実行の能力がすでにあること、（ロ）既存事業とある程度分離すること、（ハ）成長の可能性、があらか

じめ備わっている必要がある[38]。

　一般的に新しいアイデアを促すような環境条件は、通常業務としてそのアイデアを実行するには最適ではない[39]。そのために、変革を起動させる部門としては、開発部門によるイノベーションや、独立したベンチャーチーム、企業内起業家制度が適切である[40]。組織構造がしっかりしていて命令系統がはっきりしている組織は、旧来の生産を効率的に行うルーチン業務に適しており、新しいことを柔軟に試したりやり方を変えてみたりすることには適していない。反対に、組織構造がゆるやかで命令系統が比較的はっきりしておらず、縦横にコミュニケーションルートが発達している場合には、比較的新製品に合わせた体制づくりを行いやすい。

変革に必要な要素

　企業における組織変革には、組織そのものの編成を変えるだけでなく、仕事の進め方や手順、担当する人員、コミュニケーションの相手や方法、生産体制の変更などのさまざまな事柄の変革をともなう。

　組織変革を実行するために必要な要素として、1. 変革の必要性を明らかにする、2. 必要性を満たすアイデアを見出す、3. トップマネジメントの支持を取りつける、4. 漸進的な実行に向けて変革を計画する、5. 変革への抵抗を克服するための計画を立てる（利用者のニーズや目標との整合、コミュニケーションとトレーニング、参加と巻き込み、強制と強要）、6. 変革チームの創設、7. アイデアの先導者の育成が挙げられる[41]。

　さらに、変革には、1. 変革のアイデア、2. 変革の必要性、3. 変革の採択、4. 変革の実行、5. 変革のための資源が必要であり、これらの要素が組織内で確実に揃わなければならず、要素が一つでも欠けると、変革のプロセスは失敗してしまう[42]。

組織変革のための手法

　全般的な変革のためには、全社的な仕事の品質を洗いなおす TQM（total quality management）も行われることがある。少人数の QC サークルが競い合いながら、改善点を発見し、必要な改善を工夫していくことを全社的に展開する手法である。そういった細かい改善の積み重ねではなく、ゼロベースで根本的に業務を見直していくビジネス・プロセス・リエンジニアリング（BPR:

business process re-engineering）の手法[43]が組織変革や企業変革に用いられることもある。

　全社的な変革を成功させるには、自社のサービスによって顧客がどのような体験をしているのか、顧客の一社一社、また、一人ひとりの顧客の個別の経験を掘り下げ、これまでは取引のなかったグローバルな資源の調達も含めて、最適な調達や新しい部品の利用を開拓する。さらに、より深く情報を活用したりサービスを徹底するためにこれまでには不可能だったことを可能とするようなかたちで最新のIT活用を行うことが重要になる。ただし、これらの動きには、これまでの社内の常識が壁として立ちふさがる。そこで、縦割りの考え方を打破するようなかたちでITを活用して個々の業務だけでなく、業務と業務との連携を組み直し、情報を共有する仕組みを構築することが有効になる。さらに、業務プロセスを効率化するとともに、プロセスをその都度柔軟に組み替えることによって新技術や顧客の要望、競争相手からのチャレンジに対応できるようにする必要がある。適切な人材を適切に配置するだけでなく、それを管理するための新たなマネジメント手法を導入する。[44]

　変革のプロセスを8段階に分類すると、①危機感を高める、②変革を進めるためのチーム作り、③ビジョンと戦略を作る、④ビジョンと戦略を周知徹底する、⑤従業員の自発的な行動を促す、⑥短期的な成果を生む、⑦その成果を活かしてさらに変革を進める、⑧新しい方法と企業文化を定着させて変革を根づかせる、という手順になる[45],[46]。

　従来から組織変革のために、組織開発（organizational development）が用いられてきた。これは、心理学的な知見を用いて、主に管理者の意識を変えようとするものであり、部下や環境に対する気づきを促したり、態度や行動を見つめなおして個人の自己変革を促す人材開発に結びついた考え方である。特に、組織変革に必要な意識改革のために用いられてきた手法である。組織内の人間関係やコミュニケーション、および他の組織への対応の方法などのグループ・ダイナミックスに関する気づきを促すために、1960年代には、共感などの感受性訓練を中心としたTグループ（training group）またはラボラトリー・トレーニング（laboratory training）と呼ばれる手法を用いて互いのわだかまりを解消し、コンフリクトを緩和する手法もとられた。

　ブレークとムートンによって実施された[47]ラボラトリー・トレーニングの手順を要約すると以下のようになる[48]。

1. まず競争している両集団が訓練の場につれてこられ、この訓練の目標
   は、お互いの見方や関係を探求することだと述べられる。
2. つぎに各集団は、別々に、自分自身および相手の集団に対してどのよ
   うな見方をし、またどのような態度をとっているかを討議するようにし
   むけられる。
3. 両集団がいる前で、それぞれの代表者が、自分の集団からの自他の集
   団に対する見方を発表し、その間、両集団は黙ってそれを聞いていなけ
   ればならない（この目的は、各集団がもっているイメージをできるだけ正確
   に相手の集団に伝えるにすぎない）。
4. 両集団間でやりとりが始まる前に、両集団はもう一度別々に集まって、
   いま自分たちが聞いたことを消化し分析する。そして、この代表者の発
   言は多くの場合、各集団の自分自身についてのイメージと相手側がこち
   らについてもっているイメージとの間には大きな食い違いがあることを
   明らかにするが、この別々に分かれて行われる集会では、この食い違い
   の原因の分析が行われる。つまり、各集団は、自分たちが相手の集団に
   対して実際にどんなことをしていたのか、そしてそのような行動が、そ
   の意図はともかくとして、どのような結果を生み出しているのかを、い
   やおうなしに検討させられる。
5. 再び全体集会で、代表者が、自分たちはどのような食い違いを発見し
   たか、またその食い違いの原因分析の結果を具体的な行動に焦点をおい
   て互いに述べ合う。
6. これが終わったところで、両集団は、知覚の歪曲のさらに深い原因を
   確認するために《今、新しく分かちあわれた目標》について、さらに忌
   憚なく話し合う。

【組織変革の人間的側面】

12-5.　変革の問題を乗り越える条件

イノベーションと組織変革に必要なことがら

　イノベーションそのものが起こった時点では偶然の要素が大きく作用している[49]。またイノベーションの元になるような新たな発見やその商品化のための新しい仕組みづくりのアイデアはより後に続くいずれかの段階で阻害され埋もれてしまうことも多い。イノベーションを社内や関連する組織へ普及させ、有効活用できるような応用を実際に行ない、成功させるためは、これまでの社内での方法や慣行との断層をなんらかのかたちで克服する必要がある。技術革新をほとんど生み出さない企業には少なくとも2つのタイプがあり、1つは技術革新を避ける企業であり、内部のシステムや運営の改善について経済的な刺激をほとんど感じていない企業であり、もう1つのタイプは、無関心というよりは無知であり、どうすれば技術革新ができるか知らない企業である[50]。古いパラダイム（paradigm: 主流として受け入れられている規範）[51]の支配が強く、その旧来からのパラダイムを乗り越えること（パラダイム・シフト）がイノベーションには必要だとすれば、人を説得したり従わせたりする相当な力量や手腕が必要である。その力量や手腕を持たずに新規の考えや技術を社内や関連する組織に普及し、市場に受け入れられるかたちに改変するための衆知を集め、改変のための協力を得ようとしても従来の社内や業界の慣習や既存の思考・行動のなかに埋もれてしまい、イノベーションは成功しない。

　この、人を説得し従わせる力量や手腕は、イノベーションが技術的なシーズから発生し市場に向けて花開いて行く場合にも、逆に市場のニーズから発生し技術的な萌芽を開花させたり技術的な応用を実現可能なかたちに応用していく場合にも極めて重要である。また、環境や戦略に合わせて組織を変革する際に、失敗への不安や利害関係についての疑心暗鬼を払拭する必要があり、この場合にも信頼と説得力が重要になる。

組織が変わるために必要な視点

　変革が成功するかどうかは事前には分からないので失敗への不安がつきまとうことになる。その際に失敗が自分自身の失点になってしまうような評価制度や仕組みがあると、ポスト・イットの例のように、成功するまで粘り強く努力を続けることはされなくなってしまうし、周囲も失敗を恐れて協力しなくなってしまう。3M の元会長[52]は、失敗しないのは前へ進んでないこと。つまずかないのは歩いてないこと、という言葉を残している[53]。

　失敗が減点として社内でカウントされずに、敗者復活が可能であることが変革を進める文化には重要である。それとともに、成功するかどうか分からないことに取り組んでいる同僚や部下に対する信頼も重要である。業務時間の15% までは自分の関心あるテーマを追求することが許されるという 3M のルールは、公然と奨励されていることではなく、細かく詮索されずに無視してもらえる、すなわち信頼してもらえているという安心感のうえに成り立つ[54]。

ダブルループ・ラーニングと学習する組織

　製品イノベーションを起こしたり、組織そのものを大きく変えるためには、既存の枠組みを変えて、新しい視点を得ることが大切である。

　アージリスは、既存の前提に基づいて意思決定を行い、その実践の結果を元に修正を加えていく通常のシングルループ・ラーニング（single-loop learning）とは異なり、新たな環境に直面した際には、既存の枠組みを修正するダブルループ・ラーニング（double-loop learning）が必要になると考えた[55],[56]。シングルループ・ラーニングは行動から得られた結果を、既存の基準に照らし合わせて、次の行動を起こす、ということを繰り返すことであり、ダブルループ・ラーニングは、そのループを回すだけでなく、既存の基準を見直して修正することも含む思考と行動のループを新たに回すことである。

　センゲは、組織が、従来からのメンタル・モデルを変更することによってダブルループ・ラーニングを可能にするような、学習する組織に変化していくためには以下の5つの原則が重要であると考えた[57]。

　　①個々の事象の背景に横たわる根本的な対処を考えるシステム思考
　　②個人が仕事のうえでどのようになりたいのかをイメージできるような自己マスタリー
　　③個人や組織が持つ固定化した考え方であるメンタルモデルからの脱却

　　④組織と個人の共有ビジョン

　　⑤根本的な問題を話し合うチーム学習

しかし、これらを阻害する要因として、以下の7つがある[58]。

　　①私の仕事は○○だからという強すぎる役割意識

　　②悪いのはあちらだという責任の転嫁

　　③起こった問題に対して根本的な原因を考えずに表面的な対応をしようと
　　　する先制攻撃の妄想

　　④背景まで考えない出来事への執着

　　⑤ゆるやかな変化に気づかないゆでがえるの寓話

　　⑥状況が異なっているにも関わらず、経験から学ぶという妄想

　　⑦全体が考え方を共有しているという経営陣の神話

12-6.　信頼と説得

信　頼

　従来の規則にとらわれずに必要な行動を創造的に展開するためには、従業員の行動と組織の「考え方の枠」（フレーム）をつくり変えるという意味でのリフレーミングを促進することが重要である。また、リフレーミングには、個々の成員が心理的な共振をすることが必要である[59]。

　組織が変化への適応能力を獲得するために、他の組織を買収して自社内に取り込むのか、既存の組織の仕組みを変えて、適応能力を新たに獲得することが好ましいのか、また、主流部門から外れたところにスピンアウト組織を設定し、そこから適応を始めていくことがより好ましいのかといった組織の形態や方法だけが問題なのではない。変化に対応する能力を生みだすために必要な組織の本質として、心理的な共振が可能な組織サイズとメンバーが確保できるかどうかが大きな問題である[60]。またそれを妨げることになりがちな、既存の主流組織やメンバーが持つ価値観や評価システムからイノベーションに対する逆方向の介入を受けないことが重要である。

　その際に“信頼”というものの持つ力が1つの解決策になる。信頼は共振を生み、抵抗の壁を溶かす力を持つ。信頼にもとづく新たな一歩や抜本的な変革が、狭い社内に限らず関連するバリューチェーン全体に及ぶものでなければ、やがて共振は鳴りやんでしまい、変革を完遂することはできない。

説　得

　成功する根本的な説得の根底には、"人間力"にもとづいているともいうべき本当の"信頼"が存在する。イノベーションや事業を進めるにあたっての人間の持つ"力"が最後には人を動かしていく。信頼に基づいて、人は相手の説得を受け入れ、納得し、主体的に動くことができる。説得には以下の 2 つのスタイルがある[61]。

①組織内への暗黙的・非明示的説得　特にともに働く同僚として組織内で相手からの信頼を勝ち得るためには暗黙的・非明示的説得が有効である。責任感を具体的な行動で示すことや過去の実績を示すことによって説得力が増す。ドライな契約を明示的に示すというよりは暗黙的かつ蓄積的であり、文章ではなく行動で示される、いわゆる非明示的な方法が中心になる。非明示的とはいえ明らかに周囲に対して自分の信頼感が"見える"状態が作られている必要がある。

②組織外への契約的・明示的説得　臨時で混成された組織や外部の協力者を巻き込んだり説得しながら信頼を勝ち得るためには契約的・明示的説得が有効である。ドライな契約的関係を基盤に持ち、抵抗に対しては、時には融資や契約の打ち切りなどの非友好的な行動を用いて対抗することもみられるような関係である。しかし、その根底に人と人との個人的な信頼感による結びつきが作用している場面が多い。

信頼と説得の両方の活用

　信頼と説得の関係についてのおおまかなイメージをまとめると以下のようになる（図 12-2）。相手に対する説得力の大きさには、①基盤となる信頼の大きさと、②暗黙的・非明示的説得、③契約的・明示的説得の 3 つによる説得力が作用する。どの場合でもこの①から③の 3 つの力の和が説得力をもたらす。

　説得の対象が自身の所属組織内である場合には図の左側が該当し、組織外である場合には右側が該当する（横軸）。いずれの場合にも相手に対する説得力の大きさ（縦軸）は、基本的に相手にもたらす"信頼"の大きさに依存する。基盤となる信頼を示す横線は高ければ高いほどよい。その上に立って、組織内（左側）に対しては暗黙的・非明示的な説得が有効であり、組織外（右側）に対しては契約的・明示的な説得が有効になる。つまり、説得すべき対象が組織内であれ組織外であれ"信頼"が基本であり、その上で暗黙的・非明示的な説得と契約的・明示的な説得を相手に応じて使い分ける必要がある。また、組織内

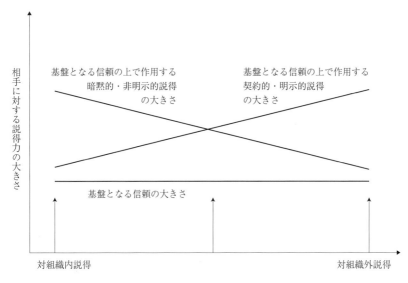

図12-2 説得力の大きさとそれを底支えする信頼の大きさとの関係

と組織外の中間地帯である提携相手に対しては、暗黙的・非明示的説得と、契約的・明示的説得の両方を用いることになる。その場合には、①基盤となる信頼の大きさと、②暗黙的・非明示的説得、③契約的・明示的説得の３つの力を足した総和による説得力が作用することになる。

　組織の内部に対しても、組織の外部に対しても、最終的にはこの"信頼"が重要であるが、しかし、真の信頼と呼べるもののほかに表面的な信頼感（ときには先入観や偏見までも含む可能性がある）が相手を動かすこともある。例えば、従わなければ契約を打ち切るという脅しに対して、あの人は言ったことは絶対やるので、従わなければ本当に契約を打ち切られてしまうという、（人そのものに対する深い信頼ではなく）言動に関する信頼性も、人を動かす力を持つ。さまざまのことが信用を築くのに役立つ。メッセージを伝える人物の過去の経歴や実績は、そのメッセージの迫力を増していく点で非常に重要である。コミュニケーションの信頼性をいち早く損なう条件として、一貫性を欠くこと以上のものは存在しない[62]。しかし、イノベーションなどの新しい動きが組織やその外の外部の壁を超えて人を動かし、組織を動かしていき、コミットしてもらうためには、表面的なものではなく、より根本的な人としての信頼力のような

ものが必要になる。信頼が失われてしまうと、一本の蜘蛛の糸が切れてしまうように、変革の動きはバラバラになり、元の地点に落ちていってしまう。

12-7.　変革を推進するリーダーシップ

　カンター[63]によると、変革を推進する際には、まず小規模なグループで実施してみることが有効である。その際に、トップダウンの変化を求める力と、中間管理職者の協力・参加がうまく噛み合うと成功しやすい。思いがけない技術革新が、構造的な変化の副産物として出現することがある。その際に、ごく少数の特殊な人たちが、どんなに堅苦しい組織であろうと平気でとんでもないことをやってのける。これまでの実績、有力な幹部役員の後押し、本人の有能さ、トップの座に引き抜かれる人であることなど、その背景はさまざまである。こうした人々が能力を発揮できる背景として、①会社側が少なくとも言葉のうえで創造性とイニシアチブを奨励していること、②下からの感謝や賞賛、または挑戦を克服したことによる満足という形の報酬が得られること、③ "反体制派" に属する企業家精神をもった管理職が、経営陣に入っている同期入社などの幹部といっしょに "成長" してきており、技術革新の提案に個人的な支持が得られると見込めることが挙げられる。

　革新の試みが成功するには、まず、必ず断固とした推進役がおり、次に関係者全員が自分たちの持ち場が抱えるさまざまな問題に対して解決策を工夫すると同時に、「経営陣は本気」であることを示すことが重要であり、最後にそれを恒久的な機構にどう結びつけていくかという管理上の問題を解決する必要がある[64]。

　革新的プロセスを押し進める際には、限界に挑戦し、組織の行動に新しい可能性を生み出す人々が必要であり、このような企業内企業家は、あらゆる分野で自分の領域に適切な各種の改革をもたらしている。

　ある人々はシステム・ビルダー（制度をつくりあげる人々）であり、別の役割を果たす人は、あるいはロス・カッター（失敗しつつある製品や時代遅れの品質管理システムを取り換える人）であり、パイオニア（新しい問題解決の開発者）も活躍するだろう。また、戦略転換の必要性についての手がかりを敏感に読み取る人々もいる[65]。

　このように、変革を推進するためには、様々な分野でそれぞれのリーダーシ

ップを発揮する人々が必要である。変革のフレームワークの重要な部分は、組織体の力学よりは、むしろ個人としての力学にかかっている[66]。現状を変革するリーダーは、①変革の必要性を認識すること（改革の必要性を感知しその必要性を広める、改革に対する抵抗を乗り切る）、②新しいビジョンを創造する（問題を診断し、動機づけとなるビジョンを創造する、コミットメントを総動員する）、③変化を制度化する（社会的骨組みの再編成、官僚体制を動かす、人を動機づける）ことを行う[67]。

　上級役員がイノベーションのマネジメントにおいて果たすべき役割は以下のとおりである[68]。①必要になる前に成長投資を始める、②アイデアを適切な形成プロセスおよび資源配分プロセスへ導くために、新事業を既存プロセスから免除し、新しい判断基準を適用するように入念にプロセスを監視し、指導と訓練を続ける、③アイデアを形成するためのチームやプロセスを作る、④部隊を訓練して破壊的アイデアを発見させることを行う。その際に、適切な連携プロセスを構築するために連携をさせる、必要に応じた既存プロセスの支配力を崩す、従業員の活動を連携させるためのプロセスを作る、さまざまな組織の橋渡しを行って新成長事業での有益な学習を主流部門に還流させて、適切な資源、プロセス、価値基準が適切な状況で用いられるように心を砕く。

注

1) 花枝英樹 2011.「第 2 章 企業の目的と成果」髙橋宏幸・丹沢安治・花枝英樹・三浦俊彦著『現代経営入門』有斐閣．27-42.

2) 入山章栄 2019.『世界標準の経営理論』ダイヤモンド社．

3) Nonaka, I. & Takeuchi, H. 1995.『知識創造企業』*The knowledgecreating Company: How Japanese Companies Create the Dynamics of Innovation.* New York: Oxford University Press（梅本勝博訳（1996）東洋経済新報社.）

4) Christensen, C. M. 1997.『イノベーションのジレンマ』*The Innovator's Dilemma: When new technologies cause great firms to fail.* Boston, MA: Harvard Business School Press.（伊豆原弓訳（2000）翔泳社.）

5) Cristensen, C. M. 1997. 前掲書.

6) Ferrier, W. 2001. Navigating the Competitive Landscape: The Drivers and Consequences of Competitive Aggressiveness. *Academy of Management Journal*, **44**(4), 858-877.

7) Ruefli, T. W. & Wiggins, R. R. 2003. Industry, Corporate, and Segment Effects and Business Performance: A Non-parametric Approach. *Strategic Management Journal*, **24**(9), 861-879.

8) Wiggins, R. R. & Ruefli, T. W. 2002. Sustained Competitive Advantage: Temporal Dynamics and the Incidence and Persistence of Superior Economic Performance. *Organization Science*, **13**(1), 81-105.

9) Wiggins, R. R. & Ruefli, T. W. 2005. Schumpeter's Ghost: Is Hypercompetition Making the Best of Times Shorter? *Strategic Management Journal*, **26**(10), 887-911.

10) 高橋宏幸 2011.「第4章 経営戦略の策定」高橋宏幸・丹沢安治・花枝英樹・三浦俊彦著『現代経営入門』有斐閣. 67-92.

11) Benner, M. J. & Tushman, M. L. 2003 Exploitatin, Exploration, and Process Management: The Productivity Dilemma Revisited," Academy of Management Review, 2003, Vol. 28, No. 2, pp. 238-256.

12) Gilbert, C. G. 2005 Unbundling the Structure of Inertia: Resource versus Routine Rigidity. *Academy of Management Journal*, **48**(5), 741-763.

13) Miller, D. & Friesen, P. H. 1980. Momentum and Revolution in Organizational Adaptation. *Academy of Management Journal*, **23**(4), 591-614.

14) Siggelcow, N. 2001. Change in the Presence of Fit: The Rise, the Fall, and the Renaissance of Liz Claiborne. *Academy of Management journal*, **44**(4), 838-857.

15) Teece, D. J., Pisano, G. & Shuen A. 1997. Dynamic Capabilities and Strategic Management. *Strategic Management Journal*, **18**(7), 509-533.

16) Foster, R. N. 1986.『イノベーション ―限界突破の経営戦略―』*Innovation: The attacker's advantage*. New York: Summit Books.（大前研一訳（1987）TBS ブリタニカ.）

17) Gilbert, C. G. 2005. *Unbundling the Structure of Inertia: Resource versus Routine Rigidity. Academy of Management Journal*, **48**(5), 741-763.

18) Cristensen, C. M. & Raynor M. E. 2003.『イノベーションの解』*The Innovator's Solution*. Boston, MA: Harvard Business School Press.（玉田俊平太監修・伊豆原弓訳（2003）翔泳社.）

19) Cristensen, C. M. & Raynor M. E. 2003. 前掲書.

20) Imai, M. 1986.『カイゼン ―日本企業が国際競争で成功した経営ノウハウ―』*Kaizen: The key to Japan's competitive success*. New York: McGraw-Hill.（今井正明日本語版（1988）講談社.）

21) 加護野忠男・野中郁次郎・榊原清則・奥村昭博 1983.『日本企業の経営比較 ―戦略的環境適応の理論』日本経済新聞社.

22) Nonaka, I. & Takeuchi, H. 1995. 前掲書.

23) Peters, T. J. & Waterman Jr., R. H. 1982.『エクセレント・カンパニー』*In search of excellence: Lessons from America's best-run companies*. New York: HarperCollins.（大前研一訳（1983）講談社.）

24) Waterman, Jr., R. H. 1994.『エクセレント・マネジャー ―日本に学び、日本を超えた7つの米国企業―』*What America Does Right: Learning from companies that put people first*. New York: W. W. Norton & Co.（野中郁次郎訳（1994）クレスト社.）

25) Nayak, P. R. & Ketteringham, J. M. 1986.『ブレイクスルー！ ―事業飛躍の突破口―』*Breakthrough!* New York: Rawson Associates.（山下義通訳（1987）ダイヤモンド社.）

26) スリーエムジャパン株式会社（2022年12月18日閲覧）ホームページ「ポスト・イット® ブランドについて」https://www.post-it.jp/3M/ja_JP/post-it-jp/contact-us/about-us/

27) 榊原清則・大滝精一・沼上幹 1989.『事業創造のダイナミクス』白桃書房.

28) 榊原清則・大滝精一・沼上幹 1989. 前掲書.

29) 榊原清則・大滝精一・沼上幹 1989. 前掲書.

30) Nayak, P. R. & Ketteringham, J. K. 1986. 前掲書.

31) Kanter, R. M. 1983.『ザ・チェンジ・マスターズ』*The Chenge Masters*. New York: Simon & Schuster.（長谷川慶太郎監訳（1984）二見書房.）

32) "薄型パネルを敗戦処理するパナソニック、シャープ"「どうした日本の製造業 工場異」『週刊東洋経済』2014. 3. 15. 66-67.

33) "2章「ツガノミクス」の真実"「浮上！パナソニック」『日経ビジネス』2014. 03. 03.（No.1731）

30-35.

34）図 "パナソニックは低成長にあえぐ"「特集 どうなってる Panasonic」『日経ビジネス』2020.
01.27.（No. 2026.）p. 43.

35）"Part 3 パナソニックが示す成長阻害の 4 つの「病」"「特集 どうなってる Panasonic」『日経ビ
ジネス』2020. 01.27.（No. 2026.）36-41.

36）Daft, R. L. 2001.『組織の経営学 ―戦略と意思決定を支える―』*Essential of Organization
Theory & Design*, 2nd ed. Chula Vista, C. A.: South-Western College.（高木晴夫訳（2002）ダイ
ヤモンド社.）

37）Kanter, R. M. 1983. 前掲書.

38）河野豊弘 1988.『変革の企業文化』講談社.

39）Daft, R. L. 2001. 前掲書.

40）Daft, R. L. 2001. 前掲書.

41）Daft, R. L. 2001. 前掲書.

42）Daft, R. L. 2001. 前掲書.

43）Hammer, M. & Champy, J. 1993.『リエンジニアリング革命 ―企業を根本から変える業務革新』
Re-engineering the Corporation: A Manifesto for Business Revolution. Boston, MA: Nicholas
Brearley Publishing.（野中郁次郎監訳 1993. 日本経済新聞出版.）

44）Prahalad, C. K. & Krishnan, M. S. 2008.『イノベーションの新時代』*The New Age of Informa-
tion*. New York: McGraw-Hill.（有賀裕子訳（2009）日本経済新聞出版.）

45）Kotter, J. P. 1996.『企業変革力』Leading Change. Boston, MS: Harvard Business School Press.
（梅津祐良訳（2002）日経 BP 社.）

46）Kotter, J. P. & Cohen, D. S. 2002.『ジョン・コッターの企業変革ノート』*The Heart of Change*.
Boston, MS: Harvard Business School Press.（高遠裕子訳（2002）日経 BP 社.）

47）Blake, R. R., & Mouton, J. S. 1962. The Developing Revolution in Management Practices. *Journal
of the American Society of Training Directors*, **16**(7), 29-52.

48）Schein, E. H. 1965.『組織心理学』*Organizational Culture and Leadership: A Dynamic View*. San
Francisco, CA: Jossey-Bass.（松井賚夫訳（1966）岩波書店.）

49）Foster, R. N. 1986. 前掲書.

50）Kanter, R. M. 1983. 前掲書.

51）Kuhn, T. S. 1962.『科学革命の構造』*The Structure of Scientific Revolution*. Chicago, IL: The
University of Chicago Press.（中山茂訳（1971）みすず書房.）

52）Lewis W. Lehr, W. L. 1980-1986 会長職在籍.

53）野中郁次郎・清澤達夫 1987.『3M の挑戦』日本経済新聞社.

54）Nayak, P. R. & Ketteringham, J. K. 1986. 前掲書.

55）Argyris, C. 1977. Double loop learning in Organizations. *Harvard Business Review*, Sep/Oct77,
55(5), 115-125.

56）Argyris, C., & Schön, D. A. 1978. *Organizational learning: A theory of action perspective*. Boston,
Massachusetts: Addison-Wesley.

57）Senge, P. M. 1990.『学習する組織 ―システム思考で未来を創造する』*The Fifth Discipline: The
Art and Practice of the Learni ng Organization*. New York: Doubleday.（枝廣淳子・小田理一
郎・中小路佳代子訳（2011）英治出版.）

58）Senge, P. M. 1990. 前掲書.

59）高木晴夫 1995.『ネットワークリーダーシップ』日科技連出版社.

60）高木晴夫 1995. 前掲書.

61）幸田達郎　2016.「イノベーションと説得：インタビューによる行動の分析」『慶応経営論集』
（高木晴夫教授退任記念特集号），**33**(1), 65-97.

62）Kotter, J. P. 1990.『変革するリーダーシップ ―競争勝利の推進者たち―』*A Force for Change*. New York: Free Press.（梅津祐良訳（1991）ダイヤモンド社.）

63）Kanter, R. M. 1983. 前掲書.

64）Kanter, R. M. 1983. 前掲書.

65）Kanter, R. M. 1983. 前掲書.

66）Tichy, N. M. & Devanna, M. A. 1986.『現状変革型リーダー ―変化・イノベーション・企業家精神への挑戦―』The Transformational Leader. New York: John Wiley & Sons.（小林薫訳（1988）ダイヤモンド社.）

67）Tichy, N. M. & Devanna, M. A. 1986. 前掲書.

68）Christensen, C. M. & Raynor, M. E. 2003. 前掲書.

第**13**章　国際展開とその問題
——グローバル化のなかで

【国際展開のメカニズム】

13-1.　グローバル化する社会と企業の国際化

社会の変化

　日本は島国であり、江戸時代は鎖国も経験していたが、昔から様々な文物が入って来ていたし海外に売ったりしていた。ただしそれらの量が限られていたため、例えば時計であれば、海外から入手した物を分解するなどして研究し、国内でそれに近いものを製作したり日本の事情に合わせて改良を加えたりしていた[1]。現代では、フィリピン産のバナナや中国産の農産物や衣料など、様々な商品が国境を越えてやり取りされている。逆に日本の製品が海外でも売られている。海外のスーパーマーケットに行くと、写真 13-1 のように沢山の日本製品が販売されている（写真の右下は、日本ではおなじみの飲料の試飲キャンペーンの様子である）。

　日本産の自動車や家電製品が世界中で売られているが、部品や原材料には色々な国のものが使われている。パソコンには台湾や他の国で作られた部品が沢山入っているし、電源のアダプターはインドネシアやマレーシアで作られたものであるなど、様々な国のものが組み合わされている。どの国の部品を使うのかも刻々と変化している。あるファスト・フードの鶏肉は、通常は国内産であっても、鳥インフルエンザが流行し、鶏肉の供給が難しくなると、ブラジル産のものに切り替えられたりする。

　商品の調達元や出荷先を変えるだけでなく、サービスの方法も国際展開されていく。マクドナルドなどの世界的な飲食店チェーンでは基本的に同一のサー

写真 13-1　海外のスーパーマーケットの日本製品

ビスを世界展開している。

　外国人を雇用する企業も多く、都市部の飲食店やコンビニエンス・ストアには外国人店員が数多く働いているし、海外で勤務する日本人も多い。希望退職制度や定年で辞めた技術者が他国の企業に引き抜かれることもある。また、外国企業を買収したり、逆に外国企業に買収される企業もある。物やサービス、人だけではなく、企業も次々と国境を越えていく。

企業の国際化とグローバル化

　国際化が進めば、次にグローバル化（globalization: グローバリゼーション）がある。globe という言葉は、地球とか世界を意味する言葉であり、企業のグローバル化は、企業そのものが地球規模の全体的な存在になる、ということである。例えば、世界的な会計監査法人は、150 カ国以上の国々でそれぞれの事務所が独立した活動を行っており、国際的な大型合併などの仕事では、国境を超えて連携して仕事をする。

　生活に密着していたり、気候や文化に密着した製品の製造や販売を多角的に展開する場合には、グローバル戦略の内容は、その戦略が対象とする地理的範

囲やセグメントにより異なる[2]。世界全体を丸ごと対象とした戦略は現実的ではなく、現地の事情を考慮した広域戦略を中心に据えるべきであるとの議論もある[3]。地理的な範囲を跨いだり、拡大したりする際には、それぞれの地域の市場の特徴や材料・部品の調達や製品の流通、さらには従業員管理、労働市場、法律上の制約などに適応しなければならない。

　海外進出の方法として、現地企業を買収することに慣れている企業もあり、現地との代理店契約を得意とする企業もある。ノウハウを提供して生産指導を行うことによって委託契約を活かすことが得意な企業もある。

企業の海外進出の動機と形態

　海外進出の目的として、新たな市場を海外に求めることや、国内で生産するよりも安いコストで生産できるためにそこに生産拠点を置く、という場合もある。さらには、国内にはないノウハウを習得するために海外に進出する場合もある。例えば、最先端の半導体技術やソフト開発で企業同士が切磋琢磨し盛んに情報交換が行われている米国のシリコンバレーに開発センターを設立する、などである。

　新たな市場を求める場合には、現地に販売拠点を設置して自社製品を理解してもらい、浸透を図ることもある。例えば、株式会社ヤクルト本社という企業の海外法人では、自社製品の良さを分かってもらうためにヤクルトレディという名前の販売員が現地密着で商品説明を行い、直接、消費者に商品を手渡している。この方法は日本ですでに大規模展開している方法である。また、流通網が発展途上であったり冷蔵装置が完備しておらず流通機構に信頼性がない開発途上国において、自社による衛生管理を徹底する際に有効である。2020年12月末現在で、海外のヤクルトレディの人数は48,329人[4]におよぶ。

　また、自国経済を守るために相手国の政府が日本からの輸入を規制したために、その国で製品を売るためには現地で生産せざるを得ないという場合もある。しかし、海外進出をしようとしても、初めは土地の買収・借用や登記、人材募集、流通や販売先の確保など、分からないことだらけである。そのために、実際には事業所設置などの海外進出はせずに、現地企業に技術を供与し、代わりに現地企業に製造や販売を委託する場合もある。また、その地域や製品に精通した商社を介在したり、現地企業と特約店契約を結んだり、現地企業とのジョイント・ベンチャーという形式で共同出資を行い、合弁会社を設立することも

ある。現地企業との合弁により、現地での活動に伴うリスクを低減することが可能であり、現地企業にとっては新たな技術を取得できるというメリットがある。しかし、その後、合弁が解消される可能性もあり、その場合には進出側の製造や販売のノウハウを充分吸収した後に合弁相手が自由に事業を展開することもあり得る。あらかじめ10年などの年限を限って合弁解消を条件として国内への進出を許可するという場合もある。現地での合弁相手としては、同業種の企業の場合もあるし、不動産会社など全く異業種との合弁もある。

　事務処理などの単純作業の拠点を比較的人件費の安い地域に集約する等、全く異なるタイプの海外展開もある。あるコンサルティング企業では、アジア全域の人事の事務作業を香港に集約していた。消費者の苦情や問い合わせに対応するためのコールセンターを海外に設置する場合もある。人件費が安く、英語を話す人が多いインドにコールセンターを設置している米国企業もある。

国際展開の一般的段階

　国際化の進行を発展段階として考えることができる[5]。商社などの輸出代行業者を活用した間接輸出から発展して、直接輸出を行い、部分的な組立を現地で行うことになり、さらには本格的な現地生産に至る。

　海外生産を始めるにあたっては、①自社工場での現地生産（組立のみか部品・材料調達も現地で行うか）という選択肢があり、さらに、②現地企業への生産委託という方法もある。その場合には、技術などのライセンス供与を行い、ノウハウを移転することが必要になる。いずれの方法にもコストとメリットがあり、これらを勘案しながらどのような海外展開を行うのかを決定する。

　生産コストが安いために開発途上国に工場進出をしている段階ではまだ現地の市場が成熟しておらず、現地工場からは、日本への輸出だけでなく、第三国への輸出が行なわれる場合がある。次第に国内市場が成熟してくると進出先の国内での販売が盛んになる。現地の事情に合わせた新製品開発まで行うようになり、さらには生産・販売・研究開発などが多国間でグローバルに展開されるようになる。また、大々的に現地企業とのフランチャイジング（franchising）を行う場合もある。フランチャイジングは、事業の基本となる権利を持つフランチャイザー（franchisor）と権利を利用して事業を実際に運営するフランチャイジー（franchisee）から成り立ち、事業体の独立性、権利の付与と対価の支払い、継続的契約の3つの条件を備えた関係をいう[6]。

　海外展開が進むと、本社中心の中央集権的なグローバル化だけでなく、各国の現地法人が緩やかに連携しながらも、それぞれ自律的な経営を行うようになる。このような形態はトランスナショナル（transnational）経営と呼ばれる。さらに、自律性が高まり、自社内の組織や閉じられた自社グループ内だけで製造を完結するよりも、外部の組織と協力して、それぞれの部品や製造段階でより競争力の高い外部企業と協同して製造を行うことが有利になる場合もある。それぞれの国のそれぞれの企業が固有の優れた技術を持ち寄って1つの製品を製造する状態を、水平分業型のビジネスモデルということもある。これは、垂直統合のように一社で製造工程を統合するのに対して用いられる言葉である（ただし、本来は、企業同士の連合関係ではなく、多国間で、それぞれ得意とする製品同士を交換する国家間の貿易関係を水平的国際分業と呼ぶ）。

　世界的に平和が続いている時期には忘れられがちであるが、イラクやシリアで活動する自称イスラム国（ISまたはISIL）、ミャンマーにみられた軍事政権によるクーデター、イラクによるクウェート侵攻やロシアによるウクライナ侵攻などの戦乱により、進出先からの撤退や現地資産の没収、人命の損失など、海外進出には予期できないリスクが伴う。1986年にはマニラで三井物産のマニラ支店長が誘拐され、水面下で巨額の身代金が支払われた[7]。また、アルジェリアの石油プラント施設では、2013年にイスラム過激派による人質事件が起こり、日本企業である日揮の（協力会社社員を含む）日本人社員10人が亡くなった[8]。また、世界的な感染症の拡大に伴う特定国への渡航制限や地域的な感染症の流行などによる人的交流の制限なども懸念材料である。これらの国家や地域に伴うリスク（カントリーリスク）が、海外に事業を展開する際の最大の懸念となる。

販売を起点とする国際化

　販売地域を広げるための海外進出はどのような段階で進むだろうか。その発展段階を一般的な理念型（idealtypus）で辿ってみよう（理念型というのは、理論的にこう考えられるという一般的な原型である）。

　販売の場合、企業の国際化は海外からの注文や国内に海外の企業や観光客が買いに来ることから始まる。海外からのニーズが一定量見込まれるようであれば、輸出が始まる。輸出は最初は商社を経由した間接輸出で始まる場合が多い。または小規模なインターネット販売から始まる。

　国内の自社工場で生産したものを直接輸出する場合には、自社内に輸出部門を設置する必要が生じる。すでに国内で製造しているものを輸出する場合には、既存の生産ノウハウが活用できることがメリットである。また、経験効果や規模の経済性を活かすことができるし、国内本社での品質管理や、生産数量変更への迅速な対応が容易である。

　海外進出の初期の段階では、総合商社や専門商社などを活用することが一般的である。商社は、取引に伴う事務手続きや販売数量や輸出品目や品種・仕様などの交渉の仲介、取引先の開拓などを行ってくれる。テロに巻き込まれるなどの万一の場合のリスクを避けることもできる。間接輸出を行うことで、リスクを自社で負うことなく海外展開を進めることが可能である。しかし、取引が安定し、定型的になってくると、輸出元としては特段に商社を介在する必要が感じられなくなる。より深く現地に浸透したければ、現地での情報の直接的な取得やマーケティング、様々な技術的な調整などの細かい対応をその場で行うために自社で海外の拠点を設置する必要が生じる。

　こうして現地に事務所を開設して、そこを輸出業務の窓口にすることになる。さらに現地での市場開拓を行うようになる。現地事務所が大きくなると、販売店と契約し、その販売店が様々な販売手続きや新規顧客の開拓を行うことになり、さらには、販売店が支店網を構築したり、また周辺国に支店を開設して販売地域を広げていく場合もある。この販売店は、輸出元と資本関係がある場合もあるし、商社が資本の一部を出している場合もある。現地人採用を本格的に行い、業務内容を充実させて法人化し、自社の資本による海外販売子会社を設立する場合もある。また、そのようなプロセスを経ずに、早い段階から現地代理店と契約を結び、販売を任せることもある。

　販売の対象は、もちろん様々である。例えば鉄道や発電所などの大型プロジェクトでは国家に対する販売になる場合もあるし、部品の提供であれば製造企業が相手となる。消費者に売るような物であれば、富裕層か中間層か、または低所得者層を対象にするかという問題がある。例えばトヨタ自動車であれば、当初は欧米市場で低価格の小型自動車を比較的所得が低い層を対象に販売していたところ、世界的にブランドが確立し、販売対象地域も増え続け、最終的にはレクサスという富裕層向けの高級車ブランドの販売にまで至っている。

一般消費財の国際展開

　一般消費者が購買する商品の種類や特徴は経済階層や国民性、文化によって異なる場合が多い。そのために、先進国でコモディティ（commodity: 日用品）として販売されていても、開発途上国では高級品になったり使えないものになってしまうこともある。日本では代表的な安い食料であるインスタント・ラーメンの麺が高級食材として扱われることさえある。イスラム圏ではハラール認証を受けている食品が好まれる。ハラールというのはアラビア語で合法という意味であり、イスラム教で定められた行為や手順、食材などを指す。ハラール認証の料理とは、各国のイスラム教の認証機関で正式に認められた食材や食事である。

　開発途上国の一般消費者を対象とする場合、富裕層を狙うのであれば、対象の絞込みが比較的容易であるが人数が少ない。中間層は、層として薄いことが多く、人数が少ないことと、購買力が小さく高価格品は売れないことから、現状でのメリットがあまりないことが多い。低所得者層に対しては、将来、先進国並みの購買力を身につけるまでの間にその層に対してブランドを浸透させておきたいために、特別に低価格品を開発して販売している場合もある。石鹸やヘルスケア用品でこのような作戦がとられる。開発途上国の低所得者層を狙った製品戦略は BOP（bottom of the pyramid）ビジネスという。低所得者層はピラミッドの底辺であるという譬えとしてこのような言い方がされている。これは世界的な富の偏在によるものであり、上位 1% の超富裕層が世界全体の資産の 40% 近くを所有し、世界人口の半数の人々の資産は 2% を占めるだけであるとも言われている状況の反映である。世界では、富裕層、中間層、低所得者層の人口構成のうち、富裕層が圧倒的に小さく、低所得者層が人口の 7 割程度を占めるとされており、この層の経済力が増加することを見込んで、あらかじめ顧客として取り込んでおこうとする動きである。特に、新興国市場と言われる地域では経済発展の速度が著しく、有望視されている。新興国として代表的なのが BRICs（Brazil（ブラジル）、Russia（ロシア）、India（インド）、China（中国））と呼ばれる 4 か国である。また、これに南アフリカ（South Africa）を加えて 5 か国とする場合もある。ただし、地域特性に合わせて製品のローカリゼーションが必要になる場合もある。例えば、インドなどで販売するテレビ受像機は、色彩感覚の違いから日本人が感じるよりも強い色彩に調整することが必要であり、また電力供給が不安定な国では停電が多くテレビが受信できない時

間が生じてしまうために、日本などの先進国にはない、バッテリー内臓のテレビ受像機を新たに開発する必要が生じる、などである。

　また、洗濯石鹸などの家庭用化学製品を販売する企業では、金融や交通網が未発達のため、販売の名人のような人が現地の従業員と共にジャングルに分け入るようにして、地方の小規模小売店を相手に現金取引を進めていく。そうした人々の実績の甲斐もあって、知名度や市場地位を築いているというケースもある。

　効率的な海外展開のパターンとして、足掛かりになる地域から次第に市場を広げていくことも多い。ホンダの二輪車の展開では、最初に米国市場で地位を築き、そこで確立したイメージと評価を利用して、その後、欧州やアジアに一気に展開していった。

製造を起点とする国際化

　生産コストのメリットを追求するために海外生産（オフショア生産：offshore center）を進める場合がある。先進国と開発途上国との賃金格差は、10 分の 1 以下である場合もあり、労働力が安い。ただし、開発途上国の経済が発展していく途上で賃金は高騰する傾向があり、それに従って、工場の進出先も、中国からタイ、インドネシア、ベトナムへ、さらにそこでの賃金が高騰してくると、ミャンマー、カンボジアが有望視されるなど、次々に進出先を変えていく場合もある。労働が安いとされてきた新興国では、時間賃金が 5 年で 2 倍のペースで高騰している[9]。原材料の調達や部品製造についても、進出先の国が設定する優遇措置を利用した生産活動の方が日本国内での生産よりもメリットが大きい場合がある。

　ただし、開発途上国の企業や人間が弱い立場に置かれていることを利用して安く原材料を買い叩き、それを先進国で高く販売するなどの行為に対して、フェアトレード（fair trade: 公正な貿易）を行い、正当な価格で購入しようとする動きも活発化してきている。これはコーヒー豆の生産などで問題になっている。

　材料価格だけでなく、輸送費の無駄が生じている場合などは材料の生産地に近い場所で製造を行った方が価格や納入時期に関して優位である場合がある。例えば、原料をいちいち日本まで運び、部品を作り、それを再び最終組立地に戻すよりも、原材料の生産地で最終組立まで行った方が輸送費は少なくて済む。特に、金属などの重いものや大量に使用するもの、需要の変動が大きく、すぐ

写真 13-2　ベトナムでの交通事情と安全意識

に届ける必要があり航空便を使用しなければならないものなどは、輸送費が嵩んでしまう。

　さて、海外に製造拠点を最初に建設する場合、ノックダウン方式のように最終段階だけを行う場合もあるし、基本的な部品の比較的単純な組立だけを行う場合もある。これは、教育水準が先進国と異なっていたり勤勉な工業生活がまだ浸透していない場合には、複雑な工程を現地で担当することが困難だからである。例えば、代々、農業を続けており、一族の誰にも会社勤めの経験がないという場合がある。そうした場合には、雨が降っても会社に行くということが理解できない人がいたりする。農作業の場合、雨が降ると仕事は休みなのである。また、言われたことや書かれたマニュアルの指示どおりに正確に手順を追うという習慣がない場合もある。子供の頃から、仕事というのは微妙な天候や作物の育ち具合、風や湿度などを肌で感じて、大人のやっていることを見よう見まねで学んでいくことであり、感覚も経験も用いずに書類に書かれた通りに精密な作業を行うものだということが理解し難いのである。また、一斉に同じ作業を行い、上司の命令に正確に従う機械作業に馴染みがない場合もある。

　その他にも様々な文化的な困難が発生する。例えば写真 13-2 はベトナムの通勤風景であるが、びっしり道路を埋めたバイクが競い合うようにして自動車

の間を縫って走る。左端のバイクは歩道の上にいる。交差点などで近道のために歩道を走るバイクや自動車もいる。交通法規を守らないバイクや自動車がぎっしり走っているために、日本から来た駐在員が徒歩で車道を横断するのは危険すぎて不可能であるという場所もある。

　このように、危険なバイクの運転で通勤している現地の労働者の安全意識は、日本企業の高い安全意識と異なる。ほとんどの日本企業の工場では、熱した鉄を鋳型に入れる際には、液化した焼けた鉄が眼に入るのを防ぐためにゴーグルをし、火傷防止のために長袖の作業着を着ることをルール化しているが、このような交通安全意識で絶えず事故と隣り合わせで生活している人たちにとっては、その程度の安全など気にならないようである。いくら言っても、ゴーグルを外したり腕まくりをしてしまい、日本から作業指導に行った駐在員をやきもきさせる。

企業による経済摩擦への対応策としての海外進出

　経済摩擦を避けるために輸出先の国で直接に生産を行う必要が生じ、その国に工場を設立することもある。その場合には先進国での場合と開発途上国での場合との2つのパターンがある。まず先進国の場合をみると、欧米との経済摩擦に代表されるように、日本の繊維や自動車の価格が安く、相手国の産業がダメージを受けるという理由から、関税を高く設定して日本からの輸入製品が売れなくなるようにする動きが生じる。このような動きを関税障壁という。高い関税を避けるために、相手国で生産を行わざるを得ないという場合である。また、このような経済的紛争は、現地での雇用確保が絡んでいる場合が多い。例えば自動車の場合、日本の自動車の流入により、自国の自動車生産が損害を受け、工場の生産縮小のために雇用が減るという問題である。その国に製品を輸出している企業は、現地工場での雇用の確保を約束し、相手国で工場を建設することになる。その場合、現地での合弁企業設立など、その国の企業をある程度守る方策が必要とされる。

　典型的なのが1970年代から始まり1980年代に本格化した日米自動車摩擦である。この時期、日本企業の自動車生産量が米国企業の自動車生産量を上回り、米国では大量の労働者の解雇や一次帰休などが行なわれており、社会問題化していた。労働者の集会で日本車をハンマーで叩くパフォーマンスが盛んになり、そのような状況が「ジャパン・バッシング」と呼ばれた。米国では日本に対し

て不公正な貿易に対する制裁措置を発動すべきだとの声が高まった。そのために、1981 年には日本企業による米国への輸出数量の自主規制が行われ、ホンダは単独で、トヨタは米国の GM 社（General Motors Company）と合弁で米国内で工場を設立した。その後、日本企業の自動車工場の米国進出が本格化した。なお、日本企業による輸出数量の自主規制は当初、3 年間を予定していたが、実際には 1994 年まで続いた。このような事情で、工場の海外進出が進む場合がある。

　欧州への工場進出も貿易摩擦をきっかけにしているが、英語圏は言語のうえで日本人にとっての負荷が比較的少ないためもあり、1970 年代からイギリスに工場を設置するようになった他、労使関係の問題が他の西欧諸国に比べて少なく労働生産性の高い西ドイツへの進出が見られた。1995 年には日系企業の生産拠点は、英語圏のイギリス・アイルランドに 225 社、ドイツ 115 社、フランス 106 社であった[10]。ソビエト連邦崩壊に伴い、1990 年代後半からは実質的にソ連・東欧経済圏から脱した中・東欧諸国に工場を設置することが増えた。

　第二のパターンは、主に開発途上国で見られる。経済が発展していくと、豊かな物資が輸入されることになる。しかし、いつまでも輸入に頼っていては、自国の経済が発展せず、工業製品の製造ノウハウも国内に定着しない。国外に製品対価を支払うばかりで国の経済が立ちいかなくなる。そのために、外資系の企業の製造工場を誘致して、自国内で産業を育成しようという場合である。工場誘致を目的として、海外からの輸入品に関税障壁を設けたり、自国に工場を立てる際に優遇措置を行うことを輸入代替政策という。主にノックダウン方式が採られることが多い。これは、他の国で部品を製造し、最終段階としてその国の国内工場で組み立てる、という方式である。そのために、工場誘致を行う国や地方政府は海外企業に対して、減税や土地の無償供与、固定資産の輸入関税の免除などの優遇措置を与えることがある。また、海外企業が生産するための環境を整えることも行われる。工場誘致のために用意する土地の近くに発電所を建設し、電力の安定供給を確保したり、道路や港湾を整備して輸送の利便性を高めるなどである。

海外生産のさらなる発展

　現地工場の人員や作業の技能が充実してくれば、より複雑な作業を行うようになる。機械製造であれば、日本で生産している品種の製造を次々と移管して

いき、より複雑で高度なものを作ることになる。生産したものが部品の場合には、それを日本に輸出したり、周辺国にある自社や他社の製造拠点に販売することもある。完成品の組立の場合には、初めは日本や他の先進国向け、あるいは周辺国向けの輸出を行い、工場を設置した国の経済が発展してくればその国の内部で販売することになる。ユニクロ製品は中国の契約工場で製造したものを日本や先進国で販売していたが、中国国内には販売拠点がなかったために、中国人の富裕層が日本にユニクロ製品を買いに来ていた。自国の製品を海外から輸入することを逆輸入ともいう。しかし、2021年以降は中国のユニクロ店舗数は日本の店舗数を上回っている（香港の店舗を中国店舗に入れて計算すると2020年以降に日中の店舗数が逆転）[11]。海外の生産拠点が増えれば、それぞれの拠点での生産を調整し、為替や輸送費、現地での原材料調達費などの変動を利用して、世界最適生産を行うことにも発展する。共通する部品はコストと品質が最も優れた拠点で生産を行い、その後の組立や現地に合わせた細かい仕様変更はそれぞれの拠点で行うという動きにも繋がっていく。

　グローバルな展開とローカリゼーションを同時に達成しようとする動きをグローカル化という。例えば、インスタント麺などの場合には、基本となる麺の原料は世界共通とし、それぞれの地域の嗜好に合わせた味付けはそれぞれの現地で開発する、ということになる。ハラール認証を受けなければならない製品であれば、その条件のなかで現地に受け入れられる美味しさを追求するために、遠い日本で開発するよりも、現地で認証を受けながら改良していった方がより適切なものができる。また、それを海外展開していくなかで、日本をはじめ世界で通用するような新製品に育つ場合もある。現地で実験的に開発したものを現地市場で試し、可能性があれば大きく展開していくという、小さく生んで大きく育てるような新製品の展開が世界的に可能になる。

　現地の市場が成熟すると、その国や周辺国のニーズに合わせるために研究開発拠点を本格的に設置するようになる。小型発電機など基本的に世界共通の仕様で製造するものについては、最終的には研究開発や最先端の製品製造だけを日本で行い、その他のものは海外の各地の拠点で製造することになる場合もある。そのようなことになると、基本的な技術や作業のノウハウが日本国内で手薄になり、研究開発だけを日本に残すとしても、根本的なところで製造現場に密着した製品開発が困難になってくる。日本国内で研究開発をするために必要なノウハウが次第に失われていき、将来は研究開発も海外で行うという場合も

あり得る。

　また、中小企業の海外進出も数多くある。特に、自動車や機械・電機などの大企業が海外に工場を設置する場合に、その部品を提供するために、下請を担う企業が同じ工業団地の敷地内に海外進出するという場合もある。工業団地内には、中小企業のために進出プラン策定の支援から、土地選定や建設工事、機械設置、行政手続きの代行などを行う企業があり、進出した中小企業のサポート業務を行っている。また、工業団地内にレンタル工場を提供する企業もある。海外進出の経験のない中小企業はこのような会社のサポートを利用することもある。

　このように、長期的には日本の工場の海外への移転が進んでいる。

製造業の空洞化の問題

　工場の海外進出に伴って、日本国内での生産が減少し、国内に製造ノウハウが継承されないという問題が発生してきている。これを製造業の空洞化という。「空洞化」は「海外生産移転によって国内の生産や雇用が減少し、国内産業の技術水準が停滞し、低下する現象」と定義される[12]。

　また、日本では2004年の労働者派遣法の改正により製造業務への派遣が解禁されたのをきっかけに工場でも派遣労働者が増えることになった。派遣労働者は一時的に派遣元から派遣されているという立場であるため、昇進や技能向上などが期待されておらず、技能向上のための研修もあまり行われない。職務能力が向上することも前提としていないので、昇給もない場合が多い。また、不況になる度に有期労働契約者に対する有期雇用契約期間を更新せずに契約を終了する雇い止めが発生している。その度に、工場内の製造ノウハウの継承が途絶えてしまう。また大学卒業者の割合が増加するのに伴い、これまで国内の製造業を支えてきた高校卒業までの人材が減少し、工場労働者の確保が難しくなってきている。労働条件が悪く、給与の低い工場労働者になる新卒者が減り、就職できなかった者が一時的な職業として派遣労働者になることが増えている。

　海外からの人材の活用も進んでいる。「生産ラインが止まった際、日本人の正社員は『早く直せ』と俺たちを怒鳴る。でもラインを直せるのは俺たちだ。日本人は命令するだけで何もできない」。近くペルーに帰るという日系人はこう嘆くという[13]。

　このようなかたちでもまた日本の工場内のノウハウの継承は失われていく。

大型プロジェクトによる国際展開

　海外への事業展開は、先進国にとっては自国の国益にもなるし、開発途上国への責任でもある。例えば、電力が不安定な国では、店舗や家庭での食品や薬品の冷凍保存が難しく、老人や病人にとっての細菌感染リスクも大きい。また、病院での手術中の停電にも不安が残る。首都や大都市では舗装道路や高層ビルが整備されていても、大量輸送に適した道路や鉄道網が国内全体で未発達であれば、輸送量も限られるし輸送に時間もかかり、都市部では新鮮な食糧が手に入りにくくなる。気温が高い国では、冷房装置が安定的に使えずに老人は体力を消耗することになる。また、飲料に適した安心な水道システムが未完備な国も多い。開発途上国の多くは、いまだにこうした状態にあり、平均寿命は、先進諸国に比べてはるかに短い。これらを急速に整備するためには、世界的な協力が必要である。

　鉄道事業の場合にも、鉄道の車両だけではなく、路線全体や信号、運行システムなどシステム全体を構築する必要があり、電力や運行管理、駅の改札システムや、駅舎や電車内の冷暖房、確実に作動する安全装置や設備、線路敷設のための大規模工事、周辺の都市開発や主要駅の商業開発などを整合させる必要があり、これらを一括して整える方が効率的である。また、原子力発電所や火力発電所、石油プラントなどの海外の大規模プロジェクトは、資金力や技術力が不足している開発途上国が自国だけで急速に整備することは難しい。また、他国の借金に依存しすぎることになってしまうため、コストや効率を考えると再生可能エネルギーには手を出せる段階ではない国も多い。

　社会インフラビジネスは、金額が大きく、海外の政府や地方自治体が発注元になることが多い。その場合には、企業の側も一社では対応ができないので、それぞれの役割や利益の配分を明確に取り決めた企業間コンソーシアム（consortium: 共同事業体）を組むことが多い。例えば、開発途上国で、広大な土地（写真 13-3）を開拓して、製造に関わる条件を整えて、様々な工場を誘致するための工業団地を開発する場合がある。

　この場合、土地の開拓・造成だけでなく、工業団地に至る道路の敷設や整備、大型船舶の寄港が可能な港や空港の設置、電力供給を行うための発電所の建設から送電網の整備が必要になる。また、発電所や港湾の完成後の運営や土地の賃貸や様々なサービスを提供する事業の運営などが必要になり、建設会社や重工業会社、ビル管理会社などがコンソーシアムに参加する。例えば、工業団地

写真 13-3　広大な工業団地の開発予定地

　に巨大な電力を供給する発電機本体とは別に、発電機の付属設備と建屋、送電設備はそれぞれ別の会社が担当、道路の建設は建設会社３社が中心になって進める、など、様々な分野の様々な企業が参加することになる。また、これらの共同企業体の編成には融資元となる銀行が役割を担ったり、総合商社が巨額の投資を行い全体のアレンジを行うこともある。電力供給や交通網も含めた大規模な工業団地づくりでは、日本１国だけでなく、海外企業も参加することもある。もちろん他国が主体になっている工業団地も多数ある。

　そして開発された工業団地には、様々な国の 100 社以上の企業が、会社本体としてや、合弁などによる子会社としての立場で工場を設置することになる。そうした工業団地への誘致には、税制優遇措置などの輸入代替政策が伴うことが普通である。

　このような巨大プロジェクトを１国だけが主体となって進めようとすると、他国の大企業が、国際自然保護団体などに資金援助をするなどの工作を行う可能性が高くなり、環境問題に関する国際会議に環境保護団体のメンバーが乗り込んで、建設による自然破壊に反対するなどの声明を発したり、地元の環境保護団体と反対運動を盛り上げるなどの活動が活発化するリスクも高まる。また、日本のマスコミも反対運動をニュースとして取り上げることもある。

写真 13-4　工業団地脇に立ち並ぶ建設労働者の家

　巨大な工業団地の建設にあたっては、大都市から延々と大規模な道路工事が続いて、数限りないトラックが列を為したり、無数の労働者が道路工事のために働くことになる。また、工業団地そのものの建設予定地の横には何キロにも渡って周辺諸国からも働きに来ている労働者が居住する掘っ立て小屋が連なることもある。（写真 13-4）

総合商社の機能と役割

　工業団地建設や石油やガス採掘プラント建設などの大規模プロジェクトに大きな役割を果たすことの多い総合商社は、事業の基礎として圧倒的な情報力を持っている。元々は、商取引の仲介を行う卸売業として分類されるが、実際には金融も行う。巨額の投資案件に参加することも多いだけでなく、小規模な取引についても、取引の仲介や出資を盛んに行い、製造や流通、関連サービスの会社を設立することも多い。例えば、三井物産の連結子会社と持分法適用会社の数は 509 社にのぼる[14]。三菱商事では、連結対象子会社数は 1,722 社[15]である。両社ともこれらの数は日々変化しているが、商業的な取引からだけでなく、事業運営からも利益を得ている。

　三井物産は、金属資源、エネルギー、プロジェクト、モビリティ、化学品、

鉄鋼製品、食料、流通事業、ウェルネス事業、ICT 事業、コーポレートディ
ベロップメントでの活動を掲げている。全世界に広がる営業拠点とネットワー
ク、情報力などを活かし、多種多様な商品販売とそれを支えるロジスティクス、
ファイナンス、さらには国際的なプロジェクト案件の構築など、各種事業を多
角的に展開している。[16)]

　三菱商事は、世界約 90 の国・地域に拠点を置き、ビジネスを展開している。
天然ガス、総合素材、石油・化学ソリューション、金属資源、産業インフラ、
自動車・モビリティ、食品産業、コンシューマー産業、電力ソリューション、
複合都市開発の 10 グループに産業 DX 部門を加えた体制で、連結事業会社と
協働しながら、世界中の現場で開発や生産・製造などの役割も自ら担っている
ことを掲げている。[17)]

　このようにありとあらゆると言ってもいいほどの多様な事業を国際展開して
いる存在が総合商社であり、多くの日本企業にとってその存在は欠かせないも
のとなっている。

国家による自由貿易関係の構築

　なお、関税障壁への警戒感から、日本に限らず様々な国で自由貿易協定を多
国間で結ぶ動きがみられる。世界的に、特定の国や地域の間で、物品の関税や
サービス貿易の障壁等を削減・撤廃することを目的とする FTA（free trade
agreement: 自由貿易協定）への動きとそれに対する自国産業の保護の動きがせ
めぎ合っている。さらに、貿易の自由化に加え、投資、人の移動、知的財産の
保護や競争政策におけるルール作り、様々な分野での協力の要素等を含む、幅
広い経済関係の強化を目的とする EPA（economic partnership agreement：経済
連携協定）締結への動きも盛んになっている。FTA は、物品の関税およびそ
の他の制限的通商規則やサービス貿易の障壁等の撤廃を内容とする GATT
（general agreement on tariffs and trade: 関税及び貿易に関する一般協定）および
GATS（general agreement on trade in services: サービス貿易に関する一般協定）
で定義されている協定であり、EPA は貿易の自由化に加え、投資、人の移動、
知的財産の保護や競争政策におけるルール作り、様々な分野での協力の要素等
を含む、幅広い経済関係の強化を実現しようとするものである。[18)]

13-2. 多国籍企業

多国籍企業とは

　企業の海外進出が盛んになると、その企業は多国籍企業（MNC: multinational corporation）になる。多国籍企業は、さまざまに定義されてきた[19]。一例として以下のようなものがある[20]。

　　(1-1)　ある企業が、「多国籍企業」と呼ばれうるためには、それは、その活動が、受入国、母国、そして世界の経済に、相当な影響力をもつものでなければならない。

　　(2-1)　多国籍企業の経営者は、国境・国籍の区別にとらわれず、グローバルなパースペクティブ（世界的な視野の広がり）や、ものの考え方、さらに戦略をもっていなければならない。

　　(2-2)　多国籍企業は、国家間の経営資源較差（格差）や、法人活動を規制する法制度の違いの存在を、企業経営のため積極的に活用して活動を展開するロジスティックス（logistics）を備えていなければならない。

　　(2-3)　多国籍企業には、グローバルなロジスティックスに支えられ、総合的な有機体として機能するため必要な、組織やコントロールの体制が備わっている必要がある。

　　(2-4)　これからの多国籍企業が、ナショナリズムに対応し、経営を発展させて行くためには、その受入先国家・社会の現地化・国民化への要請に対処し、その経営のやり方をアダプト（適合）させて行くだけの、十分なフレキシビリティー（弾力性）をもつことが要求される。

　国際的な展開が進むとこのような状態に至るが、多国籍企業の海外子会社に対する経営志向の発展を類型化すると、①本国志向から、②現地スタッフに権限移譲が進む現地志向、③近隣国をまとめた地域（region）単位で戦略、生産、販売などを管理する地域志向、④各拠点の役割や関係が効果的に結びついた地球中心志向、という進化を辿る[21]。

13-3.　地域統括本部制

地域とは

　地域という単位は国際的に事業を運営する上で重要な役割を担う。自社の事業をヨーロッパや北米などの地域ごとにまとめて、戦略やマーケティング、人事、生産計画などの自社の活動を管理することがある。例えば、株式会社日立製作所は財務データにおける海外事業をアジア、北米、欧州、その他地域に区切っており[22]、おそらくは事業運営上もこの地域区分を用いていると考えられる。富士フイルムホールディングス株式会社は、日本以外の売上高を米州、欧州、アジア他、に分類している[23]。味の素株式会社は、日本以外の売上高を、アジア、米州、EMEA（europe, the middle east and africa）に分類している[24]。

　これらに見られるように、アジアと米州（カナダと米国を合わせた北米と中南米の2つに分けて管轄する場合もある）、欧州（欧州・アフリカ・中東を同一地域として管轄する場合もある）に分けて事業を管轄している場合が多い。また、アジアの中で、中国の重要度が大きく、また政治体制による事業の制約やルールが異なるので中国だけを独立して1つの地域として事業管轄を行う場合も多い。さらに、細かく分ける場合には、東アジアとその他のアジア、という分け方をしたり、東南アジアを1つの地域として独立して管轄する場合もある。アジア地域にオセアニアを含む場合も多く、地域の名称もアジア・オセアニアと呼ぶ場合もある。

地域統括本部の機能と役割

　それぞれの地域を管理する地域統括本部を置く会社もある。地域統括本部に負わせる役割は、会社によってそれぞれ異なる。ある事務機器メーカーでは、地域ごとに戦略、利益目標やその管理などをすべて一括して統括しており、域内に対して強い権限を持っている。その会社の場合、地域統括本部は本社の100%子会社の株式会社であり、域内の各社は地域統括本部の子会社になっている（ただし、域内の各国子会社は地域統括本部の100%子会社とは限らず、現地資本との合弁会社であることも多い）。域内人事についても、地域統括本部が責任を持ち、域内での人事交流も行っている。各国子会社の社長も、その国の出身者だけでなく、域内の優秀な社員を抜擢して、域内の他国の子会社の社長を

任せることもある。また、域内の子会社社員の地域統括本部での研修や本社への長期出張研修なども地域統括本部が指名する形になっている。

　域内の事業拠点の株式所有には様々な形態がある。ある重機械メーカーのアジア地域統括本部の場合、地域統括本部はシンガポールに設置された現地法人であり、日本本社の持株比率は 10% に過ぎない。最初に政府から造船所設置を招聘されて進出したことからシンガポールがアジア地域の拠点になったという。また、シンガポールの法制度や政策が明確で拠点運営が容易であることや、英語が公用語であることによる言語障壁の低さ、交通の利便性から地域統括本部としての機能を充実していったという。域内の資材調達のための調達センターも置いている。地域統括本部の半数は日本人である。本来は人件費抑制や域内へのコミュニケーションを考えると域内の人員を重用したいが、本社とのやり取りを考えると、日本人を中心に構成した方がやりやすいという面もあるという。域内人材の広域異動を地域統括本部で行うことにより、人材活用の幅が広がる。また、マネジャー層への研修も地域統括本部で実施している。地域統括本部に登用したりシンガポールに集めて研修を実施することで、その国の一支店の従業員という意識ではなく、グローバル展開の最前線にいるという自覚を持たせることができる。地域統括本部の設置により、視点が異なる現地の各事業を横串を通して効率よく対応することができる。様々な事業を抱えており、活動地域も多様であるために、マトリックス組織としての運営を行わざるを得ず、各事業部門と各地域との調整のためにも地域統括本部が役立っている。本社各事業部のグローバルな戦略と地域との最終的な調整は本社のグローバル統括本部が行っている。

　またある総合電機メーカーでは、本社の各事業部が歴史的にそれぞれ独自に海外進出をしてきた経緯があり、地域統括本部にはあまり強い権限はなく、アジアの地域統括本部では、各事業所から融資の依頼があった際に金融機関との間をつないだり、現地での人材募集や事業所運営のノウハウを提供するなど、域内の海外事業所のサポート役に徹しているという。

13-4.　国によって人材には特徴がある

それぞれの国の人にはそれぞれの特徴がある

　それぞれの国にはそれぞれの特徴があり、国民性や人についても特徴が異な

る。各国の事業所からグローバルな人材を育成する場合に問題になることも多い。終身雇用を前提としている日本とは違い、多くの国では離職率が高く、一定のノウハウを身につけると転職してしまう社員が多いことも問題視される。

　アジア域内の特徴をみると、ベトナム人は比較的、集団主義的で団結しやすい傾向があるかも知れない。会社の雰囲気を気にする人も多く、日本企業では廃れてしまった社内旅行を好み、そういった制度が社内にあるかどうかを気にする転職者が多いという。また、会計監査が近づくと経理社員が泊まり込みで残業を重ねて準備に励む場合もあるという。QC 活動として省エネのために建屋に自然素材で庇を作って室内温度を下げるなど、日本では気づかないような工夫をする事業所もある。2016 年に、ベトナムの東芝産業機器アジア社を視察した際には、若い日本人の総務課長が兄貴のように慕われていたのが印象に残った。通りかかる現地の従業員が皆、笑顔で挨拶していた。また、その課長は従業員一人ひとりの家族状況まで把握しており、つい先日、子供を授かったという社員に対して「赤ちゃんは元気か、奥さんは元気か」などと日本語で声を掛けていたし、「今、すれ違った社員は何日前に入社したばかりだ」などと説明してくれていた。このように従業員の一人ひとりについて細かく把握しており、1960 年代か 70 年代までの日本の街工場のような管理で離職率を下げているケースもある。ただし、シンガポールのように労働者が洗練され、短期的な成果に直結したより良い条件を望む人が多い国もある。

それぞれの国の特徴に合わせた管理が必要

　進出先によって労働者の意識や勤務先への心理的な愛着も異なる。シンガポールで、現地マネジャーに部下育成があなたの責任だといくら言ってもなかなか理解できないという話を日本を代表する食品メーカーの方から聞いた。定期的なマネジャーとの面談でも、自身の実績のアピールをし、その見返りとしての給与アップや昇進を要求してくる傾向が他国に比べて大きいという。また、部下の悪口を言い、自分の成果を強調するなど、近隣諸国に比べて個人主義的な傾向が強いという。

　さらに、地域内で国をまたぐ異動をさせようとしても、例えば、シンガポール人は先進国としてのプライドが高く、開発途上国への転勤を望まない場合が多いという。また、隣国であっても、戦争が多かった経緯を持つ国に対しては異動を希望しない人もいる。

　なお、アジア域内の日系企業では、日本人社員と現地社員がいる事業所では英語を公用語とすることが多いようだが、日本への留学経験のある社員がいるところでは、現地人も日本人も英語が得意ではないため、次第に仕事に関する日本語が浸透していき、工場労働などの比較的単純な労働では、仕事用語としての日本語が浸透していく場合もある。

―――――――――――――――――――――背景や人間的側面編

【日本企業の国際展開の問題と課題】

13-5.　日本企業の国際展開の実際

海外派遣者の生活

　海外派遣者は日本の系列企業との仕事上のやり取りや、現地や周辺国の取引先とのタフな交渉を任されることが多い。何か問題が発生した際には、近隣国に派遣されている社内の日本人と綿密に連絡を取り、問題解決に当たるという場合もある。しかし、場合によっては詰まらない仕事に忙殺されるということもあり得る。例えば、本社内の各事業部や得意先の要人の家族に対するディズニーランドへのアテンドがほぼ毎日続いていたという海外派遣社員もいる。

　また、開発途上国の場合には、危険度が高かったり子供の教育上の理由での単身赴任も多い。自動車が襲われたときに備えて、護身用の散弾銃を車内に置きながら派遣先の国内出張を行っていたという人もいる。また、誘拐やテロなどの危険から居住地も厳重にガードする必要がある。貨幣価値の違いから、日本では住めないような豪邸を会社から用意されることもある。メイドを何人か雇うことになる場合もある。これは、買い物事情が日本と異なり、現地の人に買い物などの外出を頼まざるを得ない地域では必須になる。運転手付きの自動車での通勤が日常になる場合もある。交通事情が異なるため、自分で運転をすると交通事故に巻き込まれる可能性が高い。

　また、小ぢんまりした日本人コミュニティが形成されることもある。自動車産業などの工場が下請・孫請企業と共に工場進出をする場合、系列企業がまるごと進出するので、家族の地位もそれぞれ元請、下請などの関係を引きずってしまう場合もあり、日本人同士で固まって居住するために、その関係は緊密に

なることがある。極端な場合には、流行のゲーム・ソフトや漫画の貸し借りの順番は、その序列に従って決まっているという場合さえある。

日本企業に共通する特質

過去の成功、または失敗をもたらした行動は、今後の行動を制約する、あるいは方向づける。企業行動は、過去の行動と結果の連鎖からの影響を受けている。それは個人行動としては学習理論、または行動主義的な心理学によって説明が可能であり、経済学的には経路依存性（path dependence）として説明される。この概念は経営学のなかでも用いられる[25]。海外に進出した際に、かつて国内で遭遇した事態に似た事態には比較的対応しやすいが、全く体験したことのない出来事に対処することは難しい。そのために類似した環境の国に次々と進出していこうとする傾向が生じる。もし、ある日本企業が国内で何らかの発展経路を経験し、その発展の各段階で成功を経験しているのであれば、海外での事業展開においても、過去の成功経験を基礎にして、進出先の国や地域で新たに直面する問題に活用しようとするであろう。

つまり、各企業にはそれぞれの海外展開の仕方に、会社特有の癖があり、また、歴史の長い日本の大企業にはある程度共通する癖がある。日本企業が影響を受ける日本的特徴は、一般的に以下の特徴を持つ。

まず、企業別組合・終身雇用・年功序列が挙げられる[26]。それらがもたらす企業内の運命共同体としての一体感からは、経営家族主義[27]、集団主義[28]、生活共同体[29]、集団志向と義務の無限定性[30]、集団的な誘因と貢献[31]、相互依存[32]、信頼[33]、間人主義[34]などが挙げられる。閉じられた組織の中での相互依存や協力、集団凝集性の高さが特徴となっている。その前提となる日本社会の構成要因として重要なのは「場」の共有であり、会社は株主などの外部のものであると位置づけるのではなく、その「場」にいるわれわれこそ重要という意識の共有である[35]。また、「和」の精神により、職務と職場について、たがいに寄り掛かり、もたれ合って組織を支える[36]。組織全体の動きは個人の動機よりも、周囲の雰囲気や空気に左右される。日本独自の共同体内部の精神構造の本質は「甘え」の概念で説明できる[37]。こうした土壌の中で、熟練の形成が行なわれる[38]ことになる。これらの特徴が、日本社会や日本企業の一般的な特徴であるとされていた。

日本企業は、ウチに内在する文化を共有するために、海外に進出した際にも、

進出先の製造子会社に対して組織文化を意識的に移植し共有させようとしていたということが観察されている[39]。他国と比較したわが国の大企業における教育訓練は、文字通り企業内教育訓練というにふさわしい実質を備えており、しかも外社会に対して閉鎖的である[40]ことが指摘されている。

　国際戦略を成功させるためには、戦略目標と競争優位の源泉との適合が重要[41]であり、全体の統制と適応のバランスが重要である[42]。日本企業としての既存の強みをどのように維持しながら進出先の状況に適応しているのかを、グローバル化に成功した日本の食品製造会社 A 社の発展と事業展開の経緯から辿ることにする。

A 社の場合

　A 社は 1909 年創業の老舗企業であり、日本社会が相対的に貧困であった創業当初から基礎調味料を製造・販売していた。第二次世界大戦以前から海外に事務所を開設したり特約店契約を結ぶなど、輸出のための国際化を進めてきていた。第二次世界大戦後は、日本社会が豊かになるに従って、基本的なだし、素材を火にかける際に混ぜると本格的な中華料理になる味付けソース、冷凍食品、サプリメントというように、製造・販売する製品の幅を広げてきている。また、海外企業との提携からインスタント・スープやインスタント・コーヒーなどの新しい食品分野のノウハウを入手し、国内で販売してきた。

　A 社が手掛ける製品は、各国の発展段階を追跡し、提供する製品の内容をローカライズしているが、一方で、世界展開をしている基礎調味料については、同一製品ではあるが、各国で異なる原材料を用いており、それぞれの原材料の収穫高や価格、輸送コストなどを勘案した販売体制を構築している。いわば世界最適生産体制を築いている。その他の商品については、経済成長に応じた商品をその国に向けてアレンジして提供している。基本的には、海外展開のパターンは以下のとおりの段階を追って各国での活動を拡げている[43]。

A 社の海外展開のパターン

　進出先の国でそれぞれの経済の成熟の度合いが違えば、その度合いに合わせて商品を提供する。日本での展開のパターンを応用している。導入製品は大体、基礎調味料から始まるが、インスタント・スープや、中華料理の味付けソースというような製品が出て、冷凍食品まで行く。日本国内で基礎調味料から現在

までの各発展段階で成功してきたのなら、同じ発展段階を辿る国で成功できる
可能性は大きい。経済的に豊かになり、社会が成熟していくと加工度が上がっ
ていく。経済が豊かになってくると、大きいスーパーでいろいろなもの、新鮮
なものや衛生管理が行き届いたものを買いたくなる。そうすると、それに合わ
せた運び方、物流が変わってくる。料理時間を短縮するのと同時に、色々なも
のを食べたくなり、和食、洋食、中華というバラエティー化が広がっていく。
経済がさらに発展していくと、消費者は、お金と時間を余暇に使いたくなる。
すると、家での食事はもっと楽に済ませようと思う世帯が増え、レトルトやチ
ルド製品が売れるようになる。それが広がっていき、冷凍食品が売れる段階に
入る。さらに経済性が豊かになってくると、今度は体にいいことをしたくなっ
てくる。すると、サプリメント事業に行き着く。

　しかし、各国への適用には個々の工夫が必要である。商業的な発展度や、流
通の発展段階（冷凍輸送・保存）も重要である。各国の発展段階や特徴（例えば
国が地続きか、それとも細かい島で成り立っているか）によって流通や販売にも
違いがある。進出先の経済発展の段階は様々である。

　販売の形態は経済の成熟によって異なる。小規模な個人商店が村にぽつんと
あるようなトラディショナルトレード（TT）と、全国チェーンのスーパーマー
ケットなどが中心になるモダントレード（MT）との違いがある。経済が発
展すると、TT でいつも買っている人がだんだんとスーパーマーケットに行き
始める。インドネシアのような島国では流通が難しく、MT の力がなかなか及
ばないので、TT がメインになる。そこに並べるために A 社の営業の人は直接、
お店に行って物を渡してその場で現金を回収してくる。シンガポールでは TT
はほとんどなくなっている。国自体がすでに先進的な都市国家になっているの
で一般の消費者もスーパーマーケットや百貨店、小規模なところではコンビニ
エンス・ストアなどで商品を購買する。シンガポールではそういった取引が中
心なのでスーパー1店1店には売り歩かない。本部と契約して、オーダーが来
たら本部に納入する。冷凍食品は冷凍の物流が可能でないとできないが、シン
ガポールは完全に冷凍食品がメインになってきている。ベトナムも少しずつ冷
凍食品が動き始める段階である。今後、経済の成熟度が変わってくることが予
測される。

A 社の海外展開を支える社内コミュニケーションの特徴

A 社の海外展開を支える社内のコミュニケーションは以下のとおりである[44]。リテール（小売）に関しては、年1回、世界から集まる会議がある。日本の本社にリテール担当者のマーケティング・マネージャーだけが集まる。期間は3日間ぐらい。参加者はほぼ日本人社員である。日本語が用いられる。外国人は英語の同時通訳を聞いている。それを現地に持って帰る。こうした世界会議は他の部門でも行われ、R&D（research & development: 研究開発）は R&D で、工場は工場サイドで、マーケティングはマーケティングで行う。それぞれのディレクターが集まり、そこでいろいろなことを共有する。

会議では経済発展段階に応じた展開策などの話をする。そこに本社の海外食品部の人なども入って、その人たちの経験や知識も持ち寄って話し合う。海外からは、本社に「例えばこんなものないのか？」ということを聞きに来る。他部門の人たちも自分の研究したものをマーケティングの担当者に見せるために参加する。R&D や生産関係の人の提案も出る。その場で判断していくこともある。会議をやっている後ろの方では、工場や研究所の R&D の人たちが、自身に関連がない議題のときにも話を聞いている。各地の R&D で開発されたノウハウや知識は、基本的には全て本社に集約される。

グローバルな会議の他にも、地域単位での会議もやっている。例えば ASEAN（association of southeast asian nations: 東南アジア諸国連合）の各国に赴任しているマーケティングディレクターは6人いるが、タイで半年に一度ぐらい不定期で会議があって、現状や課題について情報共有をする。必要な情報は全部このメンバーで共有化する。

新技術については、日本側で作った技術を現地に移していく。現地に赴いて現地の R&D に対して、こんな製品とか、こういうものを扱えるのではないかなどを提案する。例えばから揚げの衣のクリスピー感を上げるにはどうしたらいいのかというのを日本側で全部仕上げて、現地の法人に話をしに行く。実務上、直接的に人と人がやり取りをしないと意味がないので、海外食品部の人たちが現地に行って橋渡しをしたり、違う国で仕入れた情報を各国で共有するということもある。情報の移転と共有は、人間経由でしかない。この人が何か情報を持っているから、そこへ情報を取りに行くかどうかということになる。

このように凝集性の高い人達が情報を本社に集約し、そこから人間関係を通して情報を展開している。

A社の企業成長のチャンスと今後の国際展開の可能性

　さて、A社がこの先、さらに市場を広げるのであれば、日本の食卓に基礎調味料が必要であった状態以前の、より貧しい経済状態にある国や地域にも進出する必要が生じる。世界には明治時代の日本よりも、さらに貧しい国々があり、手を差し伸べられるのを待っている。また一方で、現在、参入している国や地域の経済状態が改善され、現在の日本に追いついたり、日本やそれらの国がさらに豊かな生活を享受する状態にも対応していく必要が生じる。

　つまり、既存の経験を応用するだけでは対応できない、(a) 自社が経験するよりも前の段階の経済状態にある国や地域にどのように対応していくのか、(b) 日本や、現在、参入している国や地域がこれまでに経験していない段階に発展した時に、どのような対応が必要なのか、についてあらかじめ対応策を考えておかなければならない。

　まず、(a)については、A社はアフリカでの離乳食の改善による栄養不足改善のプロジェクトに乗り出している[45]。これは、A社がこれまでに対応したことのない対象であり、ガーナ大学などと共同で事業を進めている。2016年には、アフリカ36か国で事業展開をしている会社の株式 33.33% を取得している。

　順調な発展途上にある国においても、他の食品企業との競争が激化しており、競争力向上のために、より現地に密着した事業展開を始めている。ベトナムでは、2011年から栄養士養成制度や栄養士地位認定制度の創設に協力している[46]。それまで学校給食の仕組みがなかったベトナムで、学校給食による栄養向上にも関与している。農村部の子供を中心に必要な栄養素が不足していた一方で、都市部では肥満、高体重の子供が増加しており、A社のベトナム子会社では、献立ソフトを開発し、自社製品を使用した栄養バランスのとれたレシピを開発している[47]。

　さらに、(b)については、国内での成長パターンを海外に活かすという、従来、海外展開で効果を上げてきた方法だけでは市場に対応できなくなってきており、新たな対応を行っている。京都大学 iPS 細胞研究所との共同の再生医療培地の開発[48]など、将来求められる潜在ニーズを見越した開発にも取り組んでいる。また、それらの動きを加速するためオープンイノベーション（open innovation）や提携を進めており[49]、その呼びかけもインターネット上で行っている[50]。

企業文化との整合性

　これまでに見てきたように、日本企業が持つ企業文化の典型ともいえるA社のコミュニケーションの特徴として、海外勤務の状態にある社員も含め、社員相互が高い集団凝集性を持ち、閉じられた組織の中で相互依存や協力をしていることが窺える。これらの特徴が、この会社の見えざる資産として機能し、持続的競争優位の源泉になっていたと考えられる。しかし、本社の日本人社員を中心に、その社員たちが海外に派遣されて本社と緊密な連携を取るという運営方法は、今後、有効なコミュニケーション手段として機能するとは限らない。社内の人間の誰もが体験してこなかった経済の発展段階に対応する必要性や、新たなオープンイノベーションを効果的に機能させるためには、異なるコミュニケーションのルールが重要になるかも知れない。企業境界を越えたオープンイノベーションなどの新しい動きは、歴史ある日本企業特有の集団凝集性を活かす方向とはそぐわない方向の戦略展開であるようにも見える。

これまでの社内コミュニケーションの強みを活かすことの脆弱性

　本社所属の社員が高い集団凝集性を持ち、閉じられた組織の中で相互依存や協力をしているという特徴は、情報を共有するために時間を共にすることに活かされていた。

　しかし、現在では、日本国内の時間外労働は法的に規制され、また、育児休暇や育児に伴う短時間勤務など、個人の時間を尊重する制度の導入が必要になる。これに伴う変化は、社員が同じ場所を共有しながら過ごすことによる集団凝集性や相互の依存関係に影響する。また、オープンイノベーションや提携を進めていけば、社内だけでの閉じられた緊密な関係は変化せざるを得ない。

　本社内のコミュニケーションの現状をみると、勤務時間外でも皆で共に過ごしていないと居づらい雰囲気があるようだ[51]。例えば「他の人と共に残業しないと帰れない雰囲気がこの会社にあるような気がする」「プライベートを重視したいと言えない雰囲気の会社なのかと思う」「長時間勤務という文化がある」という声もある。時間外労働規制や育児休暇制度などが充分取り入れられている企業であるが、社内の人々の意識の面からは、同質集団がいつまでも職場で時間を共にしている習慣がまだ残っているようである。しかし、社内の空気も若い人を中心に変わってきているようである。「社内の若い人は、職場によりドライな人間関係を求めているようだ」という声もあった。

13-6.　国際化がもたらす取引関係の変化

日本企業の取引の特徴とグローバル化した世界

　従来の日本国内産業では財閥系の系列企業やその中の人材といった囲い込まれた企業グループ内での協調と競争のなかで能力を磨きあげることにより、グループ外に対する競争力を構築していた[52)-54)]。

　しかし、グローバル化とICT（information and communication technology）の進歩によって、製造・サービスを問わず企業の業務プロセスは近年大きく変わりつつある。グループ内と外部の取引費用を比較した場合、外部へのアクセスの方が高コストであれば、内部の優秀な企業や人材を囲い込み、その中で競い合いながら共調的に能力を磨きあげることは効果が高い。しかし世界中の優秀な企業や人材へのアクセスが容易になり、世界中から最適・最高の企業や人材と協業するためのアクセス費用が下がれば、グループ外取引を行うことで価格・品質上の競争優位を築くことが容易になる。またそのような取引を行わない限り、グローバル化した市場における自社の優位性は失われる。密接な関係のある周囲の企業や人材との取引ではなく、グループ外の企業や人材との取引を頻繁に行おうとすれば、気心の知れた関係における、あうんの呼吸にもとづく調整は通用せず、内外の組織相互の接点の仕様を調整するコストを発生させないために、接合部分に既定の規格を用いて取引をする、すなわち、モジュール化を進めることが必要になる。

モジュール化する世界の企業取引への対応

　日本企業の競争力の源泉の1つは、企業内および企業間での個人行動の特性にある。しかし、21世紀になってからは、日本企業の特徴が変質してきていることが指摘されている。経済合理性や市場原理を優先する風潮のなかで、日本企業からコミュニティとしての良さが失われ、人間関係における摩擦やストレスが大きくなりつつあるようにみえる。

　20世紀後半に多数みられた日本企業の競争力の源泉としての文化・人間関係は、日本企業の企業構造の変貌の影響を受けているに違いない。多くの日本企業の雇用も個々の仕事の仕様を明確に規定するジョブ型に移行する傾向がみられる。

　また、日本企業は従来、図 13-1 の左上のクローズド・インテグラル型の造りを得意としてきたといわれる[55]。企業間の取引も共通の意識と場を共有するグループ内から、より広い市場や他系列からの購買取引や協業に代わりつつある。このようなグローバルな生産体制を可能にした要因の 1 つがモジュール化である[56]。日本企業でもグローバルな部品供給体制が構築され、自動車産業においても部品の共通化やモジュール化が進みつつあり、サプライヤーとの取引構造自体が変わりつつある[57)-59]。様々な産業でモジュール化が生産のリードタイム短縮を含む競争力向上に役立つという議論[60]やモジュール化がコモディティ化を促すという議論[61]、逆に、製品のコモディティ化がモジュール化を進めるという議論[62]や、グローバルなコスト優位性を追求するなかでモジュール化の進展が製品開発工程の世界の最適地への分散も可能にしたという議論[63]も見られる。その一方で、日本は今のところ環太平洋において唯一の「擦り合わせ大国」だといえそうであるという見解[64]もある。産業によってはオープンなモジュラー型のものづくり傾向が強まっているが日本企業は必ずしもそれへの対応ができていないという議論がある[65]。なお、日本企業が従来から得意にしてきたとされる、緊密な擦り合わせ型の製造を“インテグラル型の相互依存”という。部品相互の接合点の条件をあらかじめ明確に決めておき、互いの内側にはあまり干渉しないタイプの製造を“モジュラー型の相互依存”という。また、限られたメンバー内での取引を“クローズド型の連結”、その都度、最適な相手と取引をすることを“オープン型の連結”と分類する。このように、取引の形態を、2 種類の相互依存と、2 種類の連結に分類して考える。この連結と相互依存との関係は、クローズド（囲い込み）・オープン（業界標準）という連結に関する縦軸と、インテグラル（擦り合わせ）・モジュラー（組み合わせ）という相互依存に関する横軸で表現され、図 13-1 のようになる。

　このような状況のなかで、日本企業の競争力の源泉をどのように考えればよいだろうか。国際化と情報化が進めば、国際的に開かれた市場から最良のパートナーを選ぶコストが下がる。そうなれば、閉じられたグループ内だけで最高の競争力を構築しようとするよりも、開かれた外部と協力することの方が合理的になる。その際に、暗黙知[68),69]が通用しにくいグループ外企業との取引費用をさらに下げようとすれば、部品や取引内容のモジュール化を進める方が合理的である。このようにして、国際化と情報化の進展は企業間取引のオープン化を進め、それは同時に部品や取引形態の仕様のモジュール化を進めることに

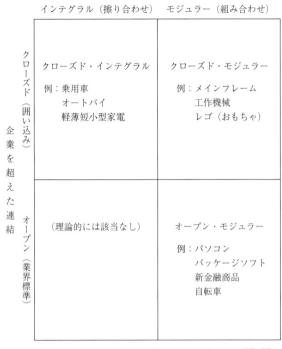

図 13-1　2 つの相互依存タイプと 2 つの連結タイプ[66), 67)]

なる。国際化と情報化の進展は日本国内に限らず、全世界的な動きであり、否応なく日本企業もそのなかに巻き込まれていく流れである。

　この問題は取引費用の問題として扱われていた企業境界の問題の延長線上にあり、古典的な make or buy の中間形態であるハイブリッドな取引関係を含めた、取引形態の問題として扱うことができる[70), 71)]。まず、従来型のタイプから考えていくと、日本企業の競争力の源泉であったとされるタイプの生産関係、すなわち、クローズな相手とインテグラルなかたちで相互の擦り合わせを中心とした取引を行うようなバリューチェーン内では以下のメカニズムが作用していた。

　閉じられた関係においては、相互の関係が緊密であり、連携が緻密に取れるし、働く相手の態度も親密なものとなり、相手からもこちら側が働きやすいような配慮がされやすくなる。したがって高い協力関係が得られやすい。また、

緊密性が醸成されていれば、仕事の質に対する高い要求も出しやすくなる。日本特有の人間関係として、ウチとソトを分け、ウチでは相手に対して無理を要求するような甘えが通用する[72]。そのように考えれば、従来型の人間関係が維持されていると考えられるクローズド・インテグラル型の取引では、通常、市場を通しては要求し得ないような高い要求を出し得ると考えられ、それを強い協力関係のなかで無理してでも仕上げることによって、日本企業は品質上の国際的な競争力を獲得してきたと考えることもできる。また、同じ場を共有する人間であれば、緊密感をもって育成への取り組みが行われるであろう。

　しかし、すでにみてきたように、モジュール化した接合点を軸にオープンな取引を行うようになれば、競争力の源泉として作用していたこれらの人間関係メカニズムは失われるであろう。日本企業のグローバル化はそれまで得意としてきた仕事の進め方を損なう可能性がある。しかし、企業がグローバル化するなかで、日本企業と外国企業という分類は次第に意味を失いつつあり、常に共にいる内輪の仲間にだけ通用するルールや甘えではなく、世界共通の、いわば最大公約数的な分かりやすいルールで相互に連携し、協力し合う方向に向かっている。これは組織 対 組織の間だけでなく、人と人との間でも進みつつある傾向である。

注
1) 角山栄 1984.『時計の社会史』中央公論社.
2) Porter, M. 1986.『グローバル企業の競争戦略』 *Competition in Global Industries.* Boston, MA: Harvard Business School Press.（土岐坤・小野寺武夫・中辻万治訳（1989）ダイヤモンド社.）
3) Rugman, A. 2001. *The End of Globalization.* New York: Random House.
4) 株式会社ヤクルト本社（2023 年 2 月 3 日閲覧）ホームページ「SPECIAL グローバル人材特集」『新卒採用情報 2023（Yakult Recruit 2024）』https://www.yakult.co.jp/saiyou/newgraduate/special/global.html
5) Dunning, J. 1993. *Multinational Enterprises and the Global Economy.* Wokingham, England: Addison-Wesley.
6) 小嶌正稔 2003.「フランチャイジングの定義と優位性の源泉」東洋大学経営研究所『経営研究所論集』26, 27-45.
7) 時事ドットコムニュース（2023 年 2 月 3 日閲覧）ホームページ「三井物産マニラ支店長誘拐事件」『日本人、海外受難簿』https://www.jiji.com/jc/v2?id=sufferings_19
8) 渡辺清治 2013.（2023 年 2 月 3 日閲覧）ホームページ「日揮社長 、「痛恨の極み」アルジェリア人質事件の会見全容」『東洋経済 ONLINE』2013/01/25　19:11　https://toyokeizai.net/articles/-/12676
9) 藤本隆弘 2014.「新興国も賃金高騰 今こそ日本の強い「現場」を」『週刊東洋経済』2014. 3. 15, 94.

10) ジェトロ海外調査部 2003.『在欧州・トルコ 日系企業の経営実態 ― 2002 年度調査』

11) 株式会社 ファーストリテイリング（2023 年 2 月 3 日閲覧）ホームページ「店舗数」『IR 情報』 https://www.fastretailing.com/jp/ir/financial/outlets.html

12) 内閣府政策統括官（経済財政分析担当）2012.（2023 年 2 月 5 日閲覧）「第 3 章 生産の海外シフトと雇用 第 1 節 海外生産移転の進展」『日本経済 2012-2013 ― 厳しい調整の中で活路を求める日本企業―』（2012 年 12 月）https://www5.cao.go.jp/keizai3/2012/1222nk/n12_3_1.html

13) 川端寛 2014.「日本の工場から消えた高卒正社員」『週刊東洋経済』2014.3.15, 62-63.

14) 三井物産株式会社（2023 年 2 月 3 日閲覧）ホームページ「三井物産について 会社概要」『会社情報』（ただし、会社数集計日時は不明）https://www.mitsui.com/jp/ja/company/outline/profile/index.html

15) 株式会社三菱商事（2023 年 2 月 3 日閲覧）ホームページ「会社概要」『会社情報』（2022 年 9 月 30 日現在）https://www.mitsubishicorp.com/jp/ja/about/profile/

16) 三井物産株式会社（2023 年 2 月 3 日閲覧）前掲ホームページ. https://www.mitsui.com/jp/ja/company/outline/profile/index.html

17) 株式会社三菱商事（2023 年 2 月 3 日閲覧）ホームページ『会社情報』https://www.mitsubishicorp.com/jp/ja/about/

18) 経済産業省（2023 年 2 月 3 日閲覧）"EPA/FTA/ 投資協定"「通商政策」『政策について』 https://www.meti.go.jp/policy/trade_policy/epa/tis/

19) 浅川和宏 2003.『マネジメント・テキスト グローバル経営入門』

20) 小林規威 1980.『日本の多国籍企業』中央経済社.

21) Heenan, D. & Perlmutter, H. 1979. *Multinational Organization Development: A Social Architecture Perspective.* Reading, MA: Addison-Wesley.

22) 日立製作所（2023 年 2 月 5 日閲覧）ホームページ「地域別データ」『株主・投資家向け情報』 https://www.hitachi.co.jp/IR/financial/market/index.html

23) 富士フイルムホールディングス株式会社（2023 年 2 月 5 日閲覧）「Chapter 1 価値の源泉」『富士フイルムホールディングス統合報告書 2022』p. 11 https://ir.fujifilm.com/ja/investors/ir-materials/integrated-report/main/0113/teaserItems1/07/linkList/0/link/fh_2022_001j.pdf

24) 味の素株式会社（2023 年 2 月 5 日閲覧）ホームページ「味の素グループ ASV レポート 2022 統合報告書」『IR 情報』p. 5 https://www.ajinomoto.co.jp/company/jp/ir/library/annual/main/014/teaserItems1/00/linkList/0/link/ASV%20Report%202022_J_A4.pdf

25) 髙橋宏幸 2011.「第 4 章 経営戦略の策定」髙橋宏幸・丹沢安治・花枝英樹・三浦俊彦『現代経営入門』有斐閣ブックス, 67-92.

26) Abegglen, J. C. 1958.『日本の経営』*The Japanese Factory; Aspects of Its Social Organization.* The Massachusetts Institute of Technology.（占部都美監訳（1958）ダイヤモンド社.）

27) 間宏 1971.『日本的経営―集団主義の功罪―』日本経済新聞社.

28) 岡本康雄 1976.『現代の経営組織』日本経済新聞社.

29) 津田真澂 1977.『日本的経営の論理』中央経済社.

30) 岩田龍子 1977.『日本的経営の編成原理』文眞堂.

31) 占部都美 1978.「日本的経営批判」『国民経済雑誌』, 138(4), 1-18.

32) Pascale, R. T., & Athos, A. G. 1981.『ジャパニーズ・マネジメント』*The Art of Japanese Management.* New York: Simon & Schuster.（深田祐介訳 1983. 講談社.）

33) Ouchi, W. G. 1981.『セオリー Z』*Theory Z.* New York: Avon Books.（徳山二郎訳（1981）CBS・ソニー出版.）

34) 浜口恵俊 1982.『間人主義の社会日本』東洋経済新報社.

35) 中根千枝 1967.『タテ社会の人間関係』講談社.

36) 間宏 1969. 企業における教育訓練の日英比較」『組織科学』, 3(3), pp. 39-48.

37）土居建郎 1971.『「甘え」の構造』弘文堂.

38）小池和夫 1981.『日本の熟練—すぐれた人材形成システム』有斐閣.

39）加護野忠男 1997.「日本企業における組織文化と価値の共有について」『組織科学』, 31 (2), 4-11.

40）間宏 1969. 前掲書.

41）Ghoshal, S. 1987. Global Strategy: An Organizing Framework. *Strategic Management Journal*, 8, 425-440.

42）Kogut, B. 1985. Designing Global Strategies: Profiting from Operational Flexibility. *Sloan Management Review, Fall*, 27-38.

43）以下の情報は、A 氏へのインタビュー（2015 年 10 月 27 日）、於：シンガポール A 社会議室： 13:00-14:40 および、A 氏との電子メールによるやり取り（2015 年 10 月 30 日 - 11 月 2 日）合計 4 回、による.

44）以下の情報は、前掲の、A 氏へのインタビュー（2015 年 10 月 27 日）、および電子メールによるやり取り（2015 年 10 月 30 日 - 11 月 2 日）.

45）平尾毅・星野雄介 2012.「味の素—栄養改善をめざした BPO 市場への参入」『一橋ビジネスレビュー』, Aut., 102-117.

46）味の素株式会社（2021 年 11 月 1 日閲覧）ホームページ「ベトナム栄養関連制度創設プロジェクト — Ajinomoto, コミュニティ」『味の素グループ サステナビリティデータブック 2017』139-140. https://www.ajinomoto.co.jp/company/jp/activity/csr/pdf/2017/139-140.pdf

47）味の素株式会社（2021 年 11 月 1 日閲覧）ホームページ「ベトナム学校給食プロジェクト」『味の素グループ サステナビリティデータブック 2016』コミュニティ 1, 119. https://www.ajinomoto.co.jp/company/jp/activity/csr/pdf/2016/119.pdf

48）日経ビジネス 2016.「シリーズ真・世界企業への焦燥　味の素—トップ 10 入りへ最後の挑戦」『日経ビジネス』2016 年 2 月 29 日号, 24-47.

49）日経ビジネス 2016. 前掲誌.

50）味の素株式会社（2021 年 11 月 1 日閲覧）"CLIENT INNOVATION CENTER"「オープンイノベーション」『研究開発』A 社の研究開発のオープンイノベーション https://www.ajinomoto.co.jp/company/jp/rd/CIC/

51）以下の情報は、B 氏へのインタビュー（2013 年 9 月 19 日）、於：A 社東京本社会議室：13:00-14:00 による.

52）Clark, K. B. & Fujimoto T. 1991.『増補版 製品開発力 —自動車産業の「組織能力」と「競争力」—』*Product Development Performance*. Boston: Harvard Business School Press.（田村明比古訳（2009）ダイヤモンド社.）

53）藤本隆宏 1997.『生産システムの進化論 —トヨタ自動車にみる組織能力と開発プロセス—』有斐閣.

54）藤本隆宏・延岡健太郎 2006.「競争力分析における継続の力：製品開発と組織能力の進化」『組織科学』39 (4), 43-55.

55）藤本隆弘 2004.『日本のもの造り哲学』日本経済新聞社.

56）青島矢一 2001.「アーキテクチャという考え方」藤本隆宏・武石彰・青島矢一編『ビジネスアーキテクチャ』有斐閣 27-70.

57）池田正孝 1999.「自動車メーカーの「世界最適調達」とシステム / モジュール化」『經濟學論纂（中央大学）』39 (3・4), 29-53.

58）藤樹邦彦 2001.『変わる自動車部品取引：系列解体』エコノミスト社.

59）近能善範 2004.「サプライヤーの取引構造の歴史的推移」『産業学会研究年報』19, 69-78.

60）安藤晴彦 2003.「モジュール化と国際競争力 —生産管理分析の新たな視点：モジュール化—」『日本生産管理学会論文誌』10 (1), 11-18.

61）楠木建・青島矢一・武石彰・国領二郎・佐々木繁範・村上敬亮 2001.「IT のインパクトと企業戦

略—ビジネス・アーキテクチャの視点から考える」『一橋ビジネスレビュー』48 (4), 50-74.

62) 佐々木健 2007.「デジタル家電のコモディティ化と家電産業の競争戦略」『産業学会研究年報』23, 39-51.

63) 中原裕美子 2006.「パソコン産業のグローバル生産ネットワークの中の製品開発形態の変容 ——「グローバル開発ネットワーク」の出現—」『産業学会研究年報』22, 89-99.

64) 藤本隆宏・矢野倫文・新宅純二郎 2007.「アーキテクチャにもとづく比較優位と国際分業：ものづくりの観点からの多国籍企業論の再検討」『組織科学』40 (4), 51-64.

65) 小川正博 2010.「製品アーキテクチャとネットワークの変革からみたものづくり」『日本経営診断学会論集』10, 136-141.

66) 藤本隆弘 2004. 前掲書.

67) 藤本隆弘 2011.「4 設計構想としてのアーキテクチャ」藤本隆宏・中沢孝夫編著『グローバル化と日本のものづくり』放送大学教育振興会.

68) 野中郁次郎 1990.『知識創造の経営』日本経済新聞社.

69) Nonaka, I. & Takeuchi, H. 1995.『知識創造企業』 *The knowledgecreating Company: How Japanese Companies Create the Dynamics of Innovation.* New York: Oxford University Press（梅本勝博訳（1996）東洋経済新報社.）

70) Williamson, O. E. 1975.『市場と企業組織』 *Markets and Hierarchies: Analysis and Implications. A Study in the Economics of internal Organization.* New York: Free Press.（浅沼万里・岩崎晃訳（1980）日本評論社.）

71) Douma, S. & Schreuder, H. 1991.『組織の経済学入門』 *Economic Approaches to Organizations.* UK: Prentce Hall International Ltd.（丹沢安治・岡田和秀・渡部直樹・菊澤研宗・久保知一・石川伊吹・北島啓嗣訳（2007）文眞堂.）

72) 土居建郎 1971. 前掲書.

第5部　経営組織の今後

第14章 変貌する社会とICT化による組織と コミュニケーションの変化

【社会の変化と組織の対応】

14-1. 今後、予測される社会の変化

変化の兆し

文部科学省による2021年版科学技術・イノベーション白書は、当時、猛威を振るっていた新型コロナウイルス感染症の蔓延に触れながら、「インターネットの発明、スマートフォンの普及をはじめとするICTの進展は、情報や商品への瞬時のアクセスや、多様なコミュニケーションを可能にするなど、経済や社会に大きな変化をもたらしました[1]」という書き出しで始まる。今後、世の中が大きく変化する兆候が見られる。新しい変化への動きを以下に羅列してみる。

まず、貨幣の性質の変化が挙げられる。歴史的に見て、物々交換から貨幣の使用へ、さらにはクレジットカードを利用するなどの信用取引が広がり、さらには仮想通貨（暗号資産）の利用が始まりつつある。

物理的な商品としての自動車を例に挙げれば、すでに自動車の電気化・AI（artificial intelligence: 人工知能）化は始まっており、自動運転に向けた動きも盛んになっている。定期的にサービスを継続利用するサブスクリプション（サブスク）の仕組みも活用されるようになり、消耗品だけでなく、自動車の購入にも用いられるようになってきている。これまでは自動車は所有権を丸ごと購入するものであったが、定額の支払いを継続することで、様々なサービスを含めて"利用する権利"を買う仕組みになっており、自動車の所有形態の多様化が進みつつある。

様々な作業やサービスがデジタル化されてきており、DX（digital transformation: デジタルトランスフォーメーション）と総称されている。職場や家庭でのIoT（internet of things）も進められようとしており、色々な物や事柄（things）がインターネットで結びつけられようとしている。さらにはAIの進歩も甚だしく、条件を入力すると絵を描いたり小説を書く機能さえ世の中に出回っている。特にAIの進歩には、大量のデータを解析するビッグデータの活用が大きな役割を果たしている。また、大量のデータの内容を掘り下げるデータマイニングも可能になりつつある。ChatGPT（chat generative pre-trained transformer）に代表される生成型AIはコンピューターと人間の思考や作業の境界を取り去りつつあるかのように見える。これらの多くはICT（internet and communication technology）の発展によるものである。

生活の変化

こうした世の中の変化によって人間の生活はより便利になり、家に居ながらにしてネット・ショッピングやメタバース（metaverse）を活用できるようになる。一方で、SDGs（sustainable development goals: 持続可能な開発目標）が掲げられたり、LOHAS（lifestyles of health and sustainability: 健康的で持続可能な生活様式）と言われる生活様式があこがれを伴って語られたりする。消費行動も変化してきており、消費者にとってインターネット上でやり取りされるクチコミは重要な情報源になっている。インターネット情報は世界中に拡散される一方、SNS（social networking service）を用いて限られた人数の友人たちとの緊密なやり取りを重視することも可能になった。

買物も楽になり、しかも便利になった。例えば、傘を買いたければ、従来は銀座に行き、三越や松屋といった百貨店で小物売場のフロアーの傘売場を訪れ、商品を比較して好みの物を購入した（図14-1の上段）。しかし、現在では、スマートフォンやパソコンに向かい、百貨店だけでなく様々なインターネットサイトで「傘」という検索ワードを入力すれば、家に居ながら豊富な商品を検索することができる（図14-1の下段）。情報がインターネット上に便利な形で掲載されていることが、その背景にある。

インターネットは従来の流通経路を破壊している。これまでは、メーカーが作った商品は、一次卸、二次卸といったように、問屋を経由してから小売店に陳列され、それを消費者が見て買っていたが、メーカーの直販（インターネッ

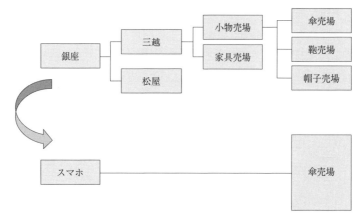

図 14-1　実際の買物とパソコン上の買物のルート

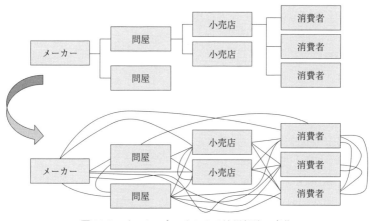

図 14-2　インターネットによる流通経路の変化

ト・ショッピング）や、問屋が直接、消費者に販売したりできるようになった。
また地理的に離れていて行くことのできなかった小売店からも買うことができ
るようになった。問屋同士で商品を流通することで一次・二次という順番を辿
ってきた流通構造が崩れ、自由な取引経路が生まれることになった。ネット・
オークションなどで、消費者同士が取引をすることも容易になった（図 14-2
の上段から下段への変化）。

企業環境の変化

　企業が業種や業態を超えた活動を拡げることが可能になり、産業構造が大きく変わりつつある。それに伴い、組織や人間関係も変化を余儀なくされていく。転職市場が充実してきており、労働市場も変化してきている。

　ICT の発展に伴うこうした動きから、世界標準の仕様の普及が早くなり、デファクト・スタンダード（de facto standard）を巡る競争の激化が起こりやすくなっている。状況を読み、できるだけ有利なポジションを取るために情報を制したものが圧倒的優位に立つことになる。また、様々な取引のプラットフォームの重要性も大きくなってきており、インターネット・ショッピングのホームページでも、例えば、カカクドットコム、ジャパネットたかた、アマゾンなども、その画面だけでできるだけ多くの顧客の問題が解決できるようなワンストップ化が進んできており、ほとんどのものが買えるようになってきている。提供する商品の種類での競争が飽和し、価格競争でも限界に近付けば、次は納品の速さを競うようになるといった具合に、競争は留まることを知らない。例えば、アマゾンやヨドバシドットコムなどを活用すれば、届け先が都内であれば、当日や翌日の早い時間に注文品が届くこともある。こうした競争は配送に携わる人手の不足が壁になる。

　新たな競争要因に次々に対応していくためには、一社の努力だけでなく、バリューチェーン上の関連取引先の献身的な協力が必要であり、他社との複雑な提携関係も必要になる。新しい技術をいち早く取り入れるためには、産学協同や大学発ベンチャー企業の利用が益々重要になってくる。また、早期に有望な企業を育てるためのビジネス・インキュベーション（business incubation）の仕組みや、株式会社として上場して資金を集める（IPO: initial public offering 新規上場株式募集）のではなく、インターネット経由で直接、賛同者からの資金提供を求めるクラウドファンディングや、主に資金力のない開発途上国の事業者に対して少額の融資を集めるマイクロファイナンスも注目されている。

　企業環境のマネジメントとして、水面下で国や自治体に働きかけるロビー活動や、業界内外との協力関係を構築することにより、自社に有利な状況を作り上げることも依然として重要である。例えば、自社に有利なデファクト・スタンダードを構築するために業界や政界に働きかける、などの場合である。

14-2.　破壊的変化への対応

技術の加速度的進歩と対応

　技術の進歩は、人間や社会が保有し、流通させる情報の量や速度を大きく変えている。量の変化は質の変化になり得る。電話線は 1 本で音声データをリアルタイムで伝送することができる。電話線 2 本では、音声データを複数同時に伝送することができる。それが 100 本になれば 100 種類の会話を同時に伝送することができる。しかし、200 本を超える伝送量が確保されるとリアルタイムで画像を送ることができるようになる。通常のアナログ電送で圧縮技術を活用すれば、電話線 2,000 本もあれば美しい精細な映像が伝送できるようになり、全く新しい世界が広がる。

　電子的なコミュニケーションの技術は日々更新されつつある。パソコンの性能は 3 年で 2 倍にアップしている。そのことを自動車の性能に例えると、時速 40 キロまでしか出せない車が町中を走っていたところ、3 年後には 80 キロで走れる車ばかりになっている。さらにその 3 年後には 160 キロの車ばかりになるというのと同じことになる。もし、自動車でこのようなことが起これば、交通ルールも、6 年前は町中の徐行運転を前提としたほのぼのとしたものだったのが、6 年後には高速道路の交通ルール、あるいはもっと速いものに対応していないと事故だらけになるし、交通が麻痺してしまうであろう。情報に関する進歩の速さは凄まじい。

リッチネスとリーチ

　リッチネスとリーチという考え方がある。

　"リッチネス"が高いとは、濃度・密度・豊富さが高いことであり、反対に、濃度・密度・豊富さが低くノイズの多い情報を"リッチネス"が低い情報という。また、情報の到達範囲を"リーチ"という。リッチネスを上げようとするとリーチが犠牲になる場合が多く、リーチを上げようとするとリッチネスが犠牲になる場合が多い（トレードオフ）[2]。このリッチネスとリーチの概念はコンサルティング会社であるボストン コンサルティング グループの提唱によるものである[3)-5)]。

　リッチネスとリーチを両立するためには情報のデジタル化が有効である。図

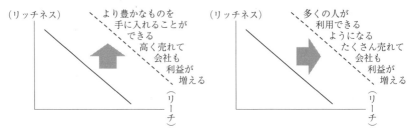

図14-3　リッチネスとリーチの関係とデジタル化による向上[6)]

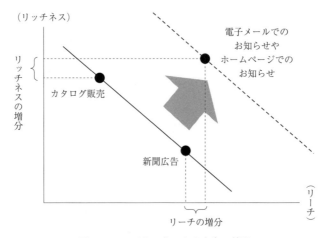

図14-4　デジタル化による広告の効果

14-3がそのイメージである。図中の実線は旧来の現物であり、点線がデジタル化した状態である。リッチネスとリーチの問題は様々なところで生じている。例えば、広告手段として電子メールやインターネットのホームページを用いれば、分厚いカラー版のカタログ広告と新聞広告のどちらに比べても、リッチネスとリーチの両方を上げることができる（図14-4）。

予測されるより大きな変化

　情報処理と通信の進歩は大変速い。半導体などの微細技術の進歩も留まることを知らない。エネルギーは、化石燃料から自然エネルギーを利用したものへの転換が行なわれつつある。ただし、大量の水力発電や太陽光発電の場合でも、

環境破壊の可能性は大きい。また、かつて有望視されていた原子力についても警戒感が高い。食料は、バイオ・テクノロジー、特に遺伝子操作や食料の工場生産が活用されている。植物であれば、畑ではなく工場での水耕栽培も行われている。将来は、動物を育てて殺すのではなく、遺伝子操作で生まれた食肉を培養することによって大量の食糧の供給が可能になるかも知れない。生体へのアプローチは、創薬技術、病気治療や予防だけでなく、iPS 細胞を使った様々な応用も期待されている。将来は、若返りや遺伝子操作による再生・コピー・能力強化までが視野に入ってくる可能性がある。これまでの企業や社員という固定的な概念ではこれらの事象に追いつかなくなる可能性もある。

　多くの企業が新しい時代に対応しようとして戦略を練っている。競争環境がシビアになり、変化のスピードが速くなるなか、戦略立案が追いつかない状況も生じてきている。こうした時代にも従来型の競争戦略は重要なのだろうか。インターネット時代に適した競争戦略というものがあるのだろうか。

現在の経営環境と爆発的変化

　現在、ビジネスの世界は、ICT の進歩による激しい環境変化にさらされている。この変化をビジネス・チャンスと考える多くのベンチャー企業が生まれ続けているし、また、既存企業でも新しいビジネスモデルを積極的に開発しようとしている。サブスクリプションを応用したこれまでになかったような多様なサービス、新しい組織形態や金融工学を利用した金融取引などの様々な試みが実施されている。外食産業は、以前は店舗でのサービスがほとんどであったが、デリバリー（出前サービス）によって、消費者はスマートフォンで注文した食事を自宅や職場で食べることが容易になった。

　スマートフォンを生活の軸として用いている人も増えてきた。朝、目覚まし時計代りに使い、生活を通して時計として使い、通勤定期券として使い、仕事などのコミュニケーション道具として重要な位置づけになっている。仕事上のパートナーやグループ、また、家族、恋人、友人とは SNS を用いて頻繁にやり取りをする。また、音楽を聴いたり、物品や食事を購入するために用いている。健康管理のための情報もスマートフォンで管理する。さらに、時事問題や社会問題の情報もスマートフォンから入手しているし、テレビ番組などの娯楽もスマートフォンから配信を受けて視聴する。時間が空けば、無料またはサブスクリプションサービスにより提供されるゲームに興じるなど、スマートフォ

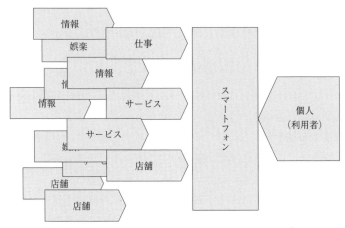

図 14-5　活動のターミナルとしてのスマートフォン[7]

ンを手放す時間がほとんどないぐらいに活用している人が増えてきた。また、スマートフォンは電子マネーを用いた支払いの道具でもあり、お財布にあまりお金を持たないという人も増えている。スマートフォンを用いて株などの金融商品の売買をしている人もいる。このように、個人にとって、スマートフォンが様々な情報を集約するターミナルになっている（図 14-5）。

　音楽産業では、従来、レコード会社や音楽事務所が歌手を育てて、レコードや CD などの音盤を制作して大量にプレスした。それだけでは売れないので、周知のために、ラジオ番組で頻繁に新曲をかけたり、街頭や店頭でプロモーションのために同じ曲を流し続けたりすることで、潜在的な消費者に音楽を聞かせるなど、宣伝活動に力を入れて新曲を売り出していた。消費者は耳にした曲の音盤を購入し、自宅で再生することによって初めて聞きたい曲をゆっくりと聞くことができた。しかし、そうした業界構造は壊れつつある。音楽事務所からインターネットの音楽配信ソフトを経由して、直接、消費者のスマートフォンから音楽が流れるようになった。料金も、1 枚 1 枚の音盤を販売するのではなく、デジタル化した音源をダウンロードする方法に置き換わりつつある。すでに、CD などの音盤を作らず、デジタル配信のみで販売する音源が増えている。しかも、料金は、音楽配信ソフトの会社とのサブスクリプション型の定額制であり、消費者は 1 曲 1 曲に対してお金を支払う必要がなくなりつつある。

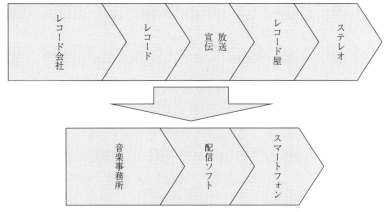

図14-6　音楽が消費者の手に渡るまでの変化[8]

　音源が消費者の手に渡るまでの経路の変化（バリューチェーンの変化）については図 14-6 のとおりである。

　組織の多様性やその活動の複雑性といった変化に対応するためには企業内での新たな仕事の仕方に対応する必要があり、組織やコミュニケーション経路をこれまでとは変えていかなければならない。また、バリューチェーンが変化してきていることから、取引先や協業する相手企業やそのグループを組み替える必要が生じる。

爆発的変化の時代に必要な戦略の基本要素

　生物の歴史のなかで、今から 5 億 3 千万年前に始まり、500 万〜 1,000 万年間つづいたとされているカンブリア期の爆発的進化の時代がある。生物種の爆発的な進化が起こり、その後、急激な環境変化による不慮の事故や自然現象などによって陶汰され、生物種の多様性は劇的に減少する。この急激な陶汰のプロセスを説明するのに、「圧倒的多数を殺す」というニュアンスの強い「非運多数死（decimation）」という言葉が用いられる[9]。

　現代の環境激変はまさにこの非運多数死を企業社会にもたらす変化であるといえる。激しい環境変化、予想もできないような素早い競争相手の動きなど、これらのなかで生き残ることができるのはごく一部である。運が悪かったとしか言いようがない圧倒的で強烈な変化の中で多数の事業や企画がつぶれていく。

　そうしたなかで、"戦略"には何ができるか。戦略的な競争の基本要素はどういったものになるのだろうか。その答えを出すためには、次の問いかけを絶えず続けていなければいけない。

　「自社は急激な変化に対応できるのだろうか？　変化を予測するためのルートは、一体、自社にいくつあるのだろうか？」

　「事前には予測できないような被害が自社の一部門に及んだときに、被害が全社的に広がらないような仕組みになっているだろうか？」

　「予測できない非運多数死を逃れるための"生存確率"を高めるための方策は何か？　予期せぬ災いから逃れるための多様化は、調達・開発技術・製造工程・物流管理・マーケティング政策・サービス手法・ブランド価値・市場などのそれぞれでどの程度なされているのだろうか？」

　「上の各要素（調達・開発技術・製造工程・物流管理・マーケティング政策・サービス手法・ブランド価値・市場など）のなかで、どんなに環境が変化しても、自社の強みとして活かせると考えられるのは、どの部分か？また、その部分をどのように進化させていけばよいのか？」

　「"強者連合"のような、素早い企業同士のネットワークが編成される場合に、連合を組もうとしている相手の企業にとって自社のどの部分がパートナーとして魅力的に映るだろうか？　"強者連合"に組み入れられるだけの充分な魅力が自社にあるのだろうか？　自社の魅力を作るために、同業・異業種のどのような企業の力をどのように利用すれば良いのか？」

　「自社は時代に合わせて変わり続けることができるのか？　また、変わらずに守り続けていくべきことは何なのか？」

　以上のような問いかけが、ますます重要になってくる。そうしたなかで、新しい競争の基本要素は、従来からの競争対応の応用になる。

(1) 継続的に、競争相手や、刻々と進歩し続ける顧客の要望に応え続けること

　経営資源となる人材・資本・技術の継続的な流入を確保し続けること。しかもこれらの項目がばらばらにならないように絶えず関連づけられるようにしておくこと。相互に関連づけられたシステムとして作り込み、システム自体を変化に対応して発展させ続けること。

(2) 新しい技術や競争相手の動向が明日の競争環境にどのような影響を与えうるのかを絶えず予測し続けること

　予測のためのアンテナとしての企業提携や人的なネットワークを大切に維持すること。また、自社が所属する業界外部からの挑戦に対応できるように他業界の観察を怠らないこと。

(3) 現在の経営資源（人材・技術・ブランド価値・流通経路・資材や資本の調達システムなど）を磨き続けること

　状況が変わっても資源を新しい用途や方法に応用できるように研ぎ澄ましておくこと。今ある最良の強みをいつでも "捨てる" ことができるようにしておくのではなく、いつでも "変える" ことができるようにしておくこと。そのために、自社の強みとなる社内資源をあらかじめ絞り込んでおき、外部から調達できる資源は戦略的な提携やアウトソーシングで対応するようにすること。自社の強みとなる資源が、他社から見て "提携先として魅力的である" と映るくらいになるまで研ぎ澄ますことによって、自社の "競争と協調" の選択肢が広がる。

(4) 綿密な将来計画を立ててそれを正確に遂行しようとするのではなく、自らが多様なデザインを試してみること

　激しく変化し、把握するのが困難な環境のなかでは、充分な精度でリスクとリターンの予測ができない。予測してから行動するのではなく、行動しながら予測することが重要になる。非運多数死や陶汰を支配する論理が正確に把握できないなかで、多くの可能性に触手を伸ばし、死や陶汰を逃れるチャンスを確保すること。非運死を逃れるために様々な方法・分野に積極的に進出し、機動的な撤退や資源集中を果敢に行うこと。

(5) "基本的にやろうとすること" を強烈にやりとげようとする事業完遂についての強い意志と実施への執念を持ち続けること

　事業構造を柔軟に変化させるなかで、本当の目的を見失わずに事業を続ける情熱を維持し、そこからブレないこと。

【非運多数死時代の組織運営】

14-3.　組織のネットワーク化

　今後、柔軟に他の団体や活動を進める主体と連合をしたり、その相手を組み替えるためには、自社の中にも、柔軟な組織構造を作り、様々な条件での提携に対応できるようにしておかなければならない。そのためには、社内外で必要な機能やメンバーが連携できるようなネットワークを組めるようにしておかなければならない。またその際に、組織階層が壁となって立ちはだからないように、様々な階層の中にある適切な機能や担当を接続できるようにフラット化したコミュニケーションが行なえる状態が好ましい。ネットワーク化とフラット化による柔軟な組織編制が必要になる。

組織の自律化、情報化とフラット化

　従来の指揮・命令系統を見直して本当に必要な仕事の繋がりを全く新たに構築し直し、実務を担当する現場にエンパワーメント（empowerment: 権限移譲）を行うことは、どんな産業でも、どんな分野でも重要になってきている。いわゆる、アウトソーシングといった動きもネットワーク化に応じて盛んになる。分権化し、ある程度完結した権限をそれぞれのグループに渡すことになると、権限を渡された各グループが、それぞれ最適の要素を外部も含めた最適のところから調達して期待された役割を果たすことになる。

強者連合

　環境変化が速い時には、周囲の変化から取り残されないことが課題になる。競合他社が、素早いネットワーク化のような動きに出た場合、他の会社も、競争力を維持するためにネットワーク化に追随することになる。連鎖的に多くの企業がネットワーク化することにより、業界の環境自体が変わってしまうことがある。

　トップシェアの企業同士の華々しい一騎打ちは、しばしば、同質化した泥沼のような激しい競争や潰し合いのようなシェア競争に発展しがちだが、社外の

取引先などを巻き込んだネットワーク化はそこから抜け出すきっかけになる。しかし、また新たなネットワーク化競争を呼び起こし、合従連衡競争を引き起こすことになる。それを避けるためには、環境適応のためのネットワーク化ではなく、環境創造のためのネットワーク化、自社が業界内の競争の枠組みから抜き出るためのネットワーク化が必要になる。

業界1位か2位ぐらいまでの先行集団が、自らの環境をコントロールし、世間の競争水準が追いついた頃にはその先を行っている、ということを目指したネットワーク化も盛んになるだろう。またそれを目指すことのできるぐらいの順位にいる企業が互いに相手を変えながら合従連衡を続けるだろう。

14-4. 臨時編成のプロジェクト

ネットワーク編成と従来の組織との葛藤

既存の組織は従来の収益源に最適化しているが、大企業で新しい動きに対応する場合、会社のすべての部分が急にネットワーク化するわけではないので、どうしても、従来の動き方を残したまま、新しいネットワーク的な動きをする部分を新たにつくらなければならなくなる。

そのときに、ネットワーク的な事業にとって、従来の組織の壁が大きく立ちはだかり、それぞれ、異なるルールを抱え込むことになってしまう。

仕事というものがみんな同じ、ということを前提にしたこれまでの組織や人事の仕組み、全社単一の仕組みがうまく機能しなくなる。柔軟なネットワーク化が必要になるような素早い変化にさらされていて、それに早急に対応しなければならないという場合、特に新しい部分は、かつて成功した事業あるいは今も収益をあげている本業とは違うルールで発展していかなければならない。この2つを共通のルールで括ろうとしても、両立しない。

大会社の場合、過去の成功体験のパターンの再生産の傾向があり、人材採用からして、既存の事業で成功するタイプを採りがちである。意識していなくても、似たもの同士を集める傾向がある。

ネットワーク組織は、これまでの秩序と抵触することから、お互いの存在自体が互いに妨害であると感じるような場面が生じる。あらかじめの対応として、完全に組織がネットワーク化してからではなく、局地的に切り離した部分から、人や組織での対応を先取りして、いわば地ならしのような形で変革を行ってい

くことも重要になる。

従来組織と切り離したプロジェクトの設置

　この場合、本業の部分とは別にできるだけ本業とは切り離したところで早急にネットワーク化を進める必要がある。そうでないと、既存の組織文化に埋もれてしまう。そこで、身動きを取りやすくするように、臨時的なプロジェクトを編成して、取り急ぎ必要な機能を社内外から集めて一時的に編成しなければならなくなる。

　筆者が大企業の総合企画室にいた時に、いくつかのプロジェクトに参加した経験でいうと、今の若い人たちというのを、従来の日本的経営の枠組みが前提としてきた文化や行動を前提としたままでひとくくりにしてしまっていいのだろうか、という疑問を感じる。既存の縦割りのなかでの先入観もしがらみもなく、ゼロからスタートできるのが、全く新たなネットワーク組織や、これまでにはなかった問題に一時的に編成されて取り組む組織である。完全にネットワーク化した柔軟なプロジェクト組織だと、それぞれが、自分が担当するモジュール部分について、自分が懇意にしていたり信頼できる外部のパワーに、その先の作業を発注することになる。こうして、意図なり、思っている方向なり、巻き込む人なりがどんどん拡散していく。

　そして、仕事の納期（〆切）が近づくと、制作者が自宅やオフィスから直接サーバーにアクセスして、次々と内容が入り、モジュールが組み合わさって完成していく。そんな形になるプロジェクトもある。

柔軟なプロジェクトの活用──柵の低い牧場からのスタート

　能力の高い新しいタイプの従業員を内外から集めて一時的にプロジェクトに囲い込み、既存の組織に風穴を空けていくことで、部分的に新しい組織が古い体質を侵食していくことになる。ただし、それは、新しい組織が古い勢力によって実質的に潰されてしまわない場合に限る。

　こうしたネットワークやプロジェクトは仕事の方法も論理もまったく違うので、従来と同じ評価基準を適用していては、新しくオープンに開かれた組織の方は上手くいかない。従来の側から見ると、時間も守らず、夜中まで職場にいたり泊り込んだり、家で仕事してきたり、秩序を壊すような勝手なことばかりやって…、ということになる。逆に、新しいタイプのネットワーク型のプロジ

表 14-1　牧場型分社化（異能を囲う柵の低い牧場）の仕組み

①トップレベルの専門性をさらに磨く仕組み	・自分の能力を使って好きなことができる組織 ・必要な能力を磨くために好きなことができる組織 ・本人の自己満足や内輪だけの評価ではなく、具体的な「専門性」を評価することができる組織
②新たな環境下での意識改革と新しいことへの挑戦	・これまでと、場所も人も評価基準も違う、全く新しい組織
③ノウハウを持った人間が還流する仕組み	・本人の意思と会社側の意思のどちらによっても登場や退場をしたり（社内の他部門への登場・退場や、社外からの登場や社外への退場が自由に、少ない心理的・物理的抵抗で行うことが）出来る組織
④新しいものへの挑戦とオリジナリティが評価される仕組み	・頭ごなしに否定されることなく、自由に、好きなことに挑戦できる組織 ・しかし、プロジェクトの目的に照らしてみて、本人のオリジナリティがどうしても理解されなかった場合には退場させることができる組織

ェクトの側から見ると、毎日が血のにじむような思いで、それぞれ自身の本来の能力を発揮している状態である、何が悪いんだ！　ということになる。

　一方の側の評価尺度で、片方を評価しようとするとルールを破ってばかりで成功もおぼつかないことに溺れている逸脱者の集団に見えるし、その活動を賞賛してやると、地道な日常の努力を積み重ねている従来の側からは何であいつらが、ということになる。

　そこで、ネットワーク化を進めていく場合、できるだけ本業とは切り離したところで表 14-1 のような仕組みを働かせることが有効になる。

14-5.　拡散と統合のマネジメント

行動規範の「もと」になるもの

　互いに言葉も通じない、価値観も異なり、目標とするところも微妙に異なる。こうした拡散型の組織では、環境適応から環境創造に移行するためのネットワーク組織の統合が必要になる。

　今ある本業を新しい主軸に切り替えるため、既存業務の収益を捨てて、まだ市場として定かではない、あるいは成功するかどうかわからない分野にすっかり乗り換えるというわけにはいかない。あくまでも切り離しが重要になる。ま

た、市場・組織・人のそれぞれが、従来の特性を引きずっている状態から抜け出せない場合もある。ネットワークや企業連合やグループ内に、こうした不整合やためらい、不一致が起こらないような仕組みとして、関連する人々に共有される理念が重要な機能を果たす。

理念共有の重要性

　プロジェクト的な仕事の例として、放送局を見てみたい。かつては日本放送協会（NHK）では、番組づくりは自由度の高いものであった。

　とにかく提案から始まり、どんなに若くても、自分で提案し、それが通っていけば基本的に番組になる。技術やアナウンサー、編集者など、プロジェクト的に集まっては、また次の番組というように、柔軟にチームを編成することになる。

　この場合、内部の基準として「公共放送」という言葉が大変強く効いていた。なにかというと、「公共放送だから」ということで合意ができてしまう。人によってその理解や意味合いに違いがあるにせよ、ある時はこの言葉は"品質"と同義語であり、同時に"非商業主義"という意味も持ち、"厳正さ"という意味までもあった。またある時には"不偏不党"と同義語であり、同時に"啓蒙的"という意味も持ち、"誠実さ"や、たとえお笑い番組であっても芸能としての"真面目さの追求"という意味も含んでいた。"国民の誰にとっても分かりやすい伝達"という意味さえ込められていた。

　質やコスト、番組の内容や、手法の正当性・妥当性は、ある程度この言葉の範囲内で行われ、評価されていた。これは、おそらくは外部からはまったく理解できない、内部だけに通用する言葉であり、しかも強い力を持っていた。

　いずれにしろ、そうした範囲内で、相当自由に動きまわることが許されていた。たとえば、取材等で自由に動けるように、かつては自由にタクシー券などを渡していたが、そういった制作集団の横では、必ず事務の部門が眼を光らせて管理しており、綿密に経理全般の検査をしていた。少しでも、おかしいものがあると追及されることになる。あいまいな部分は絶対に残さない。

　こういった二律背反な力、公共放送としての自律性・自由度と、公共放送なのだから無駄は絶対に許さないという強い縛り、その両方が「公共放送」という理念の方角を向いており、この両方で成り立っていた。しかし、理念は経営目的とサービス内容、顧客から得る対価の形式と水準、組織形態や外注先との

連携などと総合的に整合している必要があり、時代の推移でこれらのいずれかが崩れると機能しなくなってしまう。

14-6.　デジタル化の中での関係の変化

急激な環境変化への企業の対応

　企業活動は、いうまでもなく環境に依存しており、その環境が急速に変化すると、迅速な対応が困難になる。生産や販売量が急速に変化することにあらかじめ対応できる体質を磨いておくためには、生産・販売に関わるリソースを内部所有するのではなく、外部のリソースを活用し、必要に応じて契約の増加や継続・打切りが可能である方が有利である。また、人的手段ではなく、可能な部分は ICT の活用により、リソースは外部に求めながら、バリューチェーンのなかで必要な部分を即座に組み替えられる体制を準備しておく必要がある。

　販売は、実際の店頭販売だけでなくインターネットの利用にも手段が広がりつつあり、メタバースの活用が有望視されている。

コミュニケーションの変化と心理的影響

　電子会議と電子メールの活用により、社内と社外のメンバーが同じ条件でミーティング・情報共有をする機会も増えてきている。 またリモートワークにより、企業内部の相手に対する場合と、企業外部の協力者に対する場合との間での心理的な距離の差が縮小する。

　電子メールの一斉配信では同じ文面を同時に内外の様々な階層の人に送ることができるので、誰に対しても言葉遣いが同じになる。情報を一斉配信で共有するような習慣がつくことで、上下関係や社外・社内の情報格差が減少する（社内の階層間のコミュニケーションの変化について図 14-7 を参照のこと）。

　また、テレワークや遠隔地での作業によって、一人ひとりの仕事のプロセスが見えにくくなり、従来の時間管理を基本とした労働とその対価の関係が崩れていく。テレワークは人の働き方を変えた。物理的な職場そのものがコロナ禍が落ち着きをみせた 2023 年にはすでに変化してしまっていた。職場の人間的な問題に関しては、メイヨー[10]やレスリスバーガー[11]らのホーソン実験にまでさかのぼって考える必要があるかも知れない。彼らが苦闘の末、最終的に辿り着いたのは面接実験であり、そこで見いだされたのは、直接の対面による面

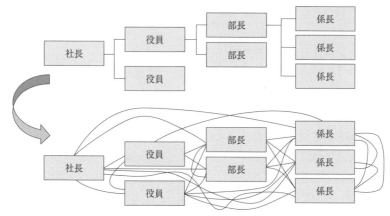

図 14-7　電子メールによる社内コミュニケーションの変化

接の効果であった。

ガバナンスの変化、および ICT の高度化と国際化による影響

　株主・組織形態（取締役会の役割）の変化や戦略上の要求から、合併や分社化が盛んになり終身雇用も崩れてきている。また、ICT と国際化により、世界最適調達や協業が可能になった。これにより取引費用が低下しつつある。競争激化と変化スピードの上昇により、社外から、今、必要な人材を取り込むことが必要になるとともに、社内業務とマッチしなくなった人材への対処が必要になった。

考え得る今後の展開

　ICT と国際化が併さることで、社内と社外の垣根が低下することや、労働の時間管理が困難なため、実績で評価せざるを得ないことから、「それぞれの仕事の分担を決め、示された条件でそれを完遂したかどうか。結果として会社への更なる貢献がどのくらいあったか」で評価する "契約的関係" が効果的になっていくと考えられる。社内での人材の囲い込みは国際的な競争のなかでは効率が悪い。今後の展開は、より成果を中心とした契約的関係になっていくと考えられる。一括採用・終身雇用との親和度が低いこともあり、"会社" という形態そのものの変化さえも考えられる。評価制度のあり方も変化していく可

能性もあるが、心理的な慣性から、個別評価の仕組みを導入しようとしても、年功的な要素が強い運用形態に揺り戻ってしまう動きも出てくるだろう。競争が激化するとともに非競争的な状況を求める心情的な圧力も生じる。

　第 1 章でみてきたように、かつては富こそ求めるべき幸福であった。人の世の中に富をもたらす仕組みとしての近代経済システムは、消費に関して海のような豊かさをもたらした。それでは、それをもたらすために働く人々に人間本来の幸福をもたらす仕組みとはどのようなものなのか？ 経営学がこうした課題に本気で取り組む時代がやってきた。

注

1) 文部科学省（2023 年 2 月 15 日閲覧）ホームページ「第 1 部 Society 5.0 の実現に向けて」『令和3 年版 科学技術・イノベーション白書』https://www.mext.go.jp/b_menu/hakusho/html/hpaa202101/detail/1421221_00002.html

2) 内田和成 1998.『デコンストラクション経営革命』日本能率協会マネジメントセンター.

3) Evans, P. B., & Wurster, T. S. 1997. Strategy and the New Economics of Information. *Harvard business review*, 75(5), 70-83.

4) Evans, P. & Wurster, T. 2000.『ネット資本主義の企業戦略 ―ついに始まったビジネス・デコンストラクション』*Blown to Bits*. Boston: Massachusetts. Harvard Business Schook Press.（ボストン・コンサルティング・グループ訳（1999）ダイヤモンド社.）

5) 内田和成 1998. 前掲書.

6) 内田和成 1998. 前掲書本文より筆者作成.

7) 内田和成 1998. 前掲書本文の内容を元に筆者作成.

8) 内田和成 1998. 前掲書を元に筆者により大幅に改変.

9) Gould, S. J. 1990.『ワンダフル・ライフ ―バージェス頁岩と生物進化の物語―』*Wonderful Life: The Burgess Shale and the Nature of History*. New York: WW Norton & Company.（渡辺政隆訳（1993）早川書房.）

10) Mayo, E. 1933.『産業文明における人間問題　ホーソン実験とその展開』*The Human Problems of Industrial Civilization*. New York: Macmillan.（村本栄一訳（1967）日本能率協会.）

11) Roethlisberger, F. J. 1941.『経営と勤労意欲』*Management and Morale*. Boston, Massachusetts: Harvard University Press.（野田一夫・川村欣也訳（1959）ダイヤモンド社.）

索　引

謝　辞
今回も株式会社勁草書房編集部の永田悠一氏にはお世話になった。氏のお蔭で予備
知識のない一般社会人の方々にとっても文章が格段に読みやすくなった。ここに謝
意を記します。

著者紹介

文教大学人間科学部教授「産業・組織心理学」「組織の仕組と心理」
大学院「産業・労働分野に関する理論と支援の展開」担当。
元・中央大学大学院戦略経営研究科兼任講師「経営学入門」
元・桜美林大学リベラルアーツ学群非常勤講師「産業・組織心理学」
元・日本伝統医療大学院大学非常勤講師「日本伝統医療の経営戦略」
中央大学大学院総合政策研究科博士後期課程修了。博士（学術）
（中央大学），経営学修士（MBA）（慶應義塾大学），修士（カウンセリング）（筑波大学）。株式会社東芝（半導体営業），日本放送協会（総合企画室），ヘイコンサルティンググループ，トーマツコンサルティングなどを経て現職。
著書に『基礎から学ぶ産業・組織心理学』（勁草書房，2020），『慕われる上司 捨てられる上司』（誠文堂新光社，2005），『産業カウンセリング入門（改訂版）』（共著，日本文化科学社，2007）ほか。

MBA テキスト　経営学入門

2023 年 8 月 30 日　第 1 版第 1 刷発行

著 者　幸　田　達　郎

発行者　井　村　寿　人

発行所　株式会社　勁　草　書　房

112-0005 東京都文京区水道2-1-1　振替　00150-2-175253
（編集）電話 03-3815-5277／FAX 03-3814-6968
（営業）電話 03-3814-6861／FAX 03-3814-6854
本文組版 プログレス・平文社・中永製本所

https://www.keisoshobo.co.jp

勁草書房刊

＊表示価格は 2023 年 8 月現在。消費税（10%）を含みます。